beck'sche reihe

denker

bsr

Adam Smith (1723–1790) gehört zu den Klassikern, die oft erwähnt, viel zitiert und wenig gelesen werden. Das Buch beschreibt und diskutiert den Inhalt der Werke dieses großen Moralphilosophen und Begründers der modernen Nationalökonomie, aber auch den Geist der Zeit, in der sie entstanden sind sowie die Wirkung, die sie entfaltet haben. Dabei entsteht der Eindruck eines Denkers, der zwar nur im Kontext des 18. Jahrhunderts und vor dem Hintergrund der schottischen Aufklärung verstanden werden kann, dessen Gedanken aber noch immer anregend sind und die Auseinandersetzung lohnen. Insofern handelt es sich bei diesem Buch um eine Hinführung zur Lektüre der „Theorie der moralischen Gefühle" (1759) und des „Wohlstands der Nationen" (1776).

Karl Graf Ballestrem ist o. Professor für Politikwissenschaft an der Katholischen Universität Eichstätt.

Die Reihe „Denker" wird herausgegeben von *Otfried Höffe*, Professor für Philosophie an der Universität Tübingen.

Karl Graf Ballestrem

Adam Smith

Verlag C.H. Beck

Die Deutsche Bibliothek – CIP-Einheitsaufnahme

Ballestrem, Karl:
Adam Smith / Karl Graf Ballestrem. – Orig.-Ausg.,–
München : Beck, 2001
(Beck'sche Reihe ; 561 Denker)
ISBN 3 406 45976 5

Originalausgabe
ISBN 3 406 45976 5

Umschlagentwurf: + malsy, Bremen
Umschlagabbildung: Archiv für Kunst und Geschichte, Berlin

Satz: Fotosatz Amann, Aichstetten
Druck und Bindung: C.H. Beck'sche Buchdruckerei, Nördlingen
Printed in Germany

www.beck.de

Inhalt

Abkürzungen, Zitierweise und Übersetzungen

Corr.	The Correspondence of Adam Smith
ED	Early Draft of Part of The Wealth of Nations (in LJ 562–581)
EPS	Essays on Philosophical Subjects
HL	The Letters of David Hume
LJ	Lectures on Jurisprudence
LJA	Lectures on Jurisprudence: Report of 1762–63 (in LJ 1–394)
LJB	Lectures on Jurisprudence: Report dated 1766, wahrscheinl. 1763–64 (in LJ 395–554)
LRBL	Lectures on Rhetoric and Belles Lettres
WN	An Inquiry into the Nature and Causes of the Wealth of Nations
Theorie	Die Theorie der moralischen Gefühle
TMS	Theory of Moral Sentiments
Vorlesungen	Vorlesungen über Jurisprudenz
Wohlstand	Eine Untersuchung über Natur und Ursachen des Wohlstands der Nationen
MEW	Marx-Engels-Werke
Grundrisse	Grundrisse zur Kritik der politischen Ökonomie (Marx)

Zitiert wird nach der Glasgow Edition of the Works and Correspondence of Adam Smith, wobei die in der neueren Forschung übliche Zitierweise nach Abschnitten und Unterabschnitten verwendet wird (z.B. TMS II.iii.3.2 = The Theory of Moral Sentiments Part II, Section iii, Chapter 3, Paragraph 2).

In der Regel werden Zitate auf Deutsch wiedergegeben, wobei ich – soweit möglich – den Übersetzungen von Eckstein (TMS), Recktenwald (WN) und Brühlmeier (LJ) gefolgt bin. Bei den relativ häufigen Abweichungen von diesen Übersetzungen handelt es sich meist um Kleinigkeiten. Kopfzerbrechen bereitete mir der seit Ecksteins Übersetzung im Deutschen übliche Titel „Theorie der ethischen Gefühle". Ich bevorzuge die wörtliche Übersetzung „Theorie der moralischen Gefühle" (zur Begründung unten Kap. III, 1), die durchgehend verwendet wird.

Vorwort

Wer heute über Adam Smith schreibt, findet sich in einer zugleich günstigen und mißlichen Lage. Das Feld, das er zu bearbeiten hat, ist schon bestens gepflügt und bestellt; aber andere haben auch schon die Früchte geerntet und bieten sie zum Verzehr an. Die *Glasgow Edition of the Works and Correspondence of Adam Smith* (1976–1983) ist eine Gesamtausgabe seiner Werke, die höchsten editorischen Ansprüchen genügt. Das als Begleitband zu dieser Ausgabe erschienene *Life of Adam Smith* (1995) von Ian Simpson Ross kann als Standardbiographie gelten. Die Anzahl hochwertiger Werke der Sekundärliteratur ist Legion. Wer eine kurze Einführung zu Adam Smith in deutscher Sprache verfaßt, muß sich an den Büchern von D.D. Raphael (1985, dt. 1991) und G. Streminger (1989) messen lassen. Und beide sind – jedes auf seine Art – kleine Meisterwerke.

Warum also noch ein Buch über Adam Smith? Eine Antwort könnte von Smith selbst stammen: Der Markt verlangt und honoriert es, Konkurrenz belebt das Geschäft und fördert die Qualität der Produkte. Eine zweite Antwort betrifft alle großen Denker: Man liest sie immer wieder mit neuen Augen, weil historische Entwicklungen neue Perspektiven auf ihr Werk eröffnen. Das Jahr 1989 und seine Folgen haben auch in diesem Band Spuren hinterlassen. Schließlich ist gerade die zahlreiche Sekundärliteratur ein Grund dafür, neue Einführungen zu schreiben, die über den Stand der Forschung informieren. Neuerdings ist das Phänomen der „schottischen Aufklärung" immer gründlicher erforscht worden. Wir stellen deshalb ein Kapitel voran, das diese Forschungen zusammenfaßt. Der eilige Leser kann dieses Kapitel überschlagen. Wer die Welt verstehen will, in der Adam Smith lebte, sollte es unbedingt lesen.

Mir bleibt die angenehme Aufgabe zu danken: Den Kollegen Otfried Höffe und Hubert Kiesewetter – die sich die Zeit genommen haben, den ganzen Text zu lesen – für viele wertvolle Hinweise; Herrn Wilhelm-Ulrich Sander für gründliches Korrekturlesen und die Erstellung der Register; Frau Barbara Matzner für die Geduld und Sorgfalt, mit der sie den druckfertigen Text erstellt hat.

I. Die schottische Aufklärung

Ein englischer Naturforscher des 18. Jahrhunderts namens Amyat soll während einer Schottlandreise folgenden Ausspruch getan haben: „Hier stehe ich auf der Hauptstraße von Edinburgh und kann in wenigen Minuten fünfzig genialen und gebildeten Männern die Hand schütteln." Der Bericht stammt von einem Schotten (Smellie 1800, 161 f.) und ist wohl mit Vorsicht zu genießen. Doch erscheint der Ausspruch, falls er getan wurde, kaum als Übertreibung, wenn man bedenkt, welchen Persönlichkeiten man z. B. Ende der 1760er Jahre auf der High Street von Edinburgh begegnen konnte. Hier eine kleine Auswahl, in chronologischer Reihenfolge: Henry Home, Lord Kames (1696–1782), Richter am obersten Gericht und Autor zahlreicher philosophischer, historischer und juristischer Schriften; Thomas Reid (1710–96), Professor für Moralphilosophie in Glasgow und Begründer der schottischen Common Sense Philosophie; David Hume (1711–76), Philosoph und Historiker; Allan Ramsay (1713–84), berühmter Portraitmaler; Hugh Blair (1718–1800), eleganter Prediger und Professor für Rhetorik an der Universität Edinburgh; Adam Smith (1723–90), ehemals Professor für Moralphilosophie in Glasgow und Autor einer *Theorie der moralischen Gefühle* (1759); Adam Ferguson (1723–1816), Professor für Moralphilosophie in Edinburgh und Verfasser einer *History of Civil Society* (1767); James Hutton (1726–97), Begründer der modernen Geologie; Joseph Black (1728–99), Pionier der modernen Chemie; James Watt (1736–1819), Erfinder der Dampfmaschine; William Smellie (1740–95), erster Herausgeber der *Encyclopaedia Britannica* (1771). Die Liste ließe sich um viele damals und z. T. noch heute bekannte Namen ergänzen.

Seit den 60er Jahren des 20. Jahrhunderts hat sich, zur Bezeichnung dieser Konzentration geistiger Kräfte in einer Provinz am Rande Europas, der Ausdruck ‚schottische Aufklärung' eingebürgert. Die ältere Literatur zum Thema Aufklärung kennt zwar einzelne Schotten, aber keine schottische Aufklärung. Daß Schottland im 18. Jahrhundert eine bemerkenswerte Blütezeit erlebt hat, war den Experten zwar bekannt. Durch eine Reihe glänzender Monographien (Graham 1899 und 1901; Mathieson 1910; Bryson 1945) ist die Erinnerung an jene Epoche auch im 20. Jahrhundert wachgehalten worden. Und zumindest in Schottland wurde nicht vergessen, daß viele der international bekannten ‚Engländer' in Wirklichkeit Schotten waren. Dennoch ist es kaum übertrieben, von einer ‚Entdeckung' der schottischen Aufklärung zu sprechen. Denn die seit Mitte der 1960er Jahre einsetzende Forschung hat nicht nur die Erinnerung an eine große Zeit wiederbelebt und erweitert, sondern neue Perspektiven auf die schottische Kultur des 18. Jahrhunderts eröffnet. Die neuere Forschung begreift die schottische Aufklärung als sozial-kulturelles Gesamtphänomen. Sie leugnet nicht die originelle Leistung großer Denker, aber deutet sie vor dem Hintergrund breiter Diskurse, die damals von vielen geführt wurden. Sie versteht Aufklärung nicht nur als Denkart, sondern auch als Lebensform, d.h. als das Leben einer sich aufklärenden, also wissensdurstigen und reformeifrigen Gesellschaft, in der den *Literati* – wie sich die Gelehrten und Gebildeten (heute würden wir sagen: die Intellektuellen) damals nannten – eine zentrale Bedeutung zukommt. Sie hat versucht, die historischen Voraussetzungen und institutionellen Bedingungen herauszuarbeiten, unter denen eine solche Gesellschaft entstehen und gedeihen konnte. Im folgenden sollen diese Forschungsergebnisse kurz skizziert werden, denn damit schildern wir das Milieu, in dem sich auch Adam Smiths Leben und Denken bewegt.

1. Die Union mit England

1707 war das Jahr, in dem Schottland den Zugang zu den englischen Märkten mit dem Verlust seiner politischen Selbständigkeit bezahlte. Jahre der wirtschaftlichen Depression, von Mißernten und Hungersnöten, von mißglückten Versuchen einer eigenen Kolonial- und Außenhandelspolitik waren vorausgegangen. Maßgebende schottische Politiker suchten den politischen Anschluß an England, um an der ökonomischen Entwicklung des reichen Nachbarlandes teilzuhaben. Bevor das schottische Parlament der Union zustimmte, hatten heftige Kontroversen die Öffentlichkeit erregt. Unabhängigkeit oder Wohlstand, Bürgertugend oder Handelsvorteile – mit diesen und ähnlichen Begriffen wurden die Fronten zwischen schottischen Patrioten und Befürwortern Großbritanniens abgesteckt. Vor allem der wortgewaltige Andrew Fletcher of Saltoun (1653–1716) erinnerte an die Werte des klassischen Republikanismus, um seinen Mitbürgern die freiwillige Knechtschaft auszureden.

Verfassungstheoretisch bedeutete die Union von 1707 eine Vereinigung der Parlamente und somit das Entstehen eines neuen Staates. In der verfassungsrechtlichen und politischen Praxis handelte es sich um einen Anschluß. Schottland verlor sein Parlament und seine Regierung. Schottische Abgeordnete zogen ins Parlament nach Westminster, wo ihr Einfluß – schon aus quantitativen Gründen – gering war. Von den 206 Sitzen im House of Lords wurden 16 für schottische Peers reserviert; unter den 568 Mitgliedern des House of Commons waren 45 Schotten. Das Wahlrecht machte es der Regierung leicht, die Ergebnisse zu kontrollieren. Aus einer Gesamtbevölkerung Schottlands von rund 1265000 hatten um die Mitte des 18. Jahrhunderts etwa 3000 Männer das aktive Wahlrecht. Der Abgeordnete von Edinburgh wurde von den 33 Mitgliedern des Stadtrats gewählt (der selbst kein gewähltes Gremium, sondern eine Standesorganisation der Kaufleute war). Von direkter Bestechung der Wahlmänner über lukrative Posten und Pensionen für die Gewählten reichten die Mittel der Regierung, sich die Abgeordneten gefügig zu machen.

Die eigentliche Regierungsgewalt für Schottland lag in den Händen eines ‚parlamentarischen Managers', in der Regel ein Mitglied des schottischen Hochadels, das sich durch seine Treue zum regierenden Haus Hannover und seinen Einfluß in Schottland dem König und seinen Ministern empfahl. In der Regierungszeit von George I. (1714–27) und George II. (1727–60) waren es vor allem die Herzöge von Argyll, die Führer des mächtigen Campbell-Clans, die – meist in England lebend – fast wie Vize-Könige über Schottland regierten. Dabei nahmen sie die Dienste fähiger Juristen in Edinburgh in Anspruch, mit der Folge, daß die alltäglichen Regierungsgeschäfte in der zweiten Jahrhunderthälfte immer mehr von diesen „Lord Advocates" übernommen wurden. Es ist ein Zeichen der relativen Klugheit und Mäßigung, mit der diese aristokratische ‚Fremdherrschaft' ausgeübt wurde, daß sie unter den Intellektuellen der schottischen Aufklärung kaum auf Kritik stieß. Selbst die Härte, mit der die Anhänger des alten Königshauses der Stuarts nach den „Jakobitenaufständen“ von 1715 und vor allem 1745 verfolgt wurden, änderte nichts an der Loyalität der großen Mehrheit der schottischen Geisteselite gegenüber der neuen Dynastie (vgl. Smout 1969, 199–205; Rendall 1978, 2–3). Das bedeutet freilich nicht, daß die *Literati* unpolitisch waren oder keine oppositionellen Meinungen vertraten. Allerdings mußten sie diese öfter auf indirekte Weise vortragen, um nicht in den Verdacht zu kommen, Anhänger der Stuarts zu sein. So wurde die Diskussion über die Frage, ob ein moderner Staat ein stehendes Heer (standing army) benötige oder mit einer Miliz (militia) auskomme, ganz grundsätzlich und mit großer historischer Gelehrsamkeit geführt. Eigentlich ging es aber auch darum, ob die nach 1745 erfolgte Entwaffnung Schottlands und seine Besetzung durch ein englisches Heer rückgängig gemacht werden konnte (vgl. Robertson 1985).

2. Die ökonomische Entwicklung

Schottland war im 18. Jahrhundert – und blieb auch nach dem Einsetzen der industriellen Revolution um das Jahr 1780 – zunächst im wesentlichen ein Agrarland. 1750 lebte höchstens einer von acht Schotten in einer Stadt (größer als 4000 Einwohner). Und selbst 1820 lebten noch sieben von zehn Einwohnern auf dem Land (Smout 1969, 242). Die Entwicklung der Landwirtschaft war deshalb für die gesamte Ökonomie von größter Bedeutung, was den fortschrittlich denkenden Zeitgenossen sehr bewußt war. Von Landbesitzern, die selbst zu den *Literati* gehörten, wurden verbesserte Anbaumethoden nach vergleichenden Studien und theoretischen Erörterungen bewußt eingeführt und in ihren Folgen beschrieben. Diskussionen über die Vorteile verschiedener Fruchtfolgen und Pachtsysteme, rationaler Betriebsgrößen, gesunder Ernährung und Wohnung, gehören als Beispiele des allgemeinen ‚spirit of improvement‘ zu den Erscheinungsformen der schottischen Aufklärung (Smout 1969, 271–281).

Die Erwartungen eines schnellen ökonomischen Aufschwungs, die von den Propagandisten der Union (wie Daniel Defoe) geweckt worden waren, wurden zunächst bitter enttäuscht. Für schottisches Leinen bestand zwar in England Bedarf, aber seine geringe Qualität machte es nicht konkurrenzfähig. Die Nachfrage nach schottischem Rindfleisch war in London beträchtlich, aber weder die Produzenten noch der Viehhandel erwiesen sich als flexibel genug, mit einem erhöhten Angebot zu reagieren. Der Tabakhandel mit den Kolonien blieb zunächst fest in englischer Hand. Erst langsam, beginnend mit den 1740er Jahren, kam Bewegung in die schottische Ökonomie. Die positiven Folgen des Lernprozesses, der mit Blick auf die englische Konkurrenz eingesetzt hatte, wurden sichtbar, wobei den drei genannten Branchen eine Vorreiterrolle zukam. Vor allem im Zwischenhandel mit Tabak, der aus Amerika importiert und nach Frankreich weiterverkauft wurde, konnte viel Geld verdient werden, das weitere Anlagen suchte. Um die Mitte der 70er Jahre wurde die Verbesserung der Lebensverhältnisse in breiten Bevölkerungskreisen spürbar (Smout 1969, 223–230; Smout in Hont/Ignatieff 1983, 45–72).

Bedenkt man, wie das Agrarland Schottland im 18. Jahrhundert zunehmend in den Handel mit England, Europa und den Kolonien einbezogen wurde, wie die dadurch erhofften Verbesserungen zunächst ausblieben, dann doch spürbar wurden, so versteht man, welche Bedeutung wirtschaftlichen Fragen, insbesondere dem Handel und seinen Folgen, im Denken der schottischen Aufklärung zukommt. Schon in den 30er Jahren behandelt Francis Hutcheson ökonomische Probleme in seinem Moralphilosophiekurs an der Universität Glasgow; sein Schüler und Nachfolger Adam Smith folgt seinem Beispiel in den 50er Jahren. In Glasgow gibt es einen *Political Economy Club*, in dem Kaufleute und Professoren diskutieren, aber auch in anderen Clubs und Diskutiergesellschaften stehen Probleme der Ökonomie oft auf der Tagesordnung. 1752 veröffentlicht David Hume *Political Discourses*, darunter Essays *Über Handel, Über Geld, Über die Handelsbilanz*. Ein wichtiges Thema dieser Schriften und Diskussionen ist, ob der freie Handel zwischen wirtschaftlich ungleich entwickelten Staaten langfristig zum Vorteil der reichen oder der armen Staaten oder zu ihrem wechselseitigen Vorteil gereicht. Für Schottland selbst war diese ‚rich country-poor country debate' von existentieller Bedeutung (vgl. Hont in Hont/Ignatieff 1983).

3. Die Hauptstadt

Durch die Union verlor Schottland sein politisches Zentrum. Aber Edinburgh behielt dennoch den Charakter einer Hauptstadt, weil es der Sitz der obersten Gerichte, der allgemeinen Kirchenversammlung und der größten Universität des Landes blieb. Damit sind die drei Institutionen genannt, die dem politisch untergeordneten Land seine kulturelle Identität bewahrten: die Rechtsordnung, die Kirche und das Erziehungssystem. Während der schottische Hochadel, zumindest seine reichsten und mächtigsten Familien, dem Hof folgte und seine Interessen von London aus wahrzunehmen wußte, entstand in den schottischen Städten – vor allem in Edinburgh – eine bürgerliche Kultur, deren prägende Persönlichkeiten Richter, Geistliche und Professoren waren. Wenn auch Provinzstadt einer großen Monarchie mit aristokratisch geprägter Gesellschaft, erweckte Edinburgh dadurch den Eindruck einer Gelehrtenrepublik (Phillipson in Stone 1973 und in Fitz/Williams 1973).

Edinburgh war im Jahr 1755 eine Stadt von etwa 57000 Einwohnern (gefolgt von Glasgow mit 31700 und Aberdeen mit 15600 Einwohnern). In den engen Straßen und vielstöckigen Gebäuden seiner Altstadt drängte sich das Volk und mischten sich die Stände. Die hygienischen Bedingungen waren schlecht, der Gestank oft unerträglich, vor allem nachts und morgens, wenn der Inhalt der Leibstühle ungeniert auf die Straße geschüttet wurde. Aber man war gesittet und gesellig. Man schrieb sich kunstvolle Briefe, traf sich bei Dinnerparties zu Hause, bei größeren Gesellschaften in *Drinking Clubs* und *Debating Societies*.

Die Bedeutung der Clubs und Societies für die schottische Aufklärung kann kaum überschätzt werden. Sie waren nicht nur Orte der Geselligkeit, an denen die Interessierten und Gebildeten, meist ohne Ansehen des sozialen Standes, regelmäßig zusammenkamen. Mit ihren Satzungen und strengen Verfahrensregeln dienten sie dazu, Selbstbeherrschung und gesittete Umgangsformen zu üben sowie öffentliche Auseinandersetzungen auf disziplinierte und rationale Weise zu führen. Schließlich hatten sie auch eine politische Funktion, nämlich konkrete Anliegen zu diskutieren und in die Öffentlichkeit zu tragen, sich zu organisieren und Druck auszuüben. Unter den vielen Institutionen dieser Art in Edinburgh verdienen es vielleicht vor allem folgende, in Erinnerung behalten zu werden:

The Honourable Society for Improvement in the Knowledge of Agriculture, eine Organisation aufgeklärter Großgrundbesitzer, die von 1723 bis 1745 bestand. Die *Philosophical Society*, 1737 als Forum zur Diskussion naturwissenschaftlicher Probleme gegründet, wurde 1783 in die *Royal Society of Edinburgh* verwandelt und existiert noch heute. *The Select Society*, 1754 von dem Maler Allan Ramsay gegründet, um die englische Sprache und die schottische Literatur zu fördern, ging an ihrem eigenen Erfolg zugrunde: Hochadel und Gentry, Richter, Geistliche, Professoren und Kaufleute – alle wollten dazugehören. 1764 war der Punkt erreicht, an dem man sich nicht mehr als ‚select' ansah und aufhörte. Schließlich der 1762 gegründete *Poker Club*, dem es zunächst um die Durchsetzung einer Miliz für Schottland ging. Ähnliche Vereinigungen gab es auch in anderen Städten, z.B. die *Literary Society* in Glasgow oder die *Philosophical Society* in Aberdeen (vgl. Emmerson in Fritz/Williams 1973; Phillipson ebd.; Daiches 1986, 34–38).

1767 wurde mit dem Bau von Edinburghs Neustadt (New Town) begonnen. Sie geht auf eine Anregung des Juristen Sir Gilbert Elliot und einen Plan des Architekten James Craig zurück, zwei prominenten *Literati* der Edinburgher Gesellschaft. In ihrer symmetrischen Anlage, ihren Häusern und Plätzen von klassischer Schönheit, ihren gepflegten Parks und Gärten erscheint sie als der in Stein gehauene Geist der Aufklärung, oder – in den Worten von David Daiches – als die „Heavenly City of the Edinburgh Philosophers" (Daiches 1964, 68–97).

4. Die Rechtsordnung

Obwohl mit der Union das House of Lords auch für Schottland oberstes Appellationsgericht wurde, behielt das Land seine Rechtsordnung, die – anders als die englische – in der Tradition des römischen Rechts und des kontinentalen Naturrechts stand. Entsprechend eng waren die Beziehungen zum Kontinent, vor allem zu Holland: Junge schottische Juristen studierten im 17. und 18. Jahrhundert häufig an den Universitäten von Leyden, Groningen und Utrecht. Im Gegensatz zum englischen Common Law, das sich als Gewohnheitsrecht versteht und an Präzedenzfällen orientiert ist, regt das prinzipienorientierte schottische Recht zu Systematisierung und theoretischer Reflexion an. Schon gegen Ende des 17. Jahrhunderts waren zwei Standardwerke erschienen, die das schottische Privat- und Strafrecht systematisch darstellten: Lord Stairs *Institutions of the Law of Scotland* (1681) und Sir George Mackenzies *Laws and Customs of Scotland in Matters Criminal* (1684). Typisch für die schottische Rechtskultur des 18. Jahrhunderts war das philosophische Interesse der Juristen und das juristische Interesse der Moralphilosophen. Gemeinsam war ihnen das Interesse am Naturrecht, das sich in ihren Schriften in eine historisch-soziologische Naturgeschichte der bürgerlichen Gesellschaft verwandelte.

Edinburgh galt im 18. Jahrhundert als Stadt der Juristen. An der Spitze standen 15 Richter des obersten Zivil- und Strafgerichtshofs unter ihren Präsidenten; darunter die bei diesen Gerichten zugelassenen Anwälte – sie alle bildeten eine Elite der Edinburgher Gesellschaft. Standesbewußt und relativ wohlhabend, unterhielten sie ihre eigenen Standesorganisationen und die größte Bibliothek der Stadt (*Advocates' Library*, heute die *National Library of Scotland*). In Peter Williamsons Einwohnerverzeichnis von 1773–74, das die Bürger nach einer dem Ansehen entsprechenden Rangfolge aufzählte, rangieren sie am Anfang, nach ihnen Ärzte, Adelige und Gentlemen, Kaufleute usw. (Daiches 1964, 56 f.)

Mit der Ernennung zum obersten Richter wurden die – meist dem städtischen Bürgertum oder der Gentry entstammenden – Juristen zu ‚Law-Lords', d.h. sie wurden ex officio in den Adelsstand erhoben und erweiterten ihren Namen durch einen neuen Titel. Unter den schottischen Literaten finden wir eine ganze Reihe solcher Richter-Lords: James Burnett, Lord Monboddo (1714–99); Sir David Dalrymple, Lord Hailes (1726–92); Sir Gilbert Elliot, Lord Minto (1722–77); Henry Home, Lord Kames (1696–1782). Im politischen und kulturellen Leben der Stadt war ihr Einfluß überall zu spüren: als Vertreter mächtiger politischer Interessen vor Ort, als Mäzene junger Talente, als anerkannte Richter in Sitten- und Geschmacksfragen, als Schriftsteller und Diskussionsteilnehmer. Sie gehören in jedem Fall zu den Trägern der schottischen Aufklärung, gleich ob man darunter das kulturelle Leben im allgemeinen oder die theoretischen Schriften einer intellektuellen Elite versteht (vgl. Rendall 1978, 5 f.; Daiches 1964, 55–67; MacCormick in Campbell/Skinner 1982).

5. Religion und Kirche

Für die nationale Identität Schottlands nach der Union waren im Bewußtsein der Zeitgenossen, mehr noch als das eigene Rechtssystem, Religion und Kirche bedeutsam. Zwar war Schottland im 18. Jahrhundert in religiöser Hinsicht weder ein homogenes noch ein konfliktfreies Land. Es gab, vor allem im Nordwesten und Nordosten, katholische und episkopale Minderheiten. Und auch innerhalb der presbyterianischen Mehrheit gab es immer wieder Auseinandersetzungen und Sezessionen. Aber verglichen mit den gewaltsamen Auseinandersetzungen der Reformations- und Bürgerkriegszeiten war Schottland im 18. Jahrhundert ein religiös befriedetes Land, das in seiner Kirche eine umfassende nationale Institution besaß, die das Alltagsleben der großen Mehrheit der Bevölkerung prägte.

Nach der ‚Glorious Revolution' wurden die kirchlichen Verhältnisse in Schottland neu geordnet. Die episkopale Kirchenordnung, die nach der Restauration der Stuarts 1662 wiedereingeführt worden war, wurde 1690 durch ein presbyterianisches Kirchenregiment ersetzt, das den einfachen Gläubigen das Recht zur Wahl von Kirchältesten (elders) einräumte und eine Hierarchie repräsentativer Körperschaften – von den Kirchenverwaltungen der einzelnen Gemeinden über Presbyterien und Regionalsynoden bis zur ‚General Assembly' – einrichtete. In all diesen Körperschaften saßen sowohl Geistliche als auch Laien: Unter den 364 Abgeordneten der Generalversammlung, die einmal im Jahr in Edinburgh zusammentrat, waren 202 Geistliche, der Rest Laien. Zugleich sah das Kirchengesetz eine Trennung von Kirche und Staat vor: Der Zugang zu politischen Ämtern sollte nicht mehr von der Bereitschaft abhängig sein, bestimmte Glaubensartikel zu beschwören, und die Exkommunikation sollte keine strafrechtlichen Konsequenzen haben.

Der Einfluß der Kirche auf die Politik blieb dennoch groß. 1695 verabschiedete das schottische Parlament ein Gesetz, das für Blasphemie die Todesstrafe vorsah. Um der Öffentlichkeit die Gefahren des modernen Deismus vor Augen zu stellen, wurde schon bald ein Exempel statuiert. Thomas Aikenhead, ein 20jähriger Student, der nach Aussage eines Mitstudenten die Gottheit Christi geleugnet hatte, wurde 1696 in Edinburgh am Galgen hingerichtet. Aber solche Auswüchse der Intoleranz blieben nicht unwidersprochen. Hof und Regierung in London hatten ein Interesse daran, den schottischen Calvinismus in Grenzen zu halten und begünstigten in der Kirchenführung Theologen und Geistliche, denen jeder Fanatismus fremd war. Hier ist an erster Stelle William Castares (1649–1715) zu nennen, König Williams Hauptberater in schottischen Kirchenfragen, der von 1703–15 als Prinzipal der Universität Edinburgh und führende Persönlichkeit im Kirchenparlament einen mäßigenden Einfluß ausübte.

In die gleiche Richtung zielten zwei Gesetze von 1712: der Toleration Act, welcher der episkopalen Minderheit in Schottland das Recht einräumte, sich zu Gottesdiensten zu versammeln, und der Patronage Act, der dem adeligen Kirchenpatron das Recht übertrug, die Geistlichen zu ernennen. Das Gesetz von 1690 hatte die Ernennungsfrage offengelassen, aber in der Praxis war es zur Regel geworden, daß sich die Gläubigen selbst, genauer die Ältesten und Grundbesitzer der Gemeinde, ihren Geistlichen aussuchten. Die längerfristige Folge des hart umstrittenen Patronage Act war, daß weniger Geistliche, die sich durch Nähe zur Volksfrömmigkeit und heiligen Eifer hervortaten, sondern mehr diejenigen ernannt wurden, die sich durch Bildung und gesittete Umgangsformen dem Kirchenpatron empfahlen.

Der Kampf zwischen Fundamentalisten (in der schwer übersetzbaren Terminologie der Zeit: high flighers) und Gemäßigten (moderates) beherrscht die schottische Kirchengeschichte des 18. Jahrhunderts. Auf jeder Generalversammlung erhoben sich die Stimmen, die vor der Verbreitung von Atheismus und Deismus, von Sitten- und Zügellosigkeit warnten. Typisch ist aber auch, daß die Präsidenten der Versammlung häufig Gemäßigte waren, so William Wishart der Jüngere, zugleich Prinzipal der Universität Edinburgh, der die Versammlungen gern mit dem Gebet eröffnete: „Herr, weise zurück und unterdrücke den Geist des Zwangs und der Verfolgung, nicht nur bei Papisten, sondern bei Christen aller Bekenntnisse." Im Verlauf des Jahrhunderts verschob sich das Gewicht zugunsten der Gemäßigten. Gründe dafür sind, neben den schon genannten, die Verwissenschaftlichung und Liberalisierung der Theologie an den Universitäten. John Simson (1668?–1740) und William Leechman (1706–85), zwei Professoren für Theologie in Glasgow, sind dafür Beispiele. Beide waren heftigen Angriffen der Konservativen ausgesetzt, aber sie konnten den Sturm ohne größeren Schaden überstehen.

Jedes Bild der schottischen Aufklärung wäre unvollständig, wenn es die Theologen und Geistlichen ausließe, die durch ihre umfassende Bildung, ihr lebhaftes Interesse an allen Fragen der Zeit und ihre Toleranz im Umgang mit Andersdenkenden zur Verbreitung höflicher und verfeinerter Sitten beitrugen. Dazu gehören, neben dem schon genannten Hugh Blair, z.B. Reverend William Robertson (1721–93), Historiker und Prinzipal der Universität Edinburgh. Ebenso Reverend Alexander Carlyle (1722–1805), auch Jupiter Carlyle genannt, Pfarrer in Inveresk, Autor vieler Pamphlete und Predigten, dessen *Autobiographie* zu den interessantesten Quellen der schottischen Aufklärung gehört. Ebenso Rev. John Home (1722–1808), Pfarrer von Athelstandeford, Schriftsteller und Poet, Autor der Tragödie *Douglas*. Oder Rev. Robert Wallace (1697–1771), Pfarrer an der Auld Kirk in Edinburgh, Mathematiker, Gründungsmitglied der Philosophical Society, Autor einer *Dissertation on the Numbers of Mankind* (1753). Zu Recht also betont Alexander Carlyle in seiner *Autobiography* (1860, 561) den Beitrag der Geistlichkeit zur kulturellen Blüte Schottlands. Zum Gesamtbild der Zeit gehört aber auch die Tatsache, daß diese eleganten und gebildeten Herren die metaphysischen und sozialen Herausforderungen des Christentums weitgehend ignorierten. Ähnlich wie ihre anglikanischen Zeitgenossen glaubten sie, daß ihre Gesellschaft „bereits auf eine höchst gottgefällige Weise organisiert und der Herrgott in seinen religiösen Anschauungen ebenso gemäßigt war wie sie selbst“ (Smout 1969, 213; zum Gesamtthema vgl. Rendall 1978, Introd. u. Kap. 1; Camic 1983, Kap. 1; Sher 1985, passim).

6. Das Erziehungssystem

Unter den sozialen Voraussetzungen für die schottische Aufklärung kommt dem Erziehungssystem die größte Bedeutung zu, das in seiner Grundstruktur auf die schottische Reformation, genauer auf die Vorschläge von John Knox in seinem *First Book of Discipline* (1560/61) zurückgeht. Dort wird, um die sittlich-religiöse Anleitung der Jugend sicherzustellen, ein nationales Erziehungssystem vorgeschlagen, das für jede Landgemeinde eine Grundschule, für die kleineren Städte eine Lateinschule, für die größeren Städte darüber hinaus Universitäten vorsieht (Camic 1983, 141, 164). Von diesen Plänen, deren Verwirklichung durch Finanznöte und Wirren aller Art oft ins Stocken geriet, war bis zum Anfang des 18. Jahrhunderts immerhin so viel realisiert: In den Lowlands fanden sich in fast allen Landgemeinden Grundschulen (parish schools), auch wenn sie oft nur einen Lehrer hatten, der in einem einzigen Klassenzimmer Kindern verschiedener Altersstufen das Lesen und etwas Schreiben beibrachte. An manchen dieser Schulen konnten die begabteren Schüler aber auch Grundkenntnisse der Arithmetik und etwas Latein lernen. In den Kleinstädten gab es ‚burgh schools', in denen neben einem Grundkurs auch ein Fortgeschrittenenkurs angeboten wurde, in dem die Kinder das zum Universitätsbesuch notwendige Latein erlernen konnten. In Edinburgh, Glasgow und Aberdeen gab es – zusätzlich zu den parish schools – Lateinschulen (grammar schools), die in fünf Jahren klassische Bildung (vor allem lateinische Sprache und Literatur) vermittelten. Darüber standen die fünf Universitäten des Landes (in der Reihenfolge ihrer Gründung): St. Andrew's (1411), Glasgow (1450), King's College Aberdeen (1494), Edinburgh (1582), Marischal College Aberdeen (1593).

Klein, arm und schlecht – so präsentierten sich die schottischen Universitäten gegen Ende des 17. Jahrhunderts. Edinburgh, die größte unter ihnen, hatte 1690 400 Studenten, hundert Jahre später waren es 1300. Für 1725 liegen Vergleichszahlen vor: Edinburgh 600, Glasgow 400, die zwei Colleges von Aberdeen zusammen 300, St. Andrew's 150 Studenten (Cant in Campbell/Skinner 1982, 57). Auf der anderen Seite zu wenige und oft nicht hochqualifizierte Professoren. Die Grundausstattung bestand aus fünf Professuren: vier ‚Regents', die jeweils einen Jahrgang durch den vierjährigen ‚liberal arts course' führten; und ein ‚Principal', der zugleich Theologieprofessor war. Die Studenten kamen mit 13 oder 14 Jahren auf die Universität und hörten vier Jahre lang den üblichen Kanon philosophischer Fächer: 1. Jahr: Humanities (vor allem Griechisch); 2. Jahr: Logik, Rhetorik und Metaphysik; 3. Jahr: Moralphilosophie; 4. Jahr: Naturphilosophie. Nur wenige blieben, um eines von drei Fachstudien zu betreiben: Theologie, Jura oder Medizin. Im 17. Jahrhundert bestanden die später so bezeichneten ‚graduate faculties' erst in Ansätzen. Wer diese Fächer studieren wollte, ging in der Regel nach Holland.

Unter dem Prinzipal William Castares begann eine Reihe wichtiger Reformen in Edinburgh, die von den anderen Universitäten mit der Zeit übernommen wurden. Am wichtigsten war die Einführung von Professoren für einzelne Fächer, an Stelle der allzuständigen ‚Regents' (in Edinburgh 1708, in Glasgow 1727). Bald entstanden Professuren für Griechisch, orientalische Sprachen, Logik, Moralphilosophie, Mathematik, Chemie, Naturgeschichte, Astronomie und Agrikultur. Theologische, juristische und medizinische Fakultäten wurden aufgebaut. Mit der Zeit änderte sich auch der Lehrstil. Francis Hutcheson begann 1724 in Glasgow auf Englisch zu dozieren, was von den Studenten begeistert aufgenommen und später von den Kollegen übernommen wurde. An die Stelle des Vorlesens und Kommentierens von lateinischen Texten trat der freie Vortrag, in dem eigene Ideen entwickelt werden konnten.

Mit der Form änderte sich auch der Inhalt von Lehre und Forschung. Die Entwicklung zu einer liberaleren Theologie wurde bereits erwähnt, von der Philosophie wird später noch ausführlicher die Rede sein. Hier einige Beispiele aus den Naturwissenschaften: Colin Maclaurin (1698–1746) wurde mit 19 Jahren Professor für Mathematik in Aberdeen; 1725 wurde er – auf Newtons Empfehlung – auf den Lehrstuhl für Mathematik in Edinburgh berufen. Seine Vorlesungen beruhten auf Newtons *Principia*. Nach seinem Tod erschien der *Account of Sir Isaak Newton's Philosophical Discoveries* (1748), der viel zur Verbreitung Newtonscher Ideen in Schottland beitrug. – William Cullen (1710–90) war zunächst Professor für Medizin in Glasgow, seit 1755 lehrte er Medizin und Chemie in Edinburgh. Sein Hauptinteresse galt der Anwendung wissenschaftlicher Erkenntnisse in der Praxis, vor allem in der klinischen Medizin, aber auch beim Bleichen von Stoffen oder in der Landwirtschaft. Sein Hauptwerk trägt den Titel *First Lines of the Practice of Physic* (4 Bände, 1776–84). – Joseph Black (1726–97) war Professor für Medizin und Chemie in Glasgow und Edinburgh. Er entdeckte das Kohlendioxyd und das Phänomen der latenten Wärme. Er war ein Freund und Gönner von James Watt, dem an der Universität Glasgow eine Werkstatt eingerichtet wurde.

Natürlich wäre der Eindruck ganz verfehlt, wenn man unter den schottischen Professoren des 18. Jahrhunderts nur Genies und Erfinder vermutete. Es gab Berufungen, die mehr mit politischem Einfluß und persönlichen Beziehungen zu tun hatten als mit Kompetenz, und es gab nicht wenige, die das Wissen vergangener Generationen weitergaben, ohne etwas hinzuzufügen. Aber wenn man z. B. bedenkt, daß der Lehrstuhl für Moralphilosophie in Glasgow zwischen 1730 und 1780 von so erstklassigen Denkern wie Francis Hutcheson, Adam Smith und Thomas Reid besetzt war, oder daß die medizinische Ausbildung in Edinburgh unter den Professoren Cullen, Black und Alexander Monro II weltberühmt war und Studenten aus ganz Europa und Nordamerika anzog – die Beispiele ließen sich fortsetzen –, so ist der Gesamteindruck von Reformbestrebungen, Entwicklungen und Entdeckungen für die schottischen Universitäten der zweiten Jahrhunderthälfte durchaus zutreffend. Und dieser Eindruck verstärkt sich, wenn man das Leben an den fünf schottischen Universitäten mit dem im großen und ganzen noch immer verschlafenen Betrieb an den beiden englischen Universitäten Cambridge und Oxford vergleicht.

7. Denkformen der schottischen Aufklärung

Was den ‚Entdeckern' der schottischen Aufklärung in den 60er Jahren des 20. Jahrhunderts vor allem auffiel, war eine Gruppe von Philosophen und Historikern, deren Moralphilosophie und Geschichtstheorie ein erstaunliches Maß an Gemeinsamkeit, Originalität und Modernität aufzuweisen schien. Was William Lehmann (1960 und 1967), Roland Meek (1967), Andrew Skinner (1966) und Hugh Trevor-Roper (1967) an den Theorien von Hume, Smith und ihren Freunden faszinierte, war der gemeinsame methodische Ansatz einer historischen Sozialwissenschaft, die zwar Parallelen in der europäischen Aufklärung hatte, darüber hinaus jedoch Erkenntnisse von Karl Marx und Émile Durkheim vorwegnahm. Ein Satz von Robertson wurde immer wieder staunend zitiert: „Bei jeder Untersuchung sozialer Handlungen sollte man zuerst beachten, wie die Menschen ihr Leben erhalten (their mode of subsistence). Wenn sie sich in dieser Hinsicht unterscheiden, dann müssen auch ihre Gesetze und ihre Politik verschieden sein" (z. B. A. Skinner 1970, 31). Die schottische Aufklärung erschien als der historische Moment, an dem sich die Transformation traditioneller Moralphilosophien und Naturrechtstheorien in eine moderne, empirische Sozialwissenschaft beobachten ließ (so v.a. Medick 1973).

Das Gesamtbild einer Philosophie der schottischen Aufklärung, das in manchen frühen Interpretationsversuchen aufscheint, ist inzwischen modifiziert und korrigiert worden. Was in makroskopischer Sicht als die gemeinsame Philosophie eines intellektuellen Freundeskreises erschien, erwies sich in der zunehmend mikroskopisch vorgehenden Forschung als ein differenziertes Ensemble unterschiedlicher Auffassungen. Dennoch hatte die frühe Forschung darin recht, daß sie sich von gewissen Gemeinsamkeiten beeindrucken ließ, die sich in vielen Schriften dieser Autoren finden. Es gibt so etwas wie eine allgemeine Denkform der schottischen Aufklärung, auch wenn sie – wegen ihrer Allgemeinheit – nicht nur typisch schottische, sondern auch gesamteuropäische Züge trägt. Mit Ernst Cassirer (1932, 1–35) läßt sie sich so umschreiben: das Bewußtsein, einer Gesellschaft anzugehören, die sich in einem Prozeß des Aufbruchs, der Gärung und Entwicklung befindet; das Bedürfnis, den eigenen Standort durch Kritik der Tradition und Reflexion auf die Geschichte zu bestimmen; die Überzeugung, daß die Probleme dieser Zeit nach einer Wissenschaft vom Menschen verlangen, die – frei von den Fesseln kirchlicher Dogmatik – dem methodischen Vorbild Newtons folgen sollte; der Plan, ausgehend von einer Analyse psychischer Phänomene, die gesetzmäßigen Zusammenhänge zu entdecken, durch die, ähnlich wie die Gegenstände der Natur, auch das menschliche Denken, Fühlen und Handeln bestimmt werden; schließlich die Hoffnung, von dieser gesicherten Grundlage aus das soziale und politische Leben der Menschen verbessern zu können.

Wenn Ernst Cassirer auf diese Weise „die Denkform des Zeitalters der Aufklärung“ allgemein umreißt, bezieht er sich vor allem auf Frankreich. Er erwähnt Montesquieu und Voltaire, d’Alembert und Diderot, Condillac und Helvetius. Nach seiner Auffassung paßt Hume nicht in dieses Bild. Dessen Skeptizismus und Irrationalismus widersprächen dem Vertrauen der Aufklärung in die Vernunft – und zwar ebenso dem der Philosophen des 17. Jahrhunderts in die apriorisch-deduktive wie dem der Philosophen des 18. Jahrhunderts in die empirisch-analytische Vernunft (ebd. 29). Cassirer folgt dabei einer einseitigen, damals weit verbreiteten, heute wohl endgültig widerlegten Interpretation, die in Hume nur den destruktiven, nicht den konstruktiven Denker sah. In Wirklichkeit gibt es kaum eine bessere Art, die allgemeine Denkform auch der schottischen Aufklärung zusammenzufassen. Denn nichts begegnet uns in den Schriften der schottischen Autoren so konstant wie (1) ein durch die Erfahrung von Veränderungen motiviertes Interesse an Geschichte; (2) der Anspruch, eine empirische Wissenschaft vom Menschen zu begründen; (3) der ‚spirit of improvement', der Drang, zur Verfeinerung der Sitten und zur Verbesserung der Lebensumstände beizutragen.

(1) „I believe this is the historical Age and this the historical Nation", schreibt Hume 1770 an seinen Verleger William Strahan (HL II, 230). Die Schotten schreiben Geschichtswerke am laufenden Band, kein Wort begegnet uns in ihren Werktiteln so häufig wie ‚history'. Dabei benützen sie dieses Wort durchwegs in seiner modernen, nicht in der älteren, im 18. Jahrhundert (z.B. bei Buffon) auch noch üblichen Bedeutung von Beschreibung, Erzählung, Kunde. Bei den meisten von ihnen ist das historische Interesse kein antiquarisches. Weder die Liebe zum historischen Detail noch die Suche nach alten Dokumenten, erst recht nicht der mit der Interpretation solcher Dokumente häufig verbundene Streit um Rechtstitel ist für ihre Arbeiten typisch. Vielmehr lieben sie es, das Allgemeine im Besonderen hervorzuheben, oder auch: allgemeine anthropologische Einsichten zur Erklärung historischer Ereignisse heranzuziehen. Ihr Interesse an der Geschichte ist ein philosophisches. In ihren Werken wird die Philosophie historisch und die Geschichtsschreibung philosophisch. ‚Natural history' (Hume), ‚philosophical history' (Smith), ‚theoretical or conjectural history' (Dugald Stewart) heißen die Begriffe, die die Einheit von Philosophie und Geschichte zum Ausdruck bringen.

Man kann die historischen Werke der schottischen Literaten in zwei Gruppen teilen. Einerseits die Geschichten bestimmter Länder, Epochen oder Wissensgebiete; andererseits allgemeine Zivilisationsgeschichten. Zur ersten Gruppe gehören Humes *History of England* (1754–61), Robertsons *History of Scotland* (1767), *History of the Reign of the Emperor Charles V* (1769) und *History of America* (1777); zur zweiten Gruppe gehören Fergusons *Essay on the History of Civil Society* (1767), John Millars *Origin of the Distinction of Ranks* (1771) und Lord Kames' *Sketches of the History of Man* (1778). Die Unterscheidung ist allerdings weniger scharf, als sie auf den ersten Blick zu sein scheint. Die Landesgeschichten werden in einen geschichtstheoretischen Rahmen eingeordnet. Humes Geschichte „ist nicht eine Geschichte des englischen Volkes oder der englischen Zivilisation, (sondern) eine Geschichte der Zivilisation in England“ (Forbes 1975, 298). Und Robertson legt Wert darauf, seiner Geschichte Karls V. eine ausführliche Darstellung des „Fortschritts der Gesellschaft in Europa von der Zerstörung des römischen Reiches bis zum Beginn des 16. Jahrhunderts“ voranzustellen. Andererseits verstehen sich aber auch die Zivilisationsgeschichten als empirische Studien, deren Ergebnisse aus vergleichenden Beobachtungen der konkreten Lebensumstände in verschiedenen Ländern gewonnen werden. Auch die bekannte Vier-Stadien-Theorie der Entwicklung, die vor allem bei Kames, Smith und Millar vorkommt, gilt als eine empirische Verallgemeinerung: Unter gewöhnlichen Umständen durchschreiten menschliche Gesellschaften vier Epochen, die sich durch verschiedene Produktions- und Eigentumsformen, aber auch durch entsprechende Gesetze und politische Institutionen unterscheiden – die Epochen der Jäger, der Hirten, der Bauern und der Händler. Diese Abfolge wird nicht als Gesetzmäßigkeit vorgestellt, die es erlaubte, einzelne historische Ereignisse zu erklären oder vorauszusagen. Denn dazu können die Umstände, die den naturgemäßen Verlauf beschleunigen oder hemmen, zu sehr variieren. Es handelt sich eher um einen Interpretationsrahmen, der es möglich macht, Gesellschaften zu vergleichen und ihren Entwicklungsstand zu beurteilen.

(2) Der moderne Leser könnte vermuten, daß ein so radikal historisches Denken wie das der schottischen Aufklärung die Natur des Menschen auflöst und eine allgemeine Anthropologie unmöglich macht. Das Gegenteil ist der Fall. Nach Auffassung unserer Autoren kommen überall in der Geschichte die gleichen Grundeigenschaften der Menschen zum Ausdruck. Das Studium der Geschichte, so heißt es, lasse die Natur des Menschen erkennen. Aber auch umgekehrt: Je mehr man ihre Natur kenne, um so besser könne man verstehen, wie die Menschen auf so verschiedene und sich wandelnde Umstände reagieren. „Die Menschen“ – schreibt Hume – „sind zu allen Zeiten und an allen Orten so sehr die gleichen, daß uns die Geschichte auf diesem Gebiete nichts Neues oder Unvertrautes berichten kann. Ihr Hauptnutzen ist allein der, die bleibenden und allgemeinen Prinzipien der menschlichen Natur zu entdecken ...“ (Hume 1967, 110).

Der größte Ehrgeiz unserer Autoren besteht offenbar darin, für die Moralphilosophie das zu leisten, was Newton für die Naturphilosophie erreicht hat: eine empirische Wissenschaft vom Menschen. Im Untertitel von Humes *Treatise of Human Nature* (1739/40) kommt dieser Ehrgeiz zum Vorschein, wo es heißt: „an attempt to introduce the experimental method of reasoning into moral subjects". Auch wenn Smith, nach einem Überblick über die anderen Systeme der Moralphilosophie, seine eigene Theorie dadurch hervorhebt, daß sie mit Hilfe eines einzigen Prinzips – der Sympathie – die Vielfalt der moralischen Gefühle zu erklären vermag (TMS VII.iii.3.3), liegt der Vergleich mit Newtons Schwerkraft nahe. Thomas Reid hofft, Genie und Fleiß der Menschen könnten mit der Zeit „ein System der Kräfte und Funktionen des menschlichen Geistes hervorbringen ..., das auf Prinzipien aufgebaut ist, die nicht weniger sicher sind als die der Optik oder Astronomie" (Reid 1990, 106). John Millar hat seinen Lehrer Adam Smith nach dessen Tod als Newton der Moralphilosophie gepriesen: „Der große Montesquieu hat den Weg gewiesen. Er war der Lord Bacon in diesem Bereich der Philosophie. Dr. Smith ist der Newton" (zit. von Dugald Stewart in EPS 275, A. 4).

(3) Das Denken der schottischen Aufklärer ist zutiefst praktisch orientiert. Ihr physikalisches und chemisches Wissen zielt auf Erfindungen, ihr geographisches Wissen auf Entdeckungen, die Wissenschaft vom Menschen auf Verbesserungen. Das zeigt sich ebenso an den Themen, die erforscht und diskutiert werden, wie an der Form der Wissensvermittlung, die einfach, klar und verständlich sein soll. Als Beispiel können hier die Moralphilosophiekurse an den schottischen Universitäten dienen, die in englischer Sprache nicht nur die Probleme und Tugenden der privaten Lebensführung, sondern auch Fragen des Rechts, der Ökonomie und der Politik erörtern. Das geschieht auf eine Weise, die der Aufnahmefähigkeit der jungen Studenten entspricht, aber auch mit dem Verantwortungsbewußtsein künftiger Eliten rechnet.

Die Beurteilung der Lage und die Antwort auf die Probleme der Zeit fällt natürlich unterschiedlich aus. Einig ist man sich in einem Teil der Diagnose: Schottland befindet sich in einem Prozeß rascher Veränderung hin zu einer modernen „commercial society". Man konstatiert einen Zuwachs an Reichtum, Bildung und Verfeinerung der Sitten (polite manners), zugleich aber auch neues Elend, neue Bildungsnot (z.B. wegen der Kinderarbeit) und den Verlust an Gemeinsinn. Um diesen Zustand zu analysieren, stehen verschiedene Sprachen zur Verfügung: Die Sprache des modernen Naturrechts, die von den Rechten der Individuen ausgeht, Gesellschaft als Vertrag versteht und legitime Herrschaft vom Konsens der Beherrschten abhängig macht; die Sprache des klassischen Republikanismus und staatsbürgerlichen Humanismus (Pocock 1975), die es erlaubt, den Verlust von Bürgertugend und Gemeinsinn zu beklagen; die Sprache der römischen Stoa (Epiktet, Marc Aurel), die Einsichten in private Tugenden (v.a. Klugheit, Selbstbeherrschung), aber auch in ein harmonisches Weltbild vermittelt; und schließlich die neue Sprache der Empfindsamkeit (sensibility), die zur Kultivierung der Gefühle und Umgangsformen anregt. Je nachdem, ob sie der Entwicklung zu einer modernen, individualistischen, vom Handel geprägten Gesellschaft vorwiegend positiv-hoffnungsvoll gegenüberstehen (wie Hume, Smith, Millar) oder vorwiegend kritisch-pessimistisch (wie z.B. Ferguson), gebrauchen sie die eine oder andere dieser Sprachen, verweisen sie auf Einsichten der einen oder anderen Tradition. Insofern kann man, was die Inhalte und Ziele ihrer Moralphilosophien angeht, nicht mehr von einer, sondern nur von mehreren Denkformen der schottischen Aufklärung sprechen.

8. Erklärungsversuche

Am Ende dieses Kapitels kehren wir noch einmal zu der Frage zurück, warum es im Schottland des 18. Jahrhunderts zu einer so ungewöhnlichen Konzentration geistiger Kräfte kam, die sich durch wissenschaftliche Erkenntnisse, technische Erfindungen und praktischen Reformeifer, nicht jedoch durch politisch-revolutionäre Gesinnung hervortaten. Was bisher gesagt wurde, läßt einige Schlüsse zu über die Aufklärer und ihr soziales Milieu, über einige Motive ihrer regen geistigen Tätigkeit, über gewisse Eigenschaften ihres Denkens. Fassen wir noch einmal zusammen: Die bekannten schottischen Literaten entstammen in der Regel dem städtischen Bürgertum und gehören durch Beruf und Lebensstil zum Bildungsbürgertum. Ihre Väter waren Geistliche, Juristen oder Kaufleute; sie selbst sind Geistliche, Juristen oder Professoren. Eine Ausnahme bildet David Hume, der „leuchtende Komet" am Himmel der schottischen Aufklärung (Smout 1969, 452). Seine Familie gehört zum Adel; er selbst lebt von der Schriftstellerei. Im allgemeinen sind die sozialen Schranken zwischen Bildungsbürgertum auf der einen, ‚minor nobility' und ‚substantial gentry' auf der anderen Seite ziemlich durchlässig. Selbst der Umgang der Literaten mit dem Hochadel kann, bei allem Respekt in der äußeren Form, erstaunlich locker und ungezwungen sein.

Somit läßt sich die soziale Schicht, zu der die schottischen Aufklärer gehören, ziemlich genau bestimmen. Aber wie steht es mit ihrer Motivation? Wie erklärt sich ihre ungewöhnliche geistige Energie und die allgemeine Ausrichtung ihres Denkens und Handelns? Oft wird auf die Union und ihre Folgen verwiesen: Das Land verliert seine politische Mitte, seine politische Elite wird exzentrisch, d.h. orientiert sich nach außen; die drei nationalen Institutionen, die Schottland erhalten bleiben, gewinnen an Bedeutung, auf ihre Träger kommt – als eine Art natürliche Aristokratie – neue Verantwortung zu; die Energien begabter junger Leute des Mittelstandes richten sich auf den kulturellen und ökonomischen Bereich. Dabei spielt die Konkurrenzsituation zum mächtigen und reichen Nachbarn England, wie schon immer in der schottischen Geschichte, eine wichtige Rolle. Durch die Union ist man sich näher gekommen, aber dadurch haben sich auch die Reibungspunkte vermehrt. Oft dient das Kennenlernen nur dazu, sich innerlich zu distanzieren; Bewunderung mischt sich mit Skepsis; und wenn man England nachahmt, dann um es zu übertreffen. David Daiches hat dieses Verhältnis auf den Begriff gebracht: *The Paradox of Scottish Culture* (Daiches 1964).

Die schottischen Intellektuellen waren sich ihrer Stellung zwischen zwei Kulturen, zwischen der traditionalen Gesellschaft der Highlands und der modernen „commercial society" in England, nur allzu bewußt. Die Erfahrung, auf dem Schnittpunkt zweier Welten zu leben, schärfte ihre Aufmerksamkeit für historische Veränderungen, gefährdete Traditionen und unvermeidlichen Fortschritt. Immer stießen sie auf die Frage, ob ihre eigene Kultur bewahrt werden könnte und sollte. An der Sprache läßt sich ihr Konflikt verdeutlichen: Der typische Lowlander sprach weder das Gälisch des Nordens und Westens noch das Englisch des Südens, sondern ein Schottisch, das sich zum Englischen ungefähr so verhielt wie Plattdeutsch zu Hochdeutsch. Einige schottische Dichter des 18. Jahrhunderts, vor allem Robert Burns, hatten das poetische

Potential dieser Sprache erprobt und erwiesen. Aber für die allermeisten schottischen Schriftsteller der Zeit handelte es sich um eine unglückliche Hypothek, von der man sich möglichst rasch befreien wollte. Sie übten sich in englischer Aussprache und überprüften gegenseitig ihre Schriften auf versteckte ‚Scotticisms'. Welch ein Triumph war es, wenn ihre Schriften nicht nur zur englischen Literatur gerechnet, sondern als Höhepunkte der englischen Literatur gewertet wurden. Humes Brief an seinen Landsmann Gilbert Elliot (vom 2. Juli 1757) bringt dieses Gefühl zum Ausdruck: „... es ist wirklich bewundernswert, wie viele Genies dieses Land gegenwärtig hervorbringt. Ist es nicht erstaunlich, daß während wir unsere Fürsten, unsere Parlamente, unsere unabhängige Regierung, selbst die Gegenwart unseres bedeutendsten Adels verloren haben; wir unglücklich sind in unserem Akzent und in unserer Aussprache und einen ganz korrupten Dialekt der Sprache sprechen, deren wir uns bedienen; ist es nicht erstaunlich, sage ich, daß wir unter diesen Umständen dennoch das im Bereich der Literatur hervorragendste Volk Europas sind" (HL I, 255).

Es wäre einseitig, die schottische Aufklärung allein aus dem Kompensationsdrang eines von Minderwertigkeitskomplexen und Identitätskrisen geplagten Volkes erklären zu wollen, dessen Intellektuelle bereits durch ihre Aussprache zu Außenseitern abgestempelt waren. Zwar ist dieser Faktor zu offensichtlich, um ganz übersehen werden zu können; aber er ist nur einer von vielen. Als ebenso motivierend muß das hohe Selbstbewußtsein einer geistigen Elite angesehen werden, der wegen der politischen Verhältnisse eine besondere Bedeutung im eigenen Land zukommt. Bedenkt man zudem, daß diese Elite gewöhnlich nicht in der Opposition zur englischen Regierung stand, vielmehr beide einander als Garanten von Fortschritt und Stabilität ansahen, so wird etwas vom gemäßigten Geist der schottischen Aufklärung verständlich.

Die schottischen Literaten, allen voran David Hume, pflegten engen Kontakt zu den Vertretern der französischen Aufklärung. Trotz großer Übereinstimmung in einzelnen Überzeugungen fällt jedoch auf, daß der Geist der Aufklärung in beiden Ländern ein ganz anderer ist. Bezeichnenderweise finden wir unter den Schotten keinen Atheisten (wie Holbach), keinen Materialisten (wie Helvetius oder Lamettrie), keinen Sensualisten (wie Condillac), keinen radikalen Demokraten (wie in ihrer Spätphase Diderot und Condorcet). In

Fragen der Religion sind die meisten Vertreter der schottischen Aufklärung Christen oder Deisten, der Agnostiker Hume ist die Ausnahme. Was die Grundfragen der Politik angeht, gibt es unter den Schotten zwar Republikaner (z.B. Reid, Millar, D. Stewart), aber auch sie können sich mit der konstitutionellen Monarchie durchaus abfinden. Bedenkt man die Stellung der Literaten in ihrer jeweiligen Gesellschaft, wird dieser Unterschied verständlich. Die französischen Aufklärer waren Privatleute, nicht selten verfolgt, vom Schutz adeliger Gönner abhängig und – was ihre Schriften anging – oft auf anonyme Veröffentlichungen im Ausland angewiesen. Dagegen hatten die schottischen Schriftsteller nicht nur die Möglichkeit, als Professoren, Richter oder Geistliche öffentliche Ämter zu bekleiden, sie besaßen auch einen relativ freien und durch die Ämter gesicherten Zugang zu einer interessierten und gebildeten Öffentlichkeit. Obwohl sie nicht zur Politik drängten, hatten sie immer wieder die Gelegenheit, politische Aufgaben zu erfüllen oder als Ratgeber auf die Politik Einfluß zu nehmen. Hume war Legationssekretär in Paris und Under-Secretary of State in London. Smith konnte im Alter erleben, daß führende Politiker Englands sich als seine Schüler bezeichneten und seine wirtschafts- und finanzpolitischen Ideen in die Tat umzusetzen begannen. Ferguson war Mitglied einer Regierungskommission, die zur Versöhnung mit den Kolonien nach Nordamerika geschickt wurde. Robertson spielte eine bedeutende Rolle als Führer der Gemäßigten im schottischen Kirchenparlament. Ähnliches ließe sich auch von den übrigen Vertretern der schottischen Aufklärung sagen, während die französischen Aufklärer, abgesehen von Turgots kurzer und glückloser Karriere als Finanzminister, vor der Revolution zur Rolle politischer Außenseiter verdammt waren.

Die schottischen Literaten waren somit in eine Gesellschaft integriert, in der sie die Fortschritte und Probleme einer neuen Zeit unmittelbar beobachten konnten. Diese Gesellschaft besaß, so schien es den meisten von ihnen, bereits die politischen Institutionen, um mit den neuen Problemen fertigzuwerden. Und diese Gesellschaft erlaubte ihren Intellektuellen, ihre Gedanken zu veröffentlichen und auf diesem Wege, wenn nicht sogar direkt, Einfluß zu nehmen auf die Politik. Dies erklärt wohl teilweise den weniger radikalen und dogmatischen, den mehr realistischen und pragmatischen Geist der schottischen Aufklärung.

II. Biographie

1. Kindheit und Studienjahre

Adam Smith wurde am 5. Juni 1723 in Kirkaldy, einer kleinen Hafenstadt in der Nähe von Edinburgh, geboren. Genau gesagt ist dies der Tag seiner Taufe, wahrscheinlich aber auch sein Geburtstag. Der Vater gleichen Namens war bereits einige Monate vor der Geburt des Sohnes gestorben. Die Familie des Vaters gehört zum gehobenen Bürgertum, seit Generationen findet man darin vorwiegend Beamte, Rechtsanwälte, aber auch Grundbesitzer. Adam Smith senior war Notar und Zollbeamter, in früheren Jahren Privatsekretär des Earl of Loudoun, eines Verwandten des Herzogs von Argyll, und in dieser Funktion aktiv an der Vorbereitung der Union Schottlands mit England beteiligt. Die Familie der Mutter, Margaret Douglas, gehört zur lokalen Gentry.

Aus der frühen Jugend Adam Smiths wird nur ein Ereignis berichtet, das in keiner Biographie fehlen darf: Mit etwa drei Jahren spielte er vor dem Schloß seines Onkels John Douglas in Strathenry und wurde von vorbeiziehenden Zigeunern gestohlen. Offenbar gelang es dem Onkel, die Diebe zu finden und das Kind zu befreien. Mit Blick auf Adam Smiths spätere sprichwörtliche Zerstreutheit schreibt John Rae: „he would have made a poor gypsie" (Rae 1895/1965, 25).

Obwohl er Halbwaise und von schwächlicher Konstitution war, gab es doch eine Reihe von Umständen, die die Jugend Adam Smiths zu einer vorwiegend glücklichen Zeit machten: Erstens seine Mutter, eine starke, fromme und warmherzige Frau, die er Zeit ihres langen Lebens (sie starb erst 1784 im Alter von 90 Jahren) liebte und verehrte. Zweitens die Tatsache, daß sein Vater ein erhebliches Vermögen hinterlassen hatte, das von treuen Freunden gut verwaltet wurde und der Witwe finanzielle Sorgen ersparte. Drittens David Millar, ein vorzüglicher Lehrer an der ‚burgh school' von Kirkaldy, der die Begabung seines Schülers erkannte und die Liebe zur klassischen Bildung in ihm weckte. Viertens Schulfreunde, die den relativ scheuen Sonderling zu schätzen wußten und Freunde fürs Leben blieben. Einige von ihnen wurden später selbst berühmt, so James Oswald of Dunnikier, Parlamentarier und Wirtschaftspolitiker in London, und Robert Adam, der größte unter den Architekten dieses Namens.

Die an der Schule von Kirkaldy erworbenen Kenntnisse des Lateinischen scheinen so beeindruckend, die des Griechischen immerhin ausreichend gewesen zu sein, um das erste Jahr an der Universität Glasgow zu überspringen. Smith trat dort 1737 ins zweite Jahr ein und studierte Logik und Metaphysik bei Professor Loudoun, Griechisch bei Professor Dunlop, Natürliche Theologie bei Professor Hutcheson und Mathematik bei Professor Simson. Im folgenden Jahr 1738/39 stand die Moralphilosophie im Mittelpunkt, mit Vorlesungen in Ethik, Jurisprudenz und Politik von Professor Hutcheson. Das letzte Jahr hatte als Schwerpunkt Naturphilosophie, mit Vorlesungen von Professor Dick über Physik, daneben konnten die Fächer der vergangenen Jahre vertieft werden. Vermutlich hörte Smith Geometrie bei Professor Simson.

Es ist nicht ganz klar, warum der junge Adam Smith auf die Universität nach Glasgow, nicht auf eine der näher gelegenen Universitäten von Edinburgh oder St. Andrew's geschickt wurde. Den Ausschlag mag die Berühmtheit der Professoren gegeben haben. Denn Alexander Dunlop als Graecist, Robert Simson als Mathematiker und Francis Hutcheson als Moralphilosoph waren weithin bekannte Gelehrte. Die Universität verband den Ruf klassischer Gelehrsamkeit mit dem der Weltoffenheit und Modernität. Dunlop hatte griechische Tragödien, Simson den Euklid herausgegeben und kommentiert. Dick lehrte Newtonsche Physik und Hutcheson eine ganz uncalvinistische, von Shaftesbury inspirierte Ethik des Wohlwollens. Adam Smith, der schon in der Schule durch seine Leidenschaft für Bücher und ein außergewöhnliches Gedächtnis auffiel, scheint mit großem Eifer studiert zu haben. Beeindruckt haben ihn vor allem der Mathematiker Simson und der „niemals zu vergessende Hutcheson" (Corr. Nr. 274). Was Hutcheson seinen Studenten in vielen Varianten zu vermitteln suchte und sicher auch den jungen Adam Smith beeindruckt hat, war die Grundthese, daß die Natur des Menschen nicht korrumpiert, sondern auf das Gute hin angelegt ist; daß der Mensch deshalb in persönlicher und politischer Freiheit leben kann, sofern er die Freiheit der anderen respektiert (gerade auch ihre religiöse Überzeugung) und sich für das Gemeinwohl einsetzt (das er bereits durch die utilitaristische Formel vom „größten Glück der größten Zahl“ bestimmt).

Im Juni 1740 verließ Adam Smith die Universität als Magister Artium, um im Herbst desselben Jahres seine Studien am Balliol College in Oxford fortzusetzen. Zu diesem Zweck erhielt er das Snell-Stipendium der Universität Glasgow, welches an verdiente Studenten mit dem Zweck vergeben wurde, Theologie zu studieren und Geistliche der Church of England in Schottland zu werden. Mit der Annahme des Stipendiums scheint eine Verpflichtung in diesem Sinne verbunden gewesen zu sein, ja offenbar mußten im voraus 500 Pfund deponiert werden, die an die Stiftung fielen, falls der Stipendiat dieser Verpflichtung nicht nachkam (Ross 1995, 59). Ob diese große Summe für Smith deponiert wurde, ist unbekannt. Zumindest ist davon auszugehen, daß Smith – der damals 17 Jahre alt war – daran dachte, Geistlicher zu werden. Offenbar hat ihn aber die Mischung von Faulheit und Frömmigkeit, die er in Oxford vorfand, auch in dieser Hinsicht nicht motiviert. Kurz nach seiner Ankunft schreibt er seinem Vormund William Smith:

„Sollte jemand seine Gesundheit in Oxford durch exzessive Studien gefährden, wäre es seine eigene Schuld; unsere einzige Tätigkeit hier ist zweimal am Tag zum Beten und zweimal in der Woche zur Vorlesung zu gehen“ (Corr. Nr. 1).

Adam Smith verbrachte sechs lange Jahre in Oxford, die er später zwar nicht nur bedauert, aber oft beklagt hat. Er litt unter überhöhten Gebühren, antischottischen Vorurteilen, bornierten Tutoren, vor allem aber unter der Faulheit der Professoren. „An der Universität Oxford“ – so schreibt er später in seinem ökonomischen Hauptwerk – „haben es die meisten Professoren seit vielen Jahren aufgegeben, auch nur den Anschein des Lehrens zu erwecken“ (WN v.i. f.8). Er führt es darauf zurück, daß es in Oxford, im Gegensatz zu den schottischen Universitäten, keine Hörergelder gab, das Einkommen der Professoren also ganz unabhängig davon war, ob sie etwas in der Lehre leisteten. Zu den Vorteilen von Oxford gehörte, daß man viel Zeit hatte. Smith nutzte die Bibliotheken, las römische und französische Klassiker, vertiefte seine Sprachkenntnisse, v.a. des Französischen. Neuere philosophische Literatur konnte er sich in den Ferien in Schottland besorgen. Humes *Traktat über die menschliche Natur* wurde in seinem Zimmer im Balliol College entdeckt und konfisziert (Scott 1937, 42). Die Einsamkeit, das intensive Selbststudium, die Ablehnung der Schotten im College, dies alles mag zu den psychosomatischen Beschwerden beigetragen haben, von denen er seiner Mutter in einem Brief vom Juli 1744 berichtet und die er mit Teer-Wasser bekämpft. Dennoch waren die Jahre in Oxford nicht umsonst: Smith geht umfassend gebildet, mit guter englischer Aussprache und mit der festen Absicht, kein Geistlicher zu werden, aus ihnen hervor.

2. Privatdozent und Professor

Er kehrte im August 1746 nach Schottland zurück, verbrachte zwei Jahre im Haus seiner Mutter in Kirkaldy und trat erst im Herbst 1748, inzwischen 25 Jahre alt, mit Vorträgen in Edinburgh wieder in Erscheinung. Von Henry Home, dem späteren Lord Kames, ermutigt und unterstützt, bot er eine Vortragsreihe über Rhetorik und Literatur an. Private Vorlesungen waren damals in Edinburgh nichts Ungewöhnliches, und der Dozent konnte, wenn er Erfolg hatte, daran gut verdienen. Smiths Vorlesung scheint sehr erfolgreich gewesen zu sein; rund hundert Zuhörer, größtenteils Studenten der Jurisprudenz und Theologie, aber auch ältere Bürger, nahmen regelmäßig daran teil. Was aus heutiger Sicht wie ein reines Bildungsthema anmutet, kam damals einem konkreten Bedürfnis entgegen: Smith sprach korrektes Englisch und kannte die klassische und neuere Literatur. Was er über Sprache und Aussprache, über Klarheit und Einfachheit als Idealform der Kommunikation oder über literarische Gattungen und ihre Stilmittel zu sagen hatte, war von unmittelbar praktischer Bedeutung für junge Intellektuelle, die im erweiterten Großbritannien oder in den Kolonien Karriere machen wollten. Zudem kam seine Vorlesung auch einem politischen Anliegen entgegen, das nach dem letzten großen Aufstand der Stuart-Anhänger im Jahre 1745 von seiten der Regierung noch verstärkt betrieben wurde, nämlich zur Anglisierung der schottischen Bildungselite, zu ihrer Integration in die englische Kultur beizutragen (Ross 1995, 83).

Als ‚Privatdozent' in Edinburgh scheint Smith in den Jahren 1748-51, neben der Vorlesung über ‚Rhetoric and Belles-Lettres', auch Kurse zur Geschichte der Philosophie sowie über Recht und Politik gehalten zu haben. Das Ansehen, das er sich dadurch erwarb, brachte ihm im Januar 1751 den Ruf auf die Professur für Logik an der Universität Glasgow ein. Er nahm den Ruf sofort an, begann aber erst im Herbst mit der Lehre. Als sich im Verlauf des Jahres herausstellte, daß Thomas Craigie, der Nachfolger Hutchesons auf dem Lehrstuhl für Moralphilosophie, wegen Krankheit ausfallen würde, übernahm Smith zusätzlich den Teil des Moralphilosophiekurses, der von Naturrecht und Politik handelte. Als Craigie im Dezember 1751 starb, bewarb er sich um dessen Lehrstuhl und erhielt ihn zugesprochen. Von 1752 bis 1763 war Smith Professor für Moralphilosophie in Glasgow, eine Zeit, die er rückblickend als „die bei weitem nützlichste und deshalb glücklichste und ehrenvollste Periode meines Lebens" bezeichnet hat (Corr. Nr. 274).

Die Ernennung Smiths zum Professor, erst für Logik, dann für Moralphilosophie, hatte eine fachliche und eine politische Seite. Auf der einen Seite finden wir ein reguläres Berufungsverfahren: den einstimmigen Beschluß des Senats der Universität vom 9. Januar 1751, den Ruf an Smith ergehen zu lassen, und kurz darauf den Brief an Smith mit der Bitte, möglichst bald nach Glasgow zu kommen und einen Probevortrag „Über den Ursprung der Ideen" zu halten. Schon am 16. Januar hielt Smith – zur allgemeinen Zufriedenheit – den Vortrag, unterzeichnete sodann vor der Kirchenbehörde von Glasgow das calvinische Glaubensbekenntnis und wurde offiziell in die Professorenschaft aufgenommen. Auf der anderen Seite scheint auch politischer Einfluß eine Rolle gespielt zu haben. Smith gehörte, wie schon sein Vater und sein Vormund, zur Klientel der Campbells unter der Patronage der Herzöge von Argyll. Die Universität Glasgow, unter ihrem Prinzipal Neill Campbell, gehörte zum direkten Einflußgebiet der Herzöge. Wie aus einem Briefentwurf seines Freundes William Cullen hervorgeht, scheint Smith im Vorfeld seiner Ernennung Briefe an den Herzog und an seinen Vormund William Smith, Sekretär des Herzogs, geschrieben zu haben, um seine Chancen zu erhöhen, was anscheinend einige Kollegen in Glasgow, die auf Selbständigkeit bedacht waren, irritierte (Corr. Nr. 304; vgl. Ross 1995, Kap. 8).

In die Zeit, die Smith als Privatdozent in Edinburgh verbrachte, fällt seine erste Bekanntschaft mit David Hume, der später sein vielleicht engster, auf jeden Fall sein berühmtester Freund werden

Universität Glasgow im späten 17. Jahrhundert

sollte. Zwölf Jahre älter als Smith, war Hume damals schon ein bekannter, ja berüchtigter Denker. Er hatte 1739/40 den *Traktat über die menschliche Natur* veröffentlicht, der zunächst wenig beachtet wurde und ihm später den Ruf eines radikalen Skeptikers eintrug. Seine Versuche, sein philosophisches System auf eine Weise neu zu formulieren, die es erstens verständlicher und zweitens seinen konstruktiven Charakter deutlicher machte, konnten seine Kritiker nicht besänftigen. In seinen *Philosophical Essays concerning Human Understanding* (1748) erregte vor allem der Essay über Wunder die Aufmerksamkeit seiner Kritiker, die ihn von da an erst recht als Ungläubigen und Atheisten bezeichneten. Hume hatte sich 1744/45 um den Lehrstuhl für Moralphilosophie in Edinburgh bemüht und war am Widerstand der Geistlichkeit gescheitert. Gegen Ende des Jahres 1751 brachten ihn Freunde für die Logik-Professur in Glasgow ins Gespräch, die Smith – durch seinen Wechsel zur Professur für Moralphilosophie – freimachen würde. Eigentlich war dieser Gedanke naheliegend, denn während der Professor für Moralphilosophie auch über natürliche Religion zu lehren hatte, waren Logik und Erkenntnistheorie weltanschaulich neutralere Bereiche. Dennoch regte sich auch in Glasgow sofort Widerstand, und Smith war gezwungen, Partei zu ergreifen. „Ich würde David Hume als Kolle-

Adam Smith, Kupferstich

gen jedem anderen Menschen vorziehen", schreibt er in einem Brief vom November 1751, „aber ich fürchte, die Öffentlichkeit würde meine Meinung nicht teilen; und das Interesse der Gesellschaft (d.h. hier: der Universität) wird uns zwingen, einige Rücksicht auf die Meinung der Öffentlichkeit zu nehmen" (Corr. Nr. 10). Vielleicht war es nicht nur diese Rücksicht, sondern auch die Unmöglichkeit, sich Hume beim obligatorischen Bekenntnis zum calvinischen Glauben vor dem Glasgower Presbyterium vorzustellen, die Smith von der Unterstützung dieses Planes Abstand nehmen ließ.

Smiths Tageslauf als Professor für Moralphilosophie sah in den Monaten Oktober bis Juni so aus: Von Montag bis Freitag hielt er täglich von 7.30 bis 8.30 Uhr seinen Moralphilosophiekurs, von 11 bis 12 Uhr ein Repetitorium zur Überprüfung des Gelernten. Dreimal wöchentlich kam noch ein Spezialkurs über Rhetorik von 12 bis 13 Uhr hinzu. Den Hauptkurs hatte er, dem Vorbild Hutchesons folgend, in vier Teile gegliedert: Natürliche Theologie, Ethik, Jurisprudenz, Politik. Smith ließ seine Vorlesungsmanuskripte kurz vor seinem Tod verbrennen, so daß wir ihren genauen Inhalt nicht kennen. Sein Schüler und Freund John Millar, später Professor für Jurisprudenz in Glasgow, erinnert sich (in einem Bericht an Smiths ersten Biographen, Dugald Stewart, von 1793), daß der Inhalt des zweiten und vierten Teils in etwa dem entsprach, was Smith in seiner *Theorie der moralischen Gefühle* (1759) und in seiner *Untersuchung über den Wohlstand der Nationen* (1776) veröffentlicht hat. Nachdem wir inzwischen auch zwei Nachschriften seiner *Vorlesungen über Jurisprudenz* und eine Nachschrift seiner *Vorlesungen über Rhetorik und Literatur* besitzen, bleibt vor allem der Teil über *Natürliche Theologie* rätselhaft. Dazu schreibt Millar: „Hier untersuchte er die Beweise für die Existenz und die Eigenschaften Gottes sowie die Prinzipien des menschlichen Geistes, auf denen die Religion gründet" (zit. bei D. Stewart in EPS 274).

Über Adam Smiths Vorlesungsstil äußert sich Millar folgendermaßen: „In seinen Vorlesungen verließ er sich fast ganz auf die freie Rede. Sein Vortrag, wenn auch nicht anmutig, war klar und unaffektiert. Und nachdem er immer an seinem Gegenstand interessiert zu sein schien, verfehlte er es nie, auch seine Hörer zu interessieren. Jede Vorlesung bestand gewöhnlich aus mehreren verschiedenen Behauptungen, die er nacheinander zu beweisen und zu erläutern suchte. Diese Behauptungen hatten in ihrer allgemeinen Form ... nicht selten den Anschein des Paradoxen. Bei seinen Versuchen, sie zu erklären, erschien er oft zunächst nicht genügend Herr der Lage und sprach mit einigem Zögern. Während er fortfuhr, schien ihn jedoch die Sache zu bedrängen, sein Vortrag wurde lebhaft und angeregt, seine Sprache leicht und flüssig" (ebd. 275).

Smiths Privatleben verlief in dieser Zeit in ruhiger Zufriedenheit. Er bewohnte ein Haus auf dem Gelände der Universität zusammen mit seiner Mutter und seiner Cousine Jane Douglas, die ihm den Haushalt führte. Manchmal nahm er Studenten in Pension und überwachte ihre Erziehung. Seine Korrespondenz mit Lord Shelburne aus den Jahren 1759/60 zeigt, mit welcher Sorgfalt er sich um dessen Sohn kümmerte. Ansonsten nahm er am geselligen Leben der Stadt teil, zum Beispiel im Rahmen der von ihm mitbegründeten

Literary Society oder im *Political Economy Club*, in dem Professoren und Geschäftsleute über Themen von gemeinsamem Interesse diskutierten. Dugald Stewart berichtet von einem Vortrag, den Smith im Jahre 1755 in diesem Club hielt, in dem er bereits die Grundgedanken seiner Theorie des freien Marktes vortrug (EPS 322). Von seinen Kollegen geschätzt, von seinen Studenten bewundert, hätte er sich auf sein provinzielles Glück beschränken können. Tatsächlich aber arbeitete er an seinen Vorlesungen mit dem Ziel, aus ihnen ein umfassendes System der Moralphilosophie zu entwickeln.

Seine ersten, anonymen Veröffentlichungen lassen noch nichts von diesem Plan erkennen. Es handelt sich um zwei Artikel in der kurzlebigen *Edinburgh Review* von 1755/56, eine Besprechung von Dr. Johnsons *Dictionary* und eine Art Überblick über neuere Literatur in Europa. Darin geht er auf Rousseaus *Discours* über die Entstehung der Ungleichheit ein, bemerkt dessen Abhängigkeit von Mandevilles *Bienenfabel* und urteilt auf eine Weise, die Distanz verrät: „Sein Werk ist in zwei Teile unterteilt: Im ersten beschreibt er den einsamen Zustand des Menschen; im zweiten die ersten Anfänge und die schrittweise Entwicklung der Gesellschaft. Es wäre zwecklos, den einen oder den anderen Teil zu analysieren, denn damit könnte man keinen richtigen Eindruck von einem Werk geben, das fast gänzlich aus Rhetorik und Beschreibungen besteht" (EPS 251). Will Smith andeuten, daß er selbst ein Werk ganz anderer Art vorbereitet?

1759 erscheint unter seinem Namen bei A. Millar in London der erste und grundlegende Teil seines Systems: *The Theory of Moral Sentiments*. Vom Inhalt dieser Schrift und ihrer Stellung im Gesamtplan seiner Werke wird später die Rede sein. Für das äußere Leben von Adam Smith hatte sie die erfreulichsten Konsequenzen: Sie wurde viel gekauft und fand fast allgemeine Anerkennung. Smith wurde berühmt, auch aus dem fernen Ausland (z.B. aus Rußland) kamen Studenten nach Glasgow, um bei ihm zu studieren. Die Universität verlieh ihm den Titel eines Doktors der Rechte (1762), wählte ihn zum Dekan der Fakultät (1760–63) und schließlich zum Prorektor der Universität (1761–63). Die Stadt Glasgow ernannte ihn zum Bürger (1762).

Sein guter Ruf drang bis in die höchsten Kreise der Gesellschaft. Im Herbst 1763 erhielt Smith das Angebot, den jungen Herzog von

Henry Campbell Scott, Herzog von Buccleuch, Gemälde von Gainsborough

Buccleuch auf die übliche Bildungsreise nach Frankreich zu begleiten. Dessen Mutter, Lady Dalkeith, war eine geborene Campbell, Tochter des zweiten Herzogs von Argyll, und hatte in zweiter Ehe Charles Townshend geheiratet, einen der führenden Politiker Englands. Schon 1759 hatte sich Townshend, nachdem er die *Theorie der moralischen Gefühle* gelesen hatte, bei Hume über Smith erkundigt und den Wunsch geäußert, ihn als Erzieher seines Stiefsohns zu gewinnen. Nun sollte der junge Herzog die Schule in Eton abschließen und im Januar 1764 auf die große Tour gehen. Der Entschluß fiel Smith nicht leicht. Auf eine Reise zu gehen, die zwei Jahre oder noch länger dauern könnte, hieße die Professur aufzugeben – und das mitten im Schuljahr. Andererseits lockte ihn die große Welt, die Bekanntschaft mit den französischen Literaten, die Aussicht auf eine lebenslängliche Rente von 300 Pfund jährlich (als Professor verdiente er etwa die Hälfte). Vielleicht trugen auch die begeisterten Berichte, die Hume – inzwischen Sekretär des britischen Botschafters – aus Paris schickte, dazu bei, daß Smith schließlich zustimmte.

Anfang Januar 1764 traf Smith zum letzten Mal mit seinen Studenten zusammen. Nachdem er die Vorlesung abbrechen mußte, hatte er beschlossen, die Hörergelder zurückzuzahlen und das Geld für jeden Studenten bereits fertig abgepackt. Als er den ersten aufrief, wollte dieser das Geld nicht annehmen und zwar mit dem Hinweis, er habe bereits mehr gelernt, als er jemals zurückzahlen könne. Die anderen stimmten zu. Sichtlich gerührt, erklärte Smith ihnen, sie dürften ihn nicht daran hindern, das zu tun, was er für richtig halte. „Ihr dürft mir diese Genugtuung nicht verweigern, beim Himmel, ihr sollt es nicht". Er ging auf einen der Studenten zu, legte ihm das Geld in die Jackentasche und schob ihn von sich weg. Als die anderen sahen, wie entschlossen er war, nahmen auch sie ihr Geld zurück (Streminger 1989, 68).

3. Privatlehrer und Reisebegleiter

Im Februar 1764 traf Smith mit seinem Zögling in Paris ein, verbrachte aber nur zwei Wochen in der Hauptstadt (vor allem mit Hume), dann reiste er nach Toulouse weiter. Dort ließen sie sich für längere Zeit nieder (März 1764 bis Oktober 1765), Smith unterrichtete den jungen Herzog, beide verbesserten ihr Französisch. Zur Lektüre, die Smith seinem Schüler aufgab, gehörten auch Humes Werke. Später berichtete er seinem Freund: Buccleuch „hat fast alle Deine Werke mehrmals gelesen und wenn ich nicht dafür sorgte, ihm eine gesündere Lehre einzupflanzen, wäre er – fürchte ich – in Gefahr, einige Deiner bösen Prinzipien anzunehmen" (Corr. Nr. 86).

Die Entscheidung gegen Paris und für Toulouse hatte wohl eine ganze Reihe von Gründen: Smith wollte seinen Schüler zunächst an das Land und seine Sprache gewöhnen, aber auch besser kennenlernen und charakterlich festigen, bevor er ihn den Zerstreuungen und Versuchungen von Paris aussetzte. Toulouse empfahl sich durch sein

Klima und als eine große Provinzhauptstadt mit einem *parlement* (Gericht), einer Universität und mehreren Akademien. Zunächst lebten sie dort sehr isoliert, und Smith schrieb etwas enttäuscht an Hume: „Das Leben, das ich in Glasgow geführt habe, war ein vergnügliches Lotterleben im Vergleich zu dem, was ich augenblicklich hier führe. Ich habe angefangen ein Buch zu schreiben, um die Zeit zu vertreiben" (Corr. Nr. 82). Es handelt sich wohl um die ersten Anfänge des *Wohlstands der Nationen*.

Im Oktober 1764 stieß Hugh Campbell-Scott, der jüngere Bruder des Herzogs, zu ihnen. Sie unternahmen mehrere Reisen in die Umgebung, Smith verstand sich vorzüglich mit den jungen Leuten, ihre Stimmung wurde immer besser. Von Toulouse und seiner Bevölkerung aber behielten sie den Eindruck einer bornierten katholischen Beamtenstadt. Sicher hing das auch mit dem Fall Calas zusammen, der damals die Gemüter erregte und auf den Smith in der letzten Ausgabe seiner *Theorie* zurückkam (TMS III.2.11): Der Sohn eines protestantischen Kaufmanns namens Jean Calas war zum Katholizismus übergetreten, um Advokat werden zu können. Vom schlechten Gewissen geplagt, erhängte er sich 1761 im Haus seines Vaters. Schnell verbreitete sich das Gerücht, der Vater habe seinen Sohn wegen dessen Konversion umgebracht. Jean Calas wurde von einer fanatisierten Menge zunächst fast gelyncht, dann vor Gericht gebracht, das ihn dazu verurteilte, gerädert, gewürgt und verbrannt zu werden. Voltaire nahm in seinem *Traité sur la tolérance* (1762) den Fall wieder auf und stellte sich an die Spitze einer Kampagne, um Jean Calas posthum zu rehabilitieren. In Paris wurde ein Verfahren eingeleitet, das schließlich 1765 – während des Aufenthalts von Smith in Toulouse – zum Freispruch führte. Ein heftiger Protest des Toulouser *parlement* war die Folge (Ross 1995, 201 und 206).

Ohne Bedauern verließen Smith und seine Begleiter im Herbst 1765 die Stadt, um nach einer längeren Reise durch Südfrankreich Genf zu erreichen. Dort verbrachten sie die Monate November und Dezember 1765 und Smith hatte mehrmals die Gelegenheit, den in der Nähe lebenden und seit langem von ihm verehrten Voltaire zu sehen. Daß der Fall Calas ein Gesprächsthema war, läßt sich leicht denken. Im Januar 1766 zogen sie nach Paris weiter, wo sie die abwechslungsreichsten Monate ihrer Reise verbrachten – der junge Herzog und sein Bruder vor allem bei Hof und in den Salons des

Hochadels, Smith daneben auch noch in Gesellschaft der größten französischen Aufklärer: d'Alembert, Helvetius, Holbach, Quesnay, Turgot und viele andere. Von besonderem Interesse für Smith war es, seine Ideen über politische Ökonomie und seine Beobachtungen des französischen Wirtschaftslebens mit Quesnay und Turgot zu diskutieren. Wenn auch seine Grundsätze, vor allem die Idee des freien Marktes und die Kritik des Merkantilismus, bereits feststanden, scheint er von seinen physiokratischen Gesprächspartnern wichtige Anregungen und statistisches Material über Frankreich erhalten zu haben.

Als Smith in Paris eintraf, hatte Hume die Stadt schon wieder verlassen. Der englische Botschafter war zurückgezogen worden, Hume folgte ihm wenig später nach London nach. Dabei begleitete ihn Jean-Jacques Rousseau, der wegen seines *Emile* in Frankreich verfolgt wurde. Hume besorgte ihm einen ruhigen Wohnsitz auf dem Land und eine königliche Pension, Rousseau dankte es ihm mit absurden Verdächtigungen. Hume überlegte, ob er seinen Briefwechsel mit Rousseau veröffentlichen sollte, um sich von dessen Vorwürfen reinzuwaschen. Smith schrieb dazu am 6. Juli 1765 aus Paris: „Mein lieber Freund, ich bin völlig überzeugt, daß Rousseau ein so großer Schurke ist, wie Du und alle hier glauben. Aber ich bitte Dich, denke nicht daran etwas zu veröffentlichen ... Gegen ihn zu schreiben, darauf kannst Du Dich verlassen, ist genau das, was er will. Er ist in Gefahr, in Vergessenheit zu geraten und hofft, sich wichtig machen zu können, indem er einen berühmten Gegner herausfordert. Er wird dabei groß herauskommen. Die Kirche, die Whigs, die Jakobiten, die ganze weise englische Nation wird begeistert einen Schotten demütigen und einem Mann applaudieren, der eine Pension des Königs zurückgewiesen hat" (Corr. Nr. 93). Hume überließ daraufhin die Entscheidung d'Alembert, der die Korrespondenz sofort veröffentlichte. Zumindest in Frankreich stand die öffentliche Meinung danach entschieden auf Humes Seite.

Auch wenn sein Freund nicht anwesend war, profitierte Smith von den Bekanntschaften des in den Pariser Salons seit drei Jahren gefeierten Hume. Er wurde viel eingeladen und einige der bekanntesten Damen der Pariser Gesellschaft übertrugen ihre Sympathie in Abwesenheit des „bon David" auf den scheuen Adam, der offenbar wenig damit anzufangen wußte. Ihn beunruhigten im Sommer 1766 andere Dinge: zunächst die schwere Krankheit des Herzogs von

Buccleuch, der wegen (oder trotz) der Bemühungen der berühmtesten Ärzte wieder genas; dann die Krankheit des Bruders, die tödlich verlief. Die Briefe dieser Zeit geben Aufschluß über Smiths herzliche Fürsorge und seine Erschütterung angesichts des Todes (Corr. Nr. 94, 95, 97, 98). Mit dem Tod des jungen Campbell-Scott ging der Aufenthalt in Frankreich und Smiths Tätigkeit als Reisebegleiter und Tutor zu Ende. Im November 1766 kehrte er nach England zurück und stand vor der Frage, wie er sein weiteres Leben gestalten sollte.

4. Der Wohlstand der Nationen

Hume und Smith fanden sich um diese Zeit in ähnlicher Lage. Beide waren finanziell unabhängig und ohne Stellung. Hume hatte schon zuvor, als sein Rückzug aus der Diplomatie absehbar war, mit Smith darüber diskutiert, wo sie sich einmal niederlassen sollten. Für beide schienen nur drei Orte in Frage zu kommen: Edinburgh, London oder Paris. Humes Meinung war: „Paris ist die angenehmste Stadt in Europa und paßt mir am besten; aber es ist ein fremdes Land. London ist die Hauptstadt meines Landes; aber es gefiel mir nie besonders. Dort wird die Literatur nicht geehrt; Schotten werden gehaßt; Aberglaube und Unwissenheit nehmen täglich zu. Edinburgh hat viele Nachteile und viele Anziehungspunkte. Meine augenblickliche Meinung, an diesem 5. September vormittag, ist nach Frankreich zurückzukehren ..." (Corr. Nr. 87). Smiths Antwort lautete: „... ich denke Du hast Unrecht, wenn Du daran denkst, Dich in Paris niederzulassen. Man ist immer entwurzelt in einem fremden Land und trotz der vielgepriesenen Menschlichkeit und Höflichkeit dieser Nation scheint sie mir, im allgemeinen, von niedrigeren Motiven geleitet und auf die Herzlichkeit ihrer Freundschaft ist viel weniger Verlaß als auf die unserer Landsleute. Sie leben in so großen Gesellschaften und ihre Gefühle verteilen sich auf so viele verschiedene Gegenstände, daß sie nur einen kleinen Teil davon einem einzelnen Individuum widmen können. Bilde Dir nicht ein, daß die großen Fürsten und Damen, die Dich einladen, bei ihnen zu leben, dies aus wirklicher und echter Zuneigung tun. Sie wollen nur ihre eigene Eitelkeit befriedigen, indem sie einen berühmten Mann in ihrem Haus halten ..." (Corr. Nr. 88).

Ein wichtiger Unterschied zwischen Humes und Smiths Situation lag allerdings darin, daß Hume zu dieser Zeit seine großen Werke bereits abgeschlossen, Smith dagegen einen Großteil noch zu schreiben hatte. Hume suchte einen Ort, um angenehm zu leben; Smith, um in Ruhe forschen zu können. Hume kehrte nicht nach Paris zurück, lebte die nächsten Jahre vorwiegend in London (z. T. mit politischen Aufgaben betraut) und zog 1769 nach Edinburgh, um dort seinen Lebensabend zu verbringen. Smith blieb nur noch sechs Monate in London, u. a. um Charles Townshend zu beraten, der inzwischen Schatzkanzler geworden war (und sich neue Steuern für die nordamerikanischen Kolonien ausdachte). Dann zog er sich in seinen Geburtsort Kirkaldy zurück, wo er sechs Jahre lang über seinem ökonomischen Werk brütete.

Im Frühjahr 1773 war die Arbeit so weit fortgeschritten, daß Smith meinte, das Werk könne in ein paar Monaten erscheinen. Er fuhr nach London, um noch einige Informationen zu sammeln (vor allem über die neuesten Entwicklungen in den amerikanischen Kolonien) und den Druck zu überwachen. Hinzu kam, daß er das Angebot erhalten hatte, den Sohn des Herzogs von Hamilton auf den europäischen Kontinent zu begleiten und diese Möglichkeit mit dem Herzog von Buccleuch besprechen wollte. Glücklicherweise riet dieser ab, und Smith ging daran, seinem Werk den letzten Schliff zu geben. Es dauerte schließlich noch drei Jahre, bis im April 1776 das Buch erschien, das Smiths Ruhm bis heute vor allem begründet: *An Inquiry into the Nature and Causes of the Wealth of Nations*. Die Freunde reagierten erleichtert und begeistert. Das Werk, das sie seit Jahren mit zunehmender Sorge erwarteten, übertraf ihre Hoffnungen. Der schwerkranke David Hume, dessen ökonomische Essays (1751) manche Gedanken Smiths vorwegnahmen, schrieb als erster, dann Hugh Blair, William Robertson, Adam Ferguson, John Millar. Alle hatten Einwände gegen Einzelheiten, z. T. Vorschläge für die nächste Ausgabe, aber alle lobten das Ganze und allen war klar, daß dieser Text noch lange wirken würde (für Robertson als „ein Handelskodex für ganz Europa“; Corr. Nr. 153).

Ob das Buch beim Publikum ebensoviel Erfolg haben würde wie die *Theorie der moralischen Gefühle*, war für einige der Freunde, z. B. Hume, aber auch für den Verleger Strahan, zunächst zweifelhaft. Denn im Gegensatz zur *Theorie*, die insgesamt dem Zeitgeist

David Hume, Gemälde von Allan Ramsay

entgegenkam und knapp und gefällig formuliert war, verlangten die zwei Bände des *Wohlstands der Nationen* Konzentration und Vorurteilsfreiheit. Auf vielen Seiten wurden hier so trockene Materien behandelt wie Handelsbilanzen und Währungsschwankungen, Steuern und Zinsraten. Und mit seiner radikalen Kritik an der Wirtschaftspolitik der Händler und Manufakturbesitzer schien Smith gegen den ökonomischen *Common sense* der Zeit anzuschreiben. Und doch wurde das Buch, das in einer kleinen ersten Auflage von 500 Exemplaren herauskam, zum Erfolg. Bis 1777 war die erste Auflage verkauft, zu Smiths Lebzeiten wurden vier weitere Auflagen notwendig. Es ist eben kein trockenes Lehrbuch für Nationalökonomie, sondern verbindet theoretische Analysen, empirische Belege, historische Beschreibungen, feine Ironie und politische Ratschläge zu einer lebendigen Einheit, die das Buch bis heute lesenswert macht.

Am 25. August 1776 starb David Hume. Smith hatte im Juli noch einige Wochen mit seinem Freund in Edinburgh verbracht, dann begab er sich – auf dessen Wunsch – nach Kirkaldy, um den weiteren Verlauf der Krankheit abzuwarten. Smiths letzter Brief an Hume endet mit den Worten: „Stets bin ich, mein liebster Freund, Dein Dich innig liebender Adam Smith" (Corr. Nr. 166). Und Hume antwortet: „Adieu mein liebster Freund" (Corr. Nr. 168). Nichts konnte diese Freundschaft trüben, nicht einmal das Problem, das sich zuletzt zwischen beiden auftat: Smith weigerte sich beharrlich, als literarischer Nachlaßverwalter Humes letzten Wunsch zu erfüllen, nämlich seine *Dialogues concerning Natural Religion* zu veröffentlichen. Hume lag besonders viel an diesem Werk, das er in kluger Vorsicht zu Lebzeiten zurückgehalten hatte. Smiths Weigerung, deren Gründe von Interpreten verschieden beurteilt werden, muß Hume geschmerzt haben. Stremingers Deutung, Smith wollte aus Karrieregründen nicht mit einer so kontroversen Schrift in der Öffentlichkeit assoziiert werden (Streminger 1989, 110–112; Streminger 1995, 618–619), ist deshalb schwer zu glauben, weil Smith unmittelbar nach Humes Tod zum Zweck der Veröffentlichung einen Brief an seinen Verleger schrieb, in dem er dem toten Freund bescheinigt, im Leben wie im Sterben „der Idee eines vollkommen weisen und tugendhaften Menschen so nahe zu kommen, wie es die Natur menschlicher Schwäche vielleicht erlaubt" (Corr. Nr. 178). Obwohl Smith von der Schärfe der Reaktion auf seinen Brief überrascht war („er brachte mir zehnmal mehr Beschimpfungen ein als meine sehr heftigen Attacken auf das gesamte Handelssystem Großbritanniens" (Corr. Nr. 208), kann er kaum angenommen haben, daß die Vertreter der Kirchen von England und Schottland bereit wären, die Heiligsprechung des bekanntesten Agnostikers ihrer Zeit widerspruchslos hinzunehmen. Der tiefere Grund für Smiths Verhalten wird erst deutlich werden, wenn wir seine Moralphilosophie und ihr Verhältnis zur Metaphysik kennengelernt haben (vgl. unten III,5).

Margaret Smith, geb. Douglas

5. Lebensabend in Edinburgh

Im Jahr, in dem sein großes Werk erschien und sein Freund Hume starb, war Smith 53 Jahre alt. Er hatte noch große wissenschaftliche Pläne, nämlich mehrere Vorlesungsmanuskripte zu Büchern auszubauen. Zugleich reizte es ihn, eine berufliche Tätigkeit auszuüben, die seinem neuen Ruhm entsprach. Heute wissen wir, daß dies Alternativen waren. Er wählte den Beruf und veröffentlichte bis zu seinem Tod kein neues Werk. Er selbst hatte wohl die Hoffnung, beides zu vereinen. Noch 1785 schrieb er an den Duc de la Roche-

Adam Smith, Karikatur von John Kay

foucauld, er habe „zwei andere große Werke auf dem Amboss; das eine ist eine Art philosophischer Geschichte der verschiedenen Literaturgattungen, der Philosophie, der Poesie und der Beredsamkeit; das andere ist eine Art von Theorie und Geschichte des Rechts und der Regierung". Beide seien weit fortgeschritten, aber die „Trägheit des Alters" mache ihre Vollendung sehr ungewiß (Corr.

Nr. 248). Was jedoch, neben zunehmenden Altersbeschwerden, den Abschluß dieser Arbeiten verhinderte, war die Tatsache, daß er gegen Ende des Jahres 1777 Mitglied der Zollkommission für Schottland geworden war, eine Position, die relativ viel Zeit beanspruchte und 600 Pfund jährlich einbrachte. Damals zog er mit seiner Mutter und Cousine in ein geräumiges Haus in Edinburgh, verbrachte an gewöhnlichen Wochentagen etwa vier Stunden im Büro und pflegte abends eine behagliche Geselligkeit zu Hause und in Clubs. Besonders nahe standen ihm in den letzten Lebensjahren Joseph Black, der auch sein persönlicher Arzt war, und James Hutton. Es war in der Tat „eine illustre Gesellschaft, die sich regelmäßig in den achtziger Jahren des 18. Jahrhunderts in Edinburgh traf: der Begründer der modernen Ökonomie, der Begründer der modernen Chemie und der Galilei der Geologie“ (Streminger 1989, 122).

Unter den herausragenden Ereignissen dieser Zeit findet sich eine Mischung aus Lichtblicken und Trauerfällen. Zu den erfreulichsten Erfahrungen gehörte Smiths Wahl zum Lord Rector der Universität Glasgow im Jahre 1787, eine Ehrenposition, die alle zwei Jahre an eine bedeutende Persönlichkeit vergeben wurde. Vier Jahre zuvor war diese Ehre Smiths Freund Edmund Burke verliehen worden, dem reformeifrigen Whig, der mit seinen *Reflections on the Revolution in France* (1790) zum frühen Kritiker der Französischen Revolution wurde. Von ihm sagte Smith einmal, er sei „der einzige Mensch, den ich je gekannt habe, der über ökonomische Gegenstände genauso denkt wie ich, ohne daß wir uns vorher darüber verständigt hätten“ (zit. bei Ross 1995, 355). Als Burke im April 1784 Zeit fand, die Ehrung anzunehmen, begleitete ihn Smith nach Glasgow und zeigte ihm anschließend Loch Lomond, für Smith der schönste See Großbritanniens, sowie die Eisenwerke von Carron, ein frühes Zeugnis der sich ankündigenden industriellen Revolution. Wenig später, im Mai 1784, starb Smiths Mutter und er empfand die Trennung von „einer Person, die mich sicher mehr geliebt hat als irgendeine andere Person mich jemals geliebt hat oder lieben wird“ (Corr. Nr. 237), als einen schweren Schlag. Als im Herbst 1788 auch noch die Cousine starb, die seit 1751 den stabilen Mittelpunkt seines Haushaltes bildete, wurde Smith im Alltag zum einsamen alten Mann.

Smith wurde im Alter von verschiedenen Krankheiten geplagt. Im März 1787 reiste er noch einmal nach London, um sich gegen

Blasen- und Darmbeschwerden behandeln zu lassen. Eine Operation brachte vorübergehend Erleichterung. Bei dieser Gelegenheit wohnte er nicht wie sonst in einer Pension für Schotten, sondern bei Henry Dundas, dem Minister für Schottland. Nicht genau belegt, aber seit langem erzählt wird folgende Geschichte aus dieser Zeit: Dundas hatte den Premierminister Pitt und andere Kabinettsmitglieder zum Abendessen eingeladen. Als Smith mit Verspätung eintraf, erhoben sich die Gäste. Smith bat die Herren, sich zu setzen, doch Pitt soll gesagt haben: „Nein, wir werden stehen, bis Sie sich gesetzt haben, denn wir sind alle Ihre Schüler" (Rae 1965, 405; Ross 1995, 376). Auch wenn die Geschichte nicht stimmen sollte, so gibt sie doch gut den Einfluß wieder, den Smiths Ideen auf die Wirtschaftspolitik seines Landes zu gewinnen begannen.

In seinen letzten Lebensjahren verbrachte Smith viel Zeit damit, seine veröffentlichten Werke für neue Ausgaben zu überarbeiten. Beim *Wohlstand der Nationen* ging es nur darum, einzelne Kritikpunkte einzuarbeiten und neuere Entwicklungen zu berücksichtigen. Aber für die sechste Auflage der *Theorie der moralischen Gefühle* plante Smith große Änderungen und Ergänzungen. Er veränderte und strich einzelne Passagen, vor allem aber fügte er als neuen sechsten Teil eine Tugendlehre hinzu. Diese Arbeiten zogen sich bis in den November 1789 hinein. Einige Passagen dieser Auflage, die von doktrinären Politikern (men of system) handeln, die die Menschen als Figuren auf einem Schachbrett ansehen, denen man jederzeit neue Spielregeln geben könnte (TMS VI.ii.2.17), zeigen Smiths Beunruhigung angesichts der Französischen Revolution.

Wie weit die Arbeit an seinen übrigen Projekten fortgeschritten war, läßt sich nur noch teilweise feststellen. Smith ließ kurz vor seinem Tod den Großteil seiner Manuskripte von seinen Freunden Black und Hutton vernichten, es sollen 16 Bände gewesen sein. Sicher waren darunter die Ausarbeitungen seiner Vorlesungen über *Rhetoric and Belles Lettres* und über die *Theory and History of Law and Government*. Nur einige Manuskripte wurden, mit Smiths Zustimmung, vor der Verbrennung bewahrt und von Black und Hutton im Jahre 1795 als *Essays on Philosophical Subjects* herausgegeben. Einige dieser Essays, die die *Geschichte der Astronomie*, die *Geschichte der alten Physik* und die *Geschichte der alten Logik und Metaphysik* behandeln, haben ihren Ursprung wohl in dem Kurs über *Geschichte der Philosophie*, den Smith 1749 oder 1750 in Edinburgh hielt, und sollten in die große *Philosophische Geschichte* eingehen, von der Smith im schon erwähnten Brief an La Rochefoucauld berichtet.

Mit besonderem Bedauern vermerkt John Millar, daß das Manuskript über Rhetorik und Literatur vernichtet wurde, denn es enthielt ein ganzes System der Sprach- und Literaturwissenschaft und war z. T. genau ausformuliert (EPS 274). Wir können Millars Urteil nachvollziehen, denn nicht alles wurde zerstört. Schon 1761 hatte Smith *A Dissertation on the Origin of Languages* veröffentlicht (seit der 3. Aufl. von 1767 als Anhang zur TMS), deren Inhalt zum ersten Teil der Vorlesung gehörte. Für Dugald Stewart handelt es sich um ein hervorragendes Beispiel „theoretischer oder hypothetischer Geschichtsschreibung", d. h. einer Rekonstruktion des naturgemäßen Geschichtsverlaufs aus Eigenschaften der Natur des Menschen und seiner Umwelt, auch wenn der Autor teilweise – mangels direkter Evidenz – auf Vermutungen angewiesen ist (EPS 292–293). So vermutet Smith, daß einerseits Substantive, die einzelne Gegenstände (eine Höhle, einen Baum) bezeichnen, andererseits unpersönlich gebrauchte Verben (es regnet), die Urelemente jeder Sprache bilden, auf denen alle weiteren Differenzierungen aufbauen (LRBL 203, 215). Auch über die anderen Teile der Vorlesung wissen wir – aus einer studentischen Nachschrift von 1762/63 – ziemlich genau Bescheid. Interessant ist z. B. die Unterscheidung von drei Diskursformen: „Jeder Diskurs soll entweder über eine Tatsache berichten oder eine Aussage beweisen. Im ersten Fall handelt es sich um einen narrativen, im zweiten Fall entweder um den didaktischen oder den rhetorischen Diskurs." Im didaktischen Diskurs gehe es darum, verschiedene Argumente pro und contra möglichst objektiv darzustellen und zu erwägen. Im rhetorischen Diskurs sei der Redner darum bemüht, die Hörer von einer bestimmten Position zu überzeugen, gewöhnlich mit einseitigen und parteilichen Argumenten (LRBL 62). Im folgenden werden narrative Diskurse der Geschichtsschreibung, didaktische der Philosophie oder Wissenschaft, rhetorische dagegen entweder der öffentlichen Lobrede (demonstrative) oder der politischen Rede (deliberative) oder dem Plädoyer vor Gericht (judicial) zugeordnet. Beeindruckend ist neben der Systematik, die sich als sehr fruchtbar erweist, vor allem die Fülle der Beispiele aus der antiken und neueren Literatur, die Smith auch auf dem Gebiet der „schönen Literatur" als einen umfassend gebildeten Menschen zeigt.

Smith starb am 17. Juli 1790 nach langer, geduldig ertragener Krankheit. Kurz zuvor hatten sich seine Freunde noch einmal zum üblichen Abendessen versammelt, zu dem sie jeden Sonntag eingeladen waren. Smith war schon zu schwach, um mit ihnen zu essen, und verabschiedete sich, wie Henry Mackenzie bezeugt, mit den Worten: „Ich liebe Eure Gesellschaft, meine Herren, aber ich glaube, ich muß Euch verlassen um in eine andere Welt zu gehen". Nach James Huttons Auskunft sagte er: „Ich glaube wir müssen dieses Treffen an einen anderen Ort verlegen" (Ross 1995, 406). Als man das Testament eröffnete, fand man, daß er – außer seiner Bibliothek – wenig von Wert hinterließ. Sein Großneffe und Erbe David Douglas scheint darüber erstaunt und enttäuscht gewesen zu sein, da Smith bescheiden lebte und hohe Einkünfte hatte. Aber seine Freunde wußten, daß er vielen in Not geratenen Menschen auf unauffällige Weise geholfen hatte. Vielleicht erklärt das, „weshalb beim Begräbnis Menschen zu sehen waren, die üblicherweise den letzten Weg eines Universitätsprofessors nicht begleiten" (Streminger 1989, 133).

6. Charakterbild

Aus der Beschreibung von Zeitgenossen, die Smith persönlich kannten, entsteht das Bild einer komplexen Persönlichkeit mit fast gegensätzlichen Eigenschaften. Dugald Stewart spricht von seinem „warm temper" (in EPS 270) und Walter Scott, der in seiner Jugend in Smiths Haus in Edinburgh verkehrte, erzählt, daß er den berühmten Dr. Johnson, als dieser ihn wegen seiner Lobrede auf Hume der Lüge zieh, einen Hurensohn nannte (Ross 1995, 192). Aber Smith kannte seine Erregbarkeit und konnte sie in der Regel zügeln. Vielleicht war es die Erfahrung mit seinem eigenen Temperament, die ihn in seiner Moralphilosophie die stoische Tugend der Selbstbeherrschung so stark betonen ließ (TMS VI.iii).

Viele Anekdoten handeln von Smiths Zerstreutheit und seinen absonderlichen Verhaltensweisen. In größeren Runden scheint er selten dem Gespräch der anderen, meist seinen eigenen Gedanken gefolgt zu sein. Er starrte vor sich hin, formte Worte mit den Lippen, zuweilen lächelte er „mit dem Ausdruck unaussprechlicher Güte“ (Stewart in EPS 331). Wenn er sprach, tendierte er zu Monologen und wußte nicht, was seine Hände taten. Im Salon einer adeligen Dame bestrich er beim Sprechen ausführlich ein Stück Brot mit Butter, warf es dann in den Teekessel, schüttete heißes Wasser darauf, schenkte sich ein und beschwerte sich zuletzt, noch nie einen so schlechten Tee getrunken zu haben (Ross 1995, 226). Beim Gehen wackelte er mit dem Kopf und stand in Gefahr, abgezirkelte Bewegungen anderer Menschen – vor allem von Wachposten oder Soldaten – unwillkürlich nachzuahmen. Selbst erzählte er gern die Geschichte einer Marktfrau, die zu einer anderen gesagt habe: „Daß man einen, der so übergeschnappt ist wie der, allein herumlaufen läßt. Wo er doch, gut gekleidet wie er ist, genügend Freunde haben müßte“ (Streminger 1989, 119).

Falls diese Geschichte stimmt, würde sie eine andere Eigenschaft von Adam Smith belegen: Trotz aller scheinbaren Geistesabwesenheit soll er nämlich recht gut bemerkt haben, was um ihn herum vorging, und konnte es auch nach langer Zeit aus dem Gedächtnis hervorholen. Überhaupt war Smith, trotz seiner Zerstreutheit, nicht unbegabt für praktische Aufgaben. Seine Ämter an der Universität, seine Arbeit als Zollkommissar hat er genau und pflichtbewußt erfüllt. Er verstand sich als Theoretiker, aber nicht um der Theorie, sondern um der Praxis willen. Das Lob reiner Theorie hielt er für interessegeleiteten Unsinn, verbreitet von Leuten (z.B. katholischen Mönchen), die als Schmarotzer der Gesellschaft lebten.

Vor Fremden war Smith scheu und linkisch, vielleicht weil ihm die eigenen Absonderlichkeiten bekannt waren. Aber er war in hohem Maße zur Freundschaft fähig und liebte die Geselligkeit im vertrauten Kreis. Stewart nennt seinen Charakter „to an uncommon degree friendly and generous“ (EPS 270). Trotz seiner Schreibfaulheit unterhielt er zu fast allen Denkern der schottischen Aufklärung persönliche Beziehungen: Francis Hutcheson war sein Lehrer, Lord Kames sein früher Förderer, John Millar sein bekanntester Schüler. Joseph Black und James Hutton waren enge Freunde. Mit Adam Ferguson und William Robertson gab es Spannungen (beide verdächtigte er des Plagiats, und Smith war sehr darauf aus, sein geistiges Eigentum zu schützen!), die aber das Verhältnis nur vorübergehend belasteten. Am interessantesten ist das Verhältnis zu

Hume, dem besten Freund und philosophischen Vorbild, dem gegenüber Smith aber auch immer auf Selbständigkeit bedacht war.

Smith konnte klug und vorsichtig sein, wenn es um seine eigenen Interessen ging. Er verschmähte es nicht, politischen Einfluß auszunützen oder auszuüben. Aber er war weit davon entfernt, ein kleinlicher Egoist zu sein. Bei der Beurteilung anderer Menschen sündigte er eher durch leichtfertigen Optimismus und half auch denen, die es nicht unbedingt verdienten. Spätere Interpreten haben den *Wohlstand der Nationen* als Manifest des Egoismus und Individualismus, seinen Autor als Materialisten bezeichnet (z. B. Friedrich List). Die meisten Zeitgenossen wußten es besser. Bentham nennt das Werk „a treatise upon universal benevolence" (zit. bei Mossner 1969, 18), und nach Ansicht seines ersten Biographen war es Smiths beherrschende Leidenschaft (ruling passion), „zum Glück und zur Verbesserung der Gesellschaft beizutragen" (Stewart in EPS 271).

III. Theorie der moralischen Gefühle (TMS)

Die *Theory of Moral Sentiments* zu verstehen ist einerseits leicht, andererseits schwer. Es ist leicht, denn man kann dem Text ohne größere Anstrengung und Vorbildung folgen. Es ist schwer, denn man kann sich leicht darüber täuschen, worum es in diesem Text überhaupt geht. Handelt es sich um Ethik oder um Psychologie oder noch einen anderen Theorietypus? Die Antwort ist kompliziert, weil uns die Terminologie des 18. Jahrhunderts teilweise Inhalte nahelegt, die nicht gemeint waren. So hatte das Wort ‚Moralphilosophie' im Schottland des 18. Jahrhunderts eine für uns ungewohnte, umfassende Bedeutung. Heute verwenden wir die Worte ‚Moralphilosophie' und ‚Ethik' meist in gleicher Bedeutung. Damals war Moralphilosophie der große Gegenbegriff zur Naturphilosophie. Und nachdem zwischen Philosophie und Wissenschaft noch kein Unterschied gemacht wurde, war Naturphilosophie gleich Naturwissenschaft und Moralphilosophie einerseits praktische Philosophie, andererseits das, was wir heute ‚Geistes- und Sozialwissenschaften' nennen.

Hinzu kommt, daß die Terminologie unter den schottischen Moralphilosophen des 18. Jahrhunderts keineswegs einheitlich war. So nennt John Millar das, was sein Lehrer Adam Smith im zweiten Teil seines Moralphilosophiekurses lehrte und als *Theory of Moral Sentiments* veröffentlichte, „Ethik im strengen Sinne" (EPS 274), während Smith selbst seine Theorie gar nicht als ‚Ethik' bezeichnete. Er verstand nämlich unter ‚Ethik' traditionelle Tugend- und Pflichtenlehren, wie Buch I von Ciceros *De Officiis*, also Texte, in denen „ansprechende und lebhafte Schilderungen von Sitten" geboten werden, die uns die Tugenden lieben lehren (TMS VII.iv.6). Davon unterschied er die naturrechtlich begründete Jurisprudenz, die einen größeren Grad an Präzision zuläßt als die Ethik, sowie die Kasuistik, die eine Scheinpräzision für problematische Einzelfälle suggeriert. Letztere lehnt er ganz ab, Ethik und Jurisprudenz nennt er die nützlichen Teile der Moralphilosophie (TMS VII.iv.33). Seine eigene Untersuchung nennt er nicht Ethik, sondern ganz bewußt

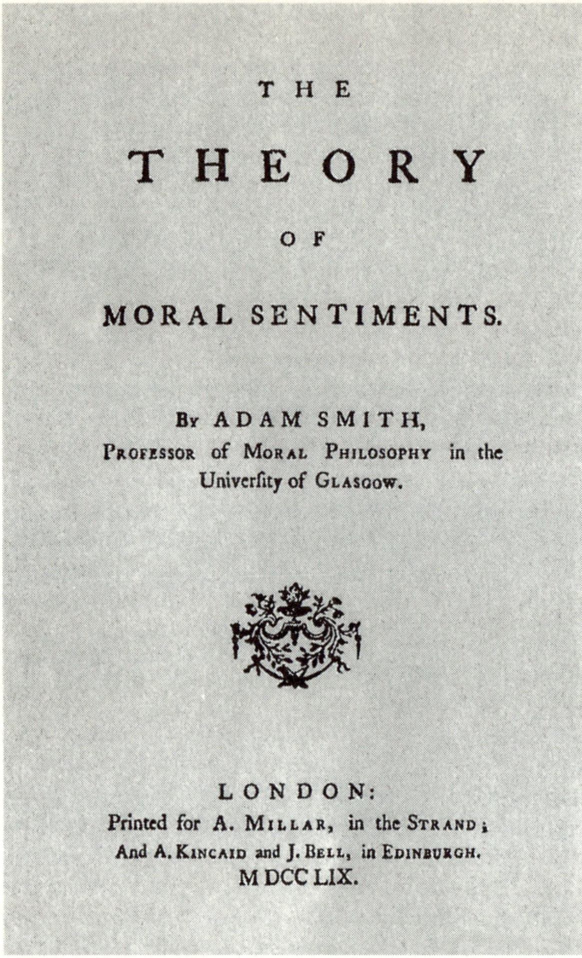
THE

THEORY

OF

MORAL SENTIMENTS.

By ADAM SMITH,
Professor of Moral Philosophy in the
Univerſity of Glasgow.

LONDON:
Printed for A. Millar, in the Strand;
And A. Kincaid and J. Bell, in Edinburgh.
M DCC LIX.

Titelblatt der „Theory of Moral Sentiments“, 1759

Theory of Moral Sentiments. Worum es dieser Theorie geht, soll der Untertitel verdeutlichen, den Smith seit der 4. Auflage von 1774 hinzufügte: „Versuch einer Analyse der Prinzipien, mittels welcher die Menschen naturgemäß zunächst das Verhalten und den Charakter ihrer Mitmenschen, dann von sich selbst beurteilen“ (Titelblatt).

Auch der Stil des Werkes kann in die Irre führen. Über weite Passagen wirkt der Text wie eine lockere, oft amüsante Erzählung, die in ihrer Anschaulichkeit den Hintergrund einer Vorlesung für Vierzehn- oder Fünfzehnjährige verrät. Dabei folgt Smith strengen Kompositionsprinzipien und einer genau durchdachten Systematik. Das stilistische Grundprinzip ist, zu Beginn jedes Kapitels eine These aufzustellen, die mit einer Reihe von Beispielen belegt wird; häufig folgt ein Einwand, der selbst durch Beispiele unterstützt wird; dann wird der Einwand widerlegt und zugleich die Ausgangsthese bestätigt. Dabei befolgt Smith die Regeln der einfachen und natürlichen Ausdrucksweise, die er in seinen Rhetorikkursen den Zuhörern als „perfection of style" empfohlen hat (LRBL i.133). Die Systematik kommt darin zum Ausdruck, daß Smith die Entstehung und Funktionsweise moralischer Gefühle und Werturteile durch ein einziges Prinzip zu erklären versucht: die Sympathie.

Für den deutschen Leser kann bereits der Titel des Werks zur Verwirrung beitragen. Von den drei Übersetzern hat jeder einen anderen Titel gewählt: *Theorie der moralischen Empfindungen* heißt es bei Chr. G. Rautenberg (Braunschweig 1770); *Theorie der sittlichen Gefühle* übersetzt L. Th. Kosegarten (Leipzig 1791); *Theorie der ethischen Gefühle* schreibt W. Eckstein (Leizig 1926). Welche Version den Vorzug verdient, hängt von der Bedeutung ab, die man den Worten des Titels gibt. Wenn man, wie der Autor dieser Zeilen, davon ausgeht, daß die Menschen – einzeln und in Gruppen – eine Moral haben, so steht der Ausdruck ‚Moral' für ein psychisches und soziales Faktum, das entweder beschrieben und erklärt (wie z.B. in der Psychologie, der Ethnologie und Soziologie) oder zum Ausgangspunkt normativer Überlegungen gemacht werden kann (als Antwort auf die Frage „Was soll ich tun?", wie in der Ethik, der Rechtsphilosophie und der normativen Theorie der Politik). Wenn somit ‚Ethik' eine normative Theorie der Moral meint, dann ist es sinnlos, von einer ‚Theorie der ethischen Gefühle' zu sprechen, weil die Ethik eine Theorie und kein Gefühl ist; wohl aber von einer ‚Theorie der moralischen Gefühle'. Diese Übersetzung des Titels, die ich durchgehend verwende, hat auch den Vorzug, den Worten des Originals am nächsten zu kommen.

Im folgenden wird zunächst der Aufbau und Inhalt des Werkes in groben Zügen skizziert, dann auf einzelne Aspekte und Probleme eingegangen. Dabei soll deutlich werden, daß Smith einen ständigen Dialog mit Zeitgenossen pflegt, auch wenn er sie – wie im 18. Jahrhundert üblich – selten beim Namen nennt. Zuletzt wird noch einmal auf die Frage eingegangen, um welche Art von Theorie es sich eigentlich handelt.

1. Aufbau und Inhalt der TMS

Ausgehend von einer Analyse der Sympathie sucht Smith zu erklären, warum wir bestimmte Charaktere und Handlungsweisen billigen, andere mißbilligen. Um andere Menschen zu verstehen, versetzen wir uns im Geiste in ihre Situation und empfinden dabei ihre Gefühle und Handlungsweisen als dieser Situation angemessen oder unangemessen. Die Sympathie führt somit zu Werturteilen über die Angemessenheit (propriety) von Gefühlen und Handlungen (Teil I). Sofern wir die Motive eines Handelnden (z. B. Wohlwollen, Haß) und die Gefühle der davon Betroffenen (z. B. Dankbarkeit, Vergeltungsgefühl) nachempfinden können, beurteilen wir Handlungen nicht nur als angemessen oder unangemessen, sondern darüber hinaus als verdienstvoll, lobenswert, tugendhaft bzw. als schuldhaft, strafbar und lasterhaft (Teil II). Aber nicht nur Werturteile über fremde Charaktere und Handlungen, auch die moralische Beurteilung des eigenen Ich kann nach Smith mit Hilfe der Sympathie erklärt werden. Wir fragen uns, ob ein unparteiischer Zuschauer mit den Motiven unserer Handlungen sympathisieren könnte und beurteilen dementsprechend unsere eigenen moralischen Qualitäten (Teil III). Die Frage des Nutzens einer Handlung für den Handelnden selbst bzw. für die davon Betroffenen ist nach Smith für die moralische Beurteilung zwar relevant, aber sekundär (Teil IV). Entscheidend sei das Gefühl der Angemessenheit von Motiven und Handlungen, „welches von der Wahrnehmung ihrer Nützlichkeit ganz verschieden ist" (IV.2.5). Anschließend geht es um die Erklärung der Unterschiede von ästhetischen und moralischen Werturteilen in verschiedenen Zeitaltern und Nationen. Brauch (custom) und Mode (fashion), so Smith, können unsere Gefühle für äußere Schönheit und Häßlichkeit zwar weitgehend, die „für die Schönheit eines Verhaltens" aber nur in geringerem Maße relativieren (Teil V). Welche Charaktere und Handlungen sind es, die die Zustimmung eines unparteiischen Zuschauers erhalten? Smith geht zwar, über das ganze Werk verteilt, immer wieder auf diese Frage ein, aber erst in der letzten Ausgabe von 1790 fügt er einen Teil hinzu, in dem eine Systematik der Tugenden entwickelt wird (VI: Of the character of virtue). Das Werk schließt mit einer Darstellung und Diskussion der wichtigsten „Systeme der Moralphilosophie", wobei Smith seine eigene Theorie von der seiner Vorläufer und Zeitgenossen absetzt (Teil VII).

Smith spricht von „Moral Sentiments" im Plural. Er ist nicht der Auffassung, daß sich alle moralischen Gefühle auf ein einziges Gefühl oder alle moralischen Werturteile auf einen einzigen Typus reduzieren lassen. Er will einerseits ihre Unterschiede herausarbeiten, andererseits zeigen, daß ihre Entstehung und Funktionsweise durch ein einziges Prinzip, eben die Sympathie, erklärt werden kann. Bei der Einteilung moralischer Gefühle und Werturteile legt Smith zwei Kriterien zugrunde. Zum einen: Auf wen richtet sich das Gefühl? Wer urteilt über wen? Demnach unterscheidet er zwischen Urteilen über die Charaktere und Handlungen anderer Menschen und Urteilen über uns selbst. Zum anderen: Wie groß ist der Grad der Zustimmung oder Ablehnung, der in Werturteilen zum Ausdruck kommt? Danach unterscheidet er zwischen Werturteilen, die zum Ausdruck bringen, ob Charaktere und Handlungen den Mindeststandards moralischer Korrektheit entsprechen (oder nicht), und solchen, die besondere Verdienste oder Schuld hervorheben. Dadurch kommt er zu drei Typen von Werturteilen, die – wie schon gesagt – den Gegenstand der drei ersten Hauptteile bilden: (1) über die Richtigkeit von Handlungen; (2) über Verdienst und Schuld, oder von den Gegenständen der Belohnung und Bestrafung; (3) über die Grundlage der Urteile, die wir über unsere eigenen Gefühle und unser eigenes Verhalten fällen, und insbesondere das Pflichtgefühl.

Um zu zeigen, wie der ‚Mechanismus' der Sympathie bei den verschiedenen Typen von moralischen Gefühlen und Werturteilen zum Tragen kommt, setzt Smith durchgehend ein einfaches Rollenschema oder Modell sozialer Beziehungen voraus. Er unterscheidet zwischen einer Person, die fühlt und handelt (the person principally concerned), und einem Zuschauer, der fühlt und urteilt (the spectator). Die Person erscheint entweder als passiv oder als aktiv, d.h. ihr widerfahren Ereignisse oder es gehen Ereignisse von ihr aus. Diese einfache Grundsituation variiert Smith auf eine Weise, die erklären soll, wie im sympathisierenden Zuschauer verschiedene Arten von

Werturteilen entstehen. *1. Variante*: Der Zuschauer beobachtet eine Person, der etwas widerfährt (z.B. eine Krankheit, der Tod eines geliebten Menschen). Auf Grund der Sympathie urteilt der Zuschauer, ob die Gefühle und das Verhalten der Person der Situation angemessen, d.h. richtig sind (I.i.: Of the sense of propriety). *2. Variante*: Der Zuschauer beobachtet eine Person, deren Handlungen einen Dritten betreffen. Auf Grund seiner Sympathie mit den Motiven der handelnden Person und den Gefühlen des betroffenen Dritten urteilt der Zuschauer, ob die Person die gesteigerte Zustimmung (oder Ablehnung) verdient, die in Werturteilen über Verdienst (und Schuld) zum Ausdruck kommt (II.i.: Of the sense of merit and demerit). *3. Variante:* Eine Person reflektiert über sich selbst, indem sie sich im Geist in die Perspektive eines Zuschauers versetzt und überlegt, ob ihre Gefühle und Handlungen die Billigung oder das Lob eines sympathisierenden Zuschauers finden würden (III.i.: Of the principle of self-approbation and self-disapprobation). Ein Resultat der Selbstbeurteilung aus der Perspektive eines anderen ist das Pflichtgefühl (sense of duty).

Am Anfang des letzten Hauptteils unterscheidet Smith zwei Grundfragen der Moralphilosophie: Erstens, worin besteht Tugend? Welche Charaktereigenschaften und Handlungen sind Gegenstand moralischer Wertschätzung? Zweitens, wie kommt es, daß wir bestimmte Charaktere und Handlungen billigen oder mißbilligen? Auf Grund welcher Seelenkräfte oder Motive fällen wir moralische Werturteile (VII.i.2)? Smith teilt die Systeme der Moralphilosophie danach ein, wie sie diese Fragen beantworten. Was das Wesen der Tugend angeht, so bestehe sie nach Auffassung von Platon, Aristoteles und einigen Stoikern in „der richtigen Beherrschung und Leitung aller unserer Neigungen“ (VII.ii.1); nach Auffassung anderer, etwa Epikurs, sei sie auf Klugheit zurückzuführen (VII.ii.2); wieder andere, z.B. Hutcheson, reduzieren sie auf altruistisches Wohlwollen (VII.ii.3); ein anderes, „verderbliches“ System versuche den Unterschied zwischen Tugend und Laster ganz aufzuheben – gemeint ist Bernard de Mandeville (VII.ii.4). Was die zweite Frage nach dem Ursprung unserer moralischen Werturteile angeht, so unterscheidet Smith zwischen denen, die sie – wie Hobbes – aus der Selbstliebe ableiten (VII.iii.1); anderen, die sie auf die Vernunft zurückführen, etwa Cudworth (VII.iii.2); wieder anderen – wie Lord Shaftesbury und sein Lehrer Hutcheson –, die sie aus einem eigenen moralischen Gefühl (moral sense) erklären (VII.iii.3).

Nach Meinung der Experten handelt es sich bei diesem letzten Hauptteil vermutlich um den ersten Teil der ursprünglichen Vorlesung, aus der die *Theorie* hervorgegangen ist (TMS, Introd. 4). Wahrscheinlich hat Smith diesen Teil seines Moralphilosophiekurses zunächst als Geschichte der Ethik konzipiert. Erst langsam wurde ihm klar, daß er mit seiner Analyse der Sympathie und des „impartial spectator" (unparteiischen Zuschauers) über die Theorien von Hutcheson und Hume, die ihm am nächsten standen, hinausging. Daraufhin entwickelte er, ausgehend vom Prinzip der Sympathie, seine eigene Theorie und machte aus dem Überblick über die verschiedenen Systeme der Moralphilosophie eine Art Appendix. Für diese Hypothese spricht auch die Tatsache, daß Smith zu Beginn dieses Teils, wie in einer Einleitung, zwei Grundfragen der Moralphilosophie formuliert, obwohl er sein System bereits vorgestellt hat.

Auf beide Grundfragen der Moralphilosophie lautet Smiths eigene Antwort: die Sympathie. Die Sympathie eines unparteiischen Zuschauers wird in seinem System zum Kriterium der Sittlichkeit von Charakteren und Handlungen, aber auch zum Motiv der Zustimmung, die wir solchen Charakteren und Handlungen entgegenbringen. Nachdem Smith auch den Anspruch auf Originalität seiner Theorie auf dieses Prinzip gründet, werden wir es als nächstes zu untersuchen haben.

2. Die Sympathie

Die *Theorie* beginnt mit einer Analyse der Sympathie, des Mitgefühls. Gemeint ist nicht nur das Mitleid, sondern ebenso die Mitfreude, also jede Art von Teilnahme eines Menschen an den Gefühlen anderer Menschen (I.i.1.5). Smiths Ausgangsthese lautet: „Man mag den Menschen für noch so egoistisch halten, es gehören doch offensichtlich gewisse Prinzipien zu seiner Natur, die ihn am Schicksal anderer Anteil nehmen lassen und ihm deren Glück zum Bedürfnis machen, auch wenn er keinen anderen Vorteil daraus zieht als das Vergnügen, es zu sehen" (I.i.1.5). Diese These wird mit vielen Beispielen belegt: Wir zucken zusammen, wenn einen anderen ein Schlag trifft; die Gefahr, in der ein Seiltänzer schwebt, läßt sich an den Bewegungen der Zuschauer ablesen; der Anblick eines Ausschlags ruft Jucken hervor. Ebenso teilen sich auch freudige Gefühle mit: z.B. ruft der Bericht einer glücklich überstandenen Gefahr Freude in uns hervor.

Wie funktioniert das Mitgefühl? Einige der Beispiele legen die Vermutung nahe, daß es sich um eine direkte Übertragung der Gefühle, um eine Art von Ansteckung handelt. Smith gibt zu, daß es solche Phänomene gibt, z.B. das unwillkürliche Lächeln beim Anblick eines lachenden Gesichts. Aber ein Großteil und gerade die interessanteren Erscheinungsformen des Mitgefühls lassen sich damit nicht erklären. Häufig fällt es uns nämlich schwer, die Gefühle anderer zu teilen. Wir verstehen nicht, warum ein anderer so aufgeregt, so lustig, so zornig ist. Erst wenn wir die Umstände und Ursachen erfahren, können wir seine Gefühle vielleicht nachvollziehen. Das Mitgefühl kann auch so weit gehen, daß wir etwas empfinden, was der, den wir beobachten, gar nicht fühlen kann. So erröten wir beim Anblick eines Schamlosen, der selbst keine Scham empfindet. Oder wir bedauern einen Toten, der im kalten Grab liegt, obwohl ihm die Kälte nichts mehr anhaben kann. Die Annahme eines unmittelbaren Mitgefühls kann solche Phänomene nicht erklären.

Nach Smith funktioniert die Sympathie mit Hilfe der Einbildungskraft (imagination): Die Gefühle anderer Menschen sind immer deren Gefühle und können niemals unsere Gefühle werden. Aber wenn wir uns im Geist in ihre Situation versetzen und uns fragen, was wir unter den gegebenen Umständen empfinden würden, so entstehen ähnliche Gefühle in uns – oder auch nicht. Finden wir, daß wir genauso reagieren würden, so besteht vollkommene Sympathie, d.h. ähnliche Gefühle kommen in uns auf und wir sind uns der Übereinstimmung bewußt; finden wir dagegen, daß jemand zu schwach oder übertrieben oder unnatürlich reagiert, so können wir kein volles Mitgefühl aufbringen und sind uns dieser Dissonanz (die bis zur Antipathie gehen kann) bewußt (I.i.1.2,3).

Warum versetzen wir uns im Geist in die Situation anderer Menschen? Was motiviert uns, in der Phantasie Rollen zu wechseln? Nach Smith ist es die Freude, welche die Erfahrung gegenseitiger Sympathie hervorruft (I.i.2). Nichts ist unbefriedigender, als in seinen Gefühlen isoliert, nichts befriedigender, als in seinen Gefühlen akzeptiert zu sein. Und das gilt nicht nur für die freudigen, sondern erst recht für die schmerzlichen Gefühle. Geteilte Freude ist doppelte Freude, geteiltes Leid halbes Leid (I.i.2.3–6). Deshalb haben normale Menschen, d.h. Menschen, die in Gesellschaft leben, die Tendenz, ihre Gefühle aufeinander abzustimmen. Um in Harmonie miteinander zu leben, entwickeln sie einerseits das Zartgefühl, sich für das Schicksal anderer zu interessieren, andererseits die Fähigkeit, die eigenen Gefühle so weit herabzustimmen, wie andere mit ihnen sympathisieren können (I.i.4.6–8). Dies erklärt die Entstehung bestimmter Charaktereigenschaften, die Smith – wie ähnlich zuvor schon Hume (Hume 1984, Anhang IV) – als die liebenswerten (amiable) und achtunggebietenden (respectable, bei Hume: awful) Tugenden bezeichnet. Gemeint sind die verschiedenen Formen der Menschenliebe auf der einen, der Selbstbeherrschung auf der anderen Seite (I.i.5).

Smiths Analyse der Sympathie dient der Erklärung moralischer Gefühle, d.h. von Gefühlen der Zustimmung und Ablehnung, die in Werturteilen über Charaktere und Handlungen zum Ausdruck kommen. Wenn wir auf Grund der Sympathie die Motive eines Handelnden oder die Gefühle eines Menschen, der von der Handlung eines anderen betroffen ist, nachvollziehen können, stimmen wir ihnen zu; wenn wir es nicht können, lehnen wir sie ab. Zunächst stellt Smith diesen Zusammenhang so dar, als sei Sympathie (oder fehlende Sympathie) der Inhalt moralischer Werturteile. „To approve of the passions of another, therefore, as suitable to their objects, is the same thing as (Eckstein übersetzt: bedeutet nichts anderes als) to observe that we entirely sympathize with them; and not to approve of them as such, is the same thing as to observe that we do not entirely sympathize with them“ (I.i.3.1). Das klingt nach einer subjektiven Theorie der Bedeutung moralischer Werturteile, als bedeute z.B. die Aussage „X hat Unrecht getan“ nichts anderes als „Ich (der Sprecher) habe eine bestimmte Art von Antipathie gegen X.“ Wie wir jedoch sehen werden, bedeutet diese Aussage für Smith etwas anderes, nämlich: „X hat die Rechte von Y verletzt“, wobei die Rechte von Y (z.B. sein Eigentum) genau beschrieben werden können. Das Prinzip der Sympathie erklärt also nicht die Bedeutung moralischer Werturteile, sondern warum jemand solche Urteile fällt. Wenn wir wissen wollen, wie der Beobachter Z zu der Aussage kommt: „X hat Unrecht getan“, so lautet die Antwort nach Smith, weil er Antipathie gegen die Motive von X und Sympathie mit dem

Vergeltungsgefühl (resentment) von Y empfand. Demnach ist Sympathie die Ursache positiver, mangelnde Sympathie oder Antipathie die Ursache negativer moralischer Werturteile.

Nachdem Smith die Sympathie als eine mit Hilfe der Einbildungskraft bewirkte Übereinstimmung der Gefühle und als Ursache positiver moralischer Werturteile vorgestellt hat, skizziert er eine allgemeine Theorie der Affekte (passions), und zwar unter dem Gesichtspunkt, welche von ihnen bis zu welchem Grad an Intensität die Zustimmung eines sympathisierenden Zuschauers finden können (I.ii). Er unterscheidet zwischen Affekten, „die ihren Ursprung vom Körper nehmen" (z.B. Hunger, Durst, Sexualtrieb); solchen, „die ihren Ursprung einer besonderen Richtung oder Gewohnheit der Einbildungskraft verdanken" (z.B. Verliebtheit); unsozialen Affekten (wie Haß und Vergeltungsgefühl); sozialen Affekten (wie Güte, Mitleid, Menschenliebe); und schließlich den egoistischen Affekten (selbstbezogene Freude und Kummer). An vielen Beispielen zeigt er, daß eigentlich nur die sozialen Affekte in allen ihren Erscheinungsformen und verschiedenen Graden von Intensität leicht die Zustimmung sympathisierender Zuschauer finden, während alle anderen Affekte, aus verschiedenen Gründen, nur dann auf teilnehmendes Mitgefühl hoffen können, wenn sie unter passenden Umständen und in gemäßigter Form auftreten. Interessant ist, daß die Sympathie selbst unter den ursprünglichen Affekten gar nicht aufgezählt wird. Das ist konsequent, denn Smith benutzt ‚Sympathie' in der Regel nicht im Sinne von ‚Mitleid' (ein sozialer Affekt), sondern als terminus technicus für einen indirekten Affekt, ein durch die Einbildungskraft erzeugtes Gefühl für Gefühle, welches moralische Gefühle und Werturteile zu erklären erlaubt. Das ist insofern bemerkenswert, als seit dem 19. Jahrhundert immer wieder Deutungen aufgetaucht sind, die davon ausgehen, daß Smith in seinen beiden Hauptwerken zwei verschiedene Menschenbilder und Motivationstheorien vorausgesetzt habe: In der *Theorie* würde der Mensch als soziales, vorwiegend altruistisch motiviertes, im *Wohlstand* als individualistisches, konsequent egoistisch motiviertes Wesen verstanden (vgl. unten VI,4). Sympathie ist jedoch für Smith weder ein altruistisches noch ein egoistisches, sondern überhaupt kein Handlungsmotiv (allenfalls die Freude an gegenseitiger Sympathie kann als Handlungsmotiv gelten). Für Smith selbst war die Idee, man könne seine Sympathie mit so etwas wie Menschenliebe verwechseln, offenbar so abwegig, daß er sich in der *Theorie* nur mit dem gegensätzlichen Mißverständnis auseinandersetzt, das immerhin nachvollziehbar ist: Nachdem das Prinzip der Sympathie alle Gefühle daran messe, ob sie mit den eigenen Gefühlen übereinstimmen, müsse es als egoistisches Prinzip gelten – so der Einwand, auf den Smith eingeht (VII.iii.1.4).

Auf die Theorie der Affekte folgt eine Diskussion der Frage, inwiefern die äußeren Lebensumstände der Menschen einen Einfluß darauf haben, wie wir sie moralisch beurteilen. Dies scheint ein nebensächliches Thema zu sein, aber Smith hat den Abschnitt (I.iii) sicher mit Bedacht an diese Stelle gesetzt, um zu zeigen, daß das Prinzip der Sympathie auch Anomalien erklären kann. Schwer einzuordnen ist nämlich die Tatsache, daß die Menschen in der Regel die Reichen und Mächtigen bewundern, die Armen und Schwachen verachten. In der Regel: d. h. wenn kein Neid im Spiel ist, aber das ist mehr innerhalb einer Elite, nicht bei der Masse der Menschen der Fall. Warum finden die Reichen und Mächtigen bei der Masse der Menschen so viel Interesse und Zustimmung, obwohl sie ihnen so fern stehen und häufig keine besonderen Tugenden (eher das Gegenteil) vorzuweisen haben? Nach Smith ist der Grund der, daß wir mit Freude leichter sympathisieren als mit Schmerz. Zwar ist Schmerz das stärkere Gefühl als die Freude, deshalb auch der durch Sympathie erzeugte Kummer stärker als die Mitfreude. Aber eben darum lassen wir uns viel weniger gern auf den Schmerz anderer Menschen ein als auf ihr Glück. Deshalb fliegt den Glücklichen unser Herz zu, auch wenn wir keinerlei Vorteile von ihnen zu erwarten haben. Wir sonnen uns in ihrem Glück, weil wir uns einbilden, so zu leben müsse das reine Glück sein (I.iii.2.2). Dieser psychische Mechanismus, so Smith, ist die Grundlage jeder Rangordnung in der Gesellschaft: Grund für den Ehrgeiz, als reich und glücklich zu gelten, um bewundert zu werden; für die Leichtigkeit, mit der die Mächtigen gewöhnlich ihre Autorität ausüben; aber auch für die Korruption der Sitten, wenn schließlich nur noch der Rang, nicht mehr die Bürgertugenden etwas gelten (I.iii.2.7,8 und I.iii.3).

Dieser Text wirft einige interessante Fragen auf. Hat Smith nicht zuvor betont, daß die Erfahrung der Sympathie immer angenehm sei? Hier dagegen schreibt er, Mitleid sei eine unangenehme Erfahrung und daher die Fähigkeit zum Mitleid schwächer entwickelt als die zur Mitfreude. Hume weist in einem Brief vom 28. Juli 1759 auf diesen scheinbaren Widerspruch hin. Smith antwortet in einer Fußnote zur zweiten Auflage, daß das Gefühl der Zustimmung zweierlei beinhalte: erstens das Mitgefühl des Zuschauers, das ein Reflex des ursprünglichen Gefühls sei und deshalb bei freudigen Anlässen angenehm, bei traurigen unangenehm sein müsse; zweitens das Bewußtsein gegenseitiger Übereinstimmung, das immer angenehm sei (I.iii.1.9). Ob Hume mit dieser Antwort zufrieden war? Seine eigene Theorie der Sympathie kennt das Mitgefühl nur als eine – durch einen komplexen Mechanismus ausgelöste – Übertragung von Gefühlen. Daß Sympathie immer ein angenehmes Gefühl sei, würde er deshalb nicht sagen, weil sonst „ein Krankenhaus ein unterhaltsamerer Ort als ein Ball" wäre (ebd. Anm. 2).

Eine andere Frage ist, ob es sich bei der Bewunderung für die Reichen und Mächtigen überhaupt um ein „moral sentiment" handelt. Was hat die Bewunderung für einen reichen Playboy oder geschickten Politiker mit den Gefühlen zu tun, die wir einer Mutter Theresa oder auch nur einem unbestechlichen Beamten entgegenbringen? Smith sieht den Unterschied, aber spielt ihn herunter: „Die Achtung, die wir für Weisheit und Tugend empfinden, ist zweifellos verschieden von der, die wir Reichtum und Vornehmheit entgegenbringen ... Es wäre wohl kaum mit guten Sitten oder auch nur mit gutem Sprachgebrauch vereinbar, wenn man sagte, daß Reichtum und hoher Rang allein, abgesehen von Verdienst und Tugend, unsere Achtung verdienen. Aber wir müssen zugeben, daß sie diese fast ständig erhalten und deshalb in gewisser Hinsicht als deren natürliches Objekt anzusehen sind" (I.iii3.3,4). Smiths Argumente: Einem Reichen werden viele Laster verziehen, einem Armen wenige. Bei gleicher moralischer Qualität wird dem Reichen immer der Vorzug gegeben. Ein Mitglied des Mittelstands muß ganz andere Tugenden entwickeln, um Erfolg zu haben, als ein Mitglied des Adels (I.iii.3.5). Diese Beispiele sind interessant, zeigen aber auch die historischen Grenzen der Smithschen Argumentation, die ihre Erfahrungsgrundlage einer „deferential society" verdankt. Zudem entkräften sie nicht den Verdacht, daß mit Hilfe der Sympathie allein das Besondere *moralischer* Gefühle und Werturteile – im Unterschied zu anderen Formen der Zustimmung und Bewunderung (bzw. der Ablehnung und Verachtung) – nicht erfaßt werden kann.

Schließlich die Frage: Weshalb spricht Smith von einer *Korruption* unserer moralischen Gefühle auf Grund der Tendenz, die Reichen und Mächtigen zu bewundern (I.iii.3)? Woher nimmt er den Maßstab für eine solche Kritik, nachdem es ihm doch darum geht, bestehende Gefühle zu analysieren und zu erklären, nicht etwa zu begründen, wie wir fühlen und werten sollten. Er kann nicht sagen, eine solche Bewunderung, wie sie etwa absolutistischen Herrschern entgegengebracht wird, sei unnatürlich, wenn das Natürliche durch das de facto Übliche definiert wird (I.iii.3.4). Er sagt, eine solche Bewunderung sei unvernünftig, wenn sie einem Zweck widerspricht, der in allen unseren Handlungen vorausgesetzt werden muß: „Daß Könige die Diener des Volkes sind, denen man gehorcht, Widerstand leistet, die man absetzt, bestraft, wie es das öffentliche Wohl erfordert, ist die Lehre der Vernunft und Philosophie; aber es ist nicht die Lehre der Natur" (I.iii.2.3). Die Natur bewegt uns dazu, das Schicksal des hingerichteten Karl I. zu beweinen, auch wenn das Blut des Bürgerkriegs gegen ihn zeugt (I.iii.2.2). Smith setzt also einen möglichen Gegensatz von Natur und Vernunft voraus: Die Natur ist töricht, wenn sie uns – gegen jede bessere Einsicht in die Voraussetzungen des Gemeinwohls – am persönlichen Schicksal eines Königs Anteil nehmen läßt. Wie wir sehen werden, ist Smiths Position in dieser Hinsicht alles andere als einfach, weil er häufig der Natur die höhere Vernunft zuschreibt als den Menschen und ihren selbstgesetzten Zwecken.

3. Verdienst und Schuld

Der zuletzt besprochene Text über den Einfluß äußerer Lebensumstände auf unsere moralischen Gefühle und Werturteile bildet den Abschluß des ersten Teils der *Theorie* über die *Angemessenheit* oder *Richtigkeit* (engl. propriety; Eckstein übersetzt: Schicklichkeit) von Handlungen. Der folgende zweite Teil handelt von *Verdienst* (merit) und *Schuld* (demerit). Beide Teile hat Smith auf ähnliche Weise gegliedert: Auf einen ersten Abschnitt, der die Hauptthese formuliert und begründet, folgt eine Anwendung, schließlich ein dritter Abschnitt, der Anomalien behandelt, also Phänomene, die eigentlich nicht ins Bild zu passen scheinen, aber – wie dann gezeigt wird – doch mit Hilfe der Sympathie erklärt werden können. Im ersten Teil erklärte Smith zunächst die Gefühle eines Zuschauers, der die Handlungen anderer Menschen beurteilt, denen alles mögliche – Angenehmes oder Unangenehmes – widerfährt. Es folgte die Anwendung auf die Affekte, die als der Situation angemessen oder unangemessen beurteilt werden. Zuletzt kam die Erklärung der „regelwidrigen" Bewunderung für die Reichen und Mächtigen. Im zweiten Teil wird zunächst gezeigt, was der Inhalt der Gefühle für Verdienst und Schuld ist und wie diese Gefühle entstehen; dann folgt die Anwendung auf zwei besonders geschätzte Charaktereigenschaften: Gerechtigkeit und Wohltätigkeit; schließlich die Erklärung einer Anomalie, warum nämlich bei der moralischen Bewertung von Handlungen nicht nur die *Absichten* der Akteure, sondern auch die zufällig eintretenden *Folgen* eine Rolle spielen.

Was ist der Inhalt des Gefühls für Verdienst und Schuld? Was meinen wir, wenn wir sagen, jemand habe moralische Verdienste erworben oder Schuld auf sich geladen? Und wodurch unterscheidet sich dieses Gefühl von jenem anderen, das wir zum Ausdruck bringen, indem wir sagen, jemand habe angemessen (oder unangemessen) reagiert, richtig (oder falsch) gehandelt, sich anständig (oder unanständig) verhalten? Oder in Smiths Terminologie: Worin besteht der Inhalt des Gefühls für *merit* und wodurch unterscheidet es sich vom Inhalt des Gefühls für *propriety*? Zwei Kriterien führt Smith an, um den Unterschied dieser „moral sentiments" klarzumachen. Erstens enthalten die Gefühle für Verdienst oder Schuld eine gesteigerte Form der Zustimmung oder Ablehnung im Vergleich zu den Gefühlen, die wir in Werturteilen über die Angemessenheit oder Unangemessenheit von Affekten oder Handlungen zum Ausdruck bringen. Von Verdienst reden wir bei hervorragenden Eigenschaften oder großen Taten, von Angemessenheit bei durchschnittlicher Korrektheit des Verhaltens. Smith war dieser Aspekt wichtig, denn wie manche Stoiker ging er davon aus, daß man richtiges Verhalten von den meisten Menschen, Tugend nur von wenigen erwarten könne: „Es besteht in dieser Hinsicht ein bemerkenswerter Unterschied zwischen Tugend (virtue) und bloßer Richtigkeit (propriety), zwischen den Eigenschaften und Handlungen, die bewundert und gefeiert zu werden verdienen, und solchen, die nur verdienen, gebilligt zu werden" (I.i.5.6,7; vgl. zum stoischen Ursprung dieser Unterscheidung Waszek 1984). Das zweite Kriterium ist spezieller, denn nicht alle hervorragenden moralischen Qualitäten bezeichnen wir nach Smiths Auffassung als verdienstvoll, sondern nur eine bestimmte Form sozialer Tugenden und Handlungen: wenn ein Mensch aus richtigen Motiven heraus anderen Gutes tut und das in einem ungewöhnlichen Ausmaß. Umgekehrt gilt nicht jede Art von moralischem Defekt als Schuld. Von Schuld sprechen wir vielmehr nur dann, wenn ein Mensch absichtlich einem anderen Unrecht tut. Werturteile über Verdienst und Schuld bringen demnach eine starke Zustimmung oder Ablehnung zum Ausdruck sowie die Überzeugung, daß die entsprechenden Taten Belohnung (reward) bzw. Bestrafung (punishment) verdienen.

Die Entstehung der Gefühle für Verdienst und Schuld erklärt Smith, im Vergleich zur Entstehung der Gefühle für richtiges und falsches Handeln, aus der Verschiedenheit der Situationen, in denen sich die beobachtete Person (the person principally concerned) befindet. Im einen Fall erscheint die Person als passiv; auf Grund des stellvertretenden Mitgefühls urteilt der Zuschauer, ob sie angemessen (properly) reagiert. Im anderen Fall erscheint sie als aktiv, übt Einfluß auf andere Menschen aus, die dadurch angenehm oder unangenehm berührt werden. Der Zuschauer versetzt sich im Geist in den Handelnden und in die von seiner Handlung Betroffenen und kann deren Gefühle nachempfinden oder nicht. Aus Sympathie mit den Motiven des Handelnden und mit dem Gefühl der Dankbarkeit der Betroffenen entstehen die positiven Gefühle und Werturteile über verdienstvolle Charaktere und Handlungen, die Belohnung verdienen. Empfindet der Zuschauer dagegen Abscheu gegenüber den Motiven des Handelnden und Sympathie mit dem Vergeltungsgefühl (resentment) der Betroffenen, so entstehen die negativen Gefühle über Schuld und über Handlungen, die Strafe verdienen (I.i.3.5–7; II.i.introd.2).

Im zweiten Abschnitt des zweiten Teils behandelt Smith zwei soziale Tugenden: Gerechtigkeit (justice) und Wohltätigkeit (beneficence). Zunächst formuliert er die Ausgangsthese: „Handlungen mit wohltätiger Wirkung, die aus richtigen Motiven entspringen, scheinen allein Belohnung zu verdienen; denn sie allein sind die gebilligten Objekte der Dankbarkeit oder erregen durch Mitgefühl die Dankbarkeit des Zuschauers. Handlungen mit schädlicher Wirkung, die aus falschen Motiven entspringen, scheinen allein Bestrafung zu verdienen; denn sie allein sind die gebilligten Objekte des Vergeltungsgefühls oder erregen durch Mitgefühl das Vergeltungsgefühl des Zuschauers“ (II.ii.1.1–2). Daraus folgt: Wohltätigkeit ist immer freiwillig, sie kann nicht erzwungen, ihr Fehlen nicht bestraft werden (II.ii.1.3). Und umgekehrt: Anderen keinen Schaden zuzufügen, verdient keine besondere Dankbarkeit, erst recht keine Belohnung, es kann von jedem erwartet werden; wer aber anderen Unrecht tut, erregt deren Vergeltungsgefühl, macht sich schuldig und verdient Strafe (II.ii.1.5). Die Tugend der Gerechtigkeit besteht nach Smith darin, anderen kein Unrecht zu tun. Er nennt sie deshalb eine „negative Tugend". Gerecht zu sein stellt daher auch kein besonderes Verdienst dar, sondern ist angemessen (II.ii.1.9).

Das heißt freilich nicht, daß es immer leicht fällt, gerecht zu sein, d.h. darauf zu verzichten, anderen Schaden zuzufügen. Um gerecht zu sein, darf der Mensch seinem natürlichen Trieb, sich selbst zu bevorzugen und zu überschätzen, nicht nachgeben. Er muß sich beherrschen lernen und er tut es, um die Sympathie der anderen zu gewinnen. Denn: „Mag auch jeder, wie das Sprichwort sagt, sich selbst die ganze Welt sein, für die übrigen Menschen ist er ein recht unbedeutender Teil derselben" (II.ii.2.1). Nachdem aber jeder Mensch diesen Trieb von sich selbst kennt, wird er ihm in Maßen auch bei anderen zustimmen, ja es ganz natürlich finden, daß „jedem weit mehr an dem liegt, was ihn unmittelbar selbst betrifft, als an dem, was einen anderen angeht" (ebd.). Smith wählt das Bild des Wettrennens, um die Grenzen der Sympathie für egoistisches Verhalten klarzumachen: „In dem Wettlauf nach Reichtum, Ruhm und Karriere mag er rennen so schnell er kann und jeden Nerv und jeden Muskel anspannen, um alle seine Konkurrenten zu überholen. Aber sollte er einen von ihnen niederrennen oder zu Boden werfen, wäre es mit der Nachsicht der Zuschauer ganz und gar zu Ende. Das wäre eine Verletzung des ‚fair play', das sie nicht zulassen könnten. Der andere ist für sie in jeder Hinsicht so gut wie dieser..." (ebd.).

Obwohl Wohltätigkeit, im Vergleich zur Gerechtigkeit, die höhere moralische Qualität besitzt, geht es Smith im folgenden vor allem darum zu zeigen, daß Gerechtigkeit die grundlegendere soziale Tugend ist. Gerade weil Gerechtigkeit so etwas wie ein moralisches Minimum darstellt, darf sie nicht unterschritten werden. Zwar könnte es ohne gegenseitiges Wohlwollen und wohltätige Handlungen kein gutes Leben geben, aber ohne Gerechtigkeit würde alles friedliche Zusammenleben aufhören und „ein Mensch würde in eine Versammlung von Menschen eintreten wie in eine Höhle von Löwen" (II.ii.3.4). Smith nennt deshalb die Gerechtigkeit das Fundament, die Wohltätigkeit das Ornament des sozialen Gebäudes (ebd.).

Im letzten Abschnitt des zweiten Teils geht es darum, eine Regelwidrigkeit unserer Gefühle (irregularity of sentiment) über Verdienst und Schuld zu erklären. Wenn man die verschiedenen Aspekte einer Handlung betrachtet: die Absicht des Handelnden, den äußeren Ablauf der Handlung, die zufälligen, nicht beabsichtigten Wirkungen, so wird zunächst niemand dem Grundsatz widersprechen, daß nur die Absichten des Handelnden Gegenstand moralischer Bewertungen sein können (II.iii.introd. 3–4). Tatsache ist jedoch, daß unsere moralischen Gefühle auch durch nicht gewollte, ja unabsehbare Wirkungen beeinflußt werden. Auch bei schlechtester Absicht vermindert sich die Schuld, wenn der Plan nicht zur Ausführung kommt. Und umgekehrt: Selbst bei bester Absicht vermindert sich der Wert einer Handlung, wenn zufällig ein schlechtes Ergebnis herauskommt. Der Grund für diese eigenartige Ausrichtung unserer Gefühle liegt nach Smith darin, daß es zum Wesen schuldhafter Handlungen gehört, daß sie anderen Schmerz oder Schaden zufügen. Wenn dieser Schaden nicht eintritt, fehlt ein Teil der Schuld. Umgekehrt gehört es zum Spezifikum verdienstvoller Handlungen, daß sie anderen Lust und Freude bringen. Einer Handlung, die zwar in bester Absicht geschieht, aber diese Wirkung nicht erzielt, fehlt ein Teil des moralischen Werts. Im einen Fall kann der Zuschauer nicht das Vergeltungsgefühl des Geschädigten, im anderen nicht die Dankbarkeit des Beschenkten mit- und nachempfinden. „Im ersten Fall scheint ein Schatten von Verdienst, im zweiten Fall ein Schatten von Schuld auf ihn zu fallen“ (II.iii.1.7).

Obwohl wir also zutiefst davon überzeugt sind, daß nur Intentionen oder beabsichtigte bzw. absehbare Wirkungen moralisch zurechenbar sind, finden wir, daß de facto häufig auch zufällige Wirkungen – im Guten wie im Schlechten – in die moralische Bewertung eingehen. Smith gibt dafür die genannte Erklärung und meint darüber hinaus, daß diese Anomalie nicht sinnlos sei, sondern einer tieferen Absicht der Natur zu entsprechen scheine. So verhindere sie beispielsweise, daß „Gefühle, Gedanken, Absichten“ der öffentlichen Kontrolle und Bestrafung unterliegen. Denn wenn schlechte Absichten ebenso verfolgt würden wie Unrechtstaten, „würde jeder Gerichtshof ein wahres Inquisitionstribunal werden“ (II.iii.3.2). Ebenso zwinge sie uns zu Vorsicht und Rücksicht im Umgang mit anderen Menschen, weil wir wissen, daß auch nicht intendierte Schäden zu sühnen sind. Damit erreiche sie, daß Schutzzonen um jeden Menschen errichtet werden, die auch nicht unabsichtlich betreten und verletzt werden dürfen (II.iii.3.4).

Das bisherige Resümee des zweiten Teils der *Theorie* hat den Inhalt zum Zweck der Verständlichkeit vereinfacht und geglättet. In Wirklichkeit gibt der Text beträchtliche Rätsel auf. Diese hängen z.T. mit einer Eigenschaft zusammen, die schon Dugald Stewart in seinem *Account* von 1793 kritisch hervorhebt (in EPS II.43,291): Smith ist weder in seiner Terminologie immer konsequent noch in seiner Begriffsbildung immer glücklich. So unterscheidet er, wie wir gesehen haben, einerseits ganz allgemein zwischen *virtue* und *propriety* (im Sinne besonders hervorragender bzw. durchschnittlicher moralischer Eigenschaften), andererseits rechnet er die meisten Tugenden (z.B. Gerechtigkeit) zur *propriety* und reserviert den Ausdruck *merit* für eine ganz bestimmte soziale Tugend (überragende absichtliche Wohltätigkeit). Daß dabei zwei verschiedene Kriterien der Unterscheidung zur Anwendung kommen (zum einen: Grade der moralischen Qualität und Zustimmung; zum anderen: private oder soziale Tugenden), wird nicht von vornherein deutlich gemacht, sondern erschließt sich – wenn überhaupt – im Verlauf der Lektüre. Wenn aber klar geworden ist, daß Smith mit *merit* etwas ganz Spezielles meint, so wird die Unterscheidung zwischen *propriety* und *merit* – als große Einteilung aller positiven moralischen Gefühle – nur um so problematischer. Denn dann wird der Begriff *propriety* so weit und unspezifisch, daß er alles Mögliche enthält: korrektes Verhalten, angemessene Reaktionen, gute Absichten, soziale Tugenden (wie Gerechtigkeit) und private Tugenden (wie Selbstbeherrschung, Tapferkeit).

Auch die Erklärung moralischer Gefühle aus verschiedenen Situationen, an denen der Zuschauer per Sympathie teilnimmt, hat verwirrende Aspekte. Das Gefühl der *propriety* entsteht nach Smith aus dem Mitgefühl für eine Person, die auf eine Ursache angemessen reagiert; das Gefühl für moralische Verdienste aus dem Mitgefühl für eine Person A, die bewußt wohltätig agiert, und eine Person B, die darauf dankbar reagiert. Aber warum sollte die Tatsache, daß die „person principally concerned" im einen Fall reagiert, im anderen agiert, zu verschiedenen Graden moralischer Zustimmung Anlaß geben? Auch die Art, wie eine Person – z.B. unter Folter – reagiert, kann zu lebhaftester Zustimmung führen. Wenn die Person z.B. einen heroischen Grad von Selbstbeherrschung und Tapferkeit zeigt, würde man normalerweise nicht sagen, sie habe „angemessen" reagiert. Umgekehrt müßte man sagen, daß der Ausdruck „propriety" ganz nichtssagend wird, wenn er auf Akte höchster Tugend ebenso angewendet wird wie auf Akte durchschnittlicher Korrektheit.

4. Die Objektivität moralischer Werturteile

Der dritte Teil der *Theorie* handelt von der moralischen Selbsteinschätzung und vom Pflichtgefühl. Smith erklärt die Entstehung selbstbezogener Gefühle und Werturteile, ähnlich wie die Entstehung unserer auf andere Menschen bezogenen Gefühle und Urteile, mit Hilfe der Sympathie. Wir versetzen uns im Geist in die Perspektive eines Zuschauers und überlegen, ob dieser mit uns sympathisieren könnte. „Wir bemühen uns, unser Verhalten so zu prüfen, wie es nach unserer Vorstellung irgend ein fairer und unparteiischer Zuschauer prüfen würde" (III.1.2). Weil wir auf die Zustimmung anderer Wert legen, sind wir bereit, uns gleichsam in zwei Personen zu teilen, einen Richter und einen Angeklagten, und den Urteilsspruch des vorgestellten Richters zu akzeptieren (III.1.6).

Vom moralischen Selbstbewußtsein hatte Smith auch in den vorhergehenden Teilen beiläufig gesprochen (z.B. in Kap. II.ii.2, das vom Rechtsgefühl, von Gewissensbissen und dem Bewußtsein des eigenen Verdienstes handelt); aber erst jetzt wendet er sich dem Thema eigens zu. Diese Einteilung hängt mit seiner Überzeugung zusammen, daß das Selbstbewußtsein insgesamt von der Erfahrung mit anderen Subjekten abhängt. Ein Mensch, der nicht in Gesellschaft lebte, hätte kein Bewußtsein seiner selbst. Erst im Spiegel der anderen wird er seiner selbst gewahr (III.1.3). Das gilt auch für das moralische Selbstbewußtsein: Zunächst urteilen wir über andere, dann bemerken wir, daß andere ebenso über uns urteilen. Wir vergleichen ihr Bild von uns mit dem, das wir selbst von uns haben. „Wir stellen uns vor, die Zuschauer unseres eigenen Verhaltens zu sein und versuchen uns auszumalen, welche Wirkung es in diesem Licht auf uns ausüben würde. Dies ist der einzige Spiegel, der es uns ermöglicht, die Richtigkeit unseres eigenen Verhaltens einigermaßen mit den Augen anderer Leute zu untersuchen" (III.1.5).

Nach Smith beurteilt also jeder Mensch den anderen mit eigenen

Augen, sich selbst mit den Augen des anderen. Es ist eine Spiegel-Theorie der moralischen Sozialisation, die erklären kann, wie moralische Standards in einer Gesellschaft entstehen. In diesem Zusammenhang scheint aber die Sympathie, als „principle of approbation", nur das Funktionieren einer konventionellen Moral erklären zu können, die als gut bewertet, was in einer Gruppe als gut gilt oder den gemeinsamen Interessen der Gruppe dient. Auch die moralische Selbsteinschätzung scheint auf nichts anderes hinauszulaufen, als daß ich mich selbst so beurteile, wie ich von meinen Mitmenschen beurteilt werde. Wo aber bleibt der Anspruch auf Objektivität, der mit moralischen Werturteilen, auch mit der Selbsteinschätzung, verbunden ist? Wo die Möglichkeit, ja die Pflicht, sich gegen die öffentliche Meinung zu stellen? So oder ähnlich muß der Einwand gelautet haben, den der Jurist und Politiker Gilbert Elliot nach Erscheinen der ersten Ausgabe der *Theorie* Smith gegenüber geäußert hat. Wir kennen nur Smiths Antwort auf Elliots Brief und den Entwurf eines verbesserten Textes für das zweite Kapitel des dritten Teils (Corr. Nr. 40). Aus diesem Text und aus den tatsächlichen Ergänzungen, die in die zweite Ausgabe eingegangen sind, geht hervor, daß er Elliots Einwand sehr ernst genommen hat. Smiths Antwort besteht darin, die Unparteilichkeit des sympathisierenden Zuschauers noch stärker zu betonen.

Um Mißverständnisse zu vermeiden: Die Figur des „unparteiischen Zuschauers" taucht nicht erst bei der Analyse des moralischen Selbstbewußtseins auf (so das Mißverständnis bei Mercer 1972, 89), sondern bereits im ersten und zweiten Teil der *Theorie* (z.B. I.i.5.4 und 9). Die Zuschauerperspektive, die Smith von Anfang an voraussetzt, enthält als solche den Gedanken der Distanzierung des Urteilenden vom Beurteilten und damit die Idee der Objektivität. Aber wegen der Parteilichkeit, mit der wir uns selbst betrachten und die wir für die sozialen Gruppen empfinden, zu denen wir gehören, wird diese Distanzierung gerade dort zum Problem, wo es um die Selbsteinschätzung des eigenen Charakters und Handelns, aber auch der Interessen und Vorurteile der eigenen Gruppe geht. Als Antwort auf Elliots Einwand will Smith noch deutlicher machen, daß und warum Menschen zu dieser Selbstdistanzierung fähig sind.

Er verweist nun auf die Tatsache, daß die meisten Menschen sehr wohl den Unterschied kennen zwischen gelobt werden und Lob verdienen, zwischen verachtet werden und verachtenswert sein. Nicht auf das Lob von Unwissenden und Schmeichlern legen sie Wert, sondern auf das Lob derer, die ein sachkundiges und unabhängiges Urteil fällen können. Und umgekehrt wissen sie, daß falsche Anschuldigungen, auch wenn sie uns in den Augen unserer Gesellschaft als Verbrecher erscheinen lassen, zwar schmerzlich sind, aber uns im Inneren nichts anhaben können (III.2.4–12). Daß die Menschen Wert darauf legen, nicht nur geliebt und geachtet zu werden, sondern auch liebens- und achtenswert zu sein, ist somit eine Tatsache, die Smith konstatiert. Im Kontext seiner Theorie bedeutet das, daß sie sich nicht mit der Sympathie eines beliebigen, sondern nur mit der eines „fairen und unparteiischen Zuschauers" zufriedengeben. Dennoch bleibt die Frage nach dem Motiv, das diese Tatsache erklären könnte. Wenn die Freude an gegenseitiger Sympathie einen so großen Einfluß auf unser Fühlen und Handeln hat, wie Smith annimmt, woher soll dann das Motiv kommen, sich nach dem Urteil eines die Gemeinschaft transzendierenden Richters auszurichten? Warum legen wir Wert darauf, im allgemeinen liebens- und achtens*wert* zu sein? Warum genügt es nicht, nach Regeln zu leben, die unsere Interessen und die Vorurteile unserer Gruppe verkörpern?

Bevor wir Smiths Antwort auf diese Frage kennenlernen, lohnt es, einen vergleichenden Blick auf Hume zu werfen. Auch Hume konstatiert die Tatsache, daß moralische Werturteile – im Gegensatz zu reinen Geschmacksurteilen – mit dem Anspruch der Objektivität verbunden sind. Aber er tut sich schwer, diese Tatsache mit seiner Auffassung von Sympathie in Übereinstimmung zu bringen. Ist doch für Hume, mehr noch als für Smith, Sympathie ein subjektives Prinzip: mein Mitgefühl ist stärker oder schwächer, je nachdem, wie nahe mir die beobachteten Personen stehen. Humes Antwort besteht im Hinweis auf die Notwendigkeiten der Kommunikation in modernen Gesellschaften: Hier begegnen wir ständig neuen, auch fremden Menschen, müssen wir ständig neue Standpunkte einnehmen, um andere zu verstehen und ihnen verständlich zu sein. „Der Austausch von Gefühlen in Gesellschaft und Gespräch bewirkt daher, daß wir einen allgemeinen, unveränderlichen Maßstab formen, nach welchem wir Charakter und Sitten gutheißen und ablehnen können. Und obwohl unser Herz an diesen allgemeinen Begriffen nicht vollständig Anteil nimmt... so haben sie... dennoch einen bedeutenden Einfluß und dienen, da sie zumindest für das Gespräch genügen, allen unseren Zwecken in der Gesellschaft, auf der Kanzel, im Theater und in den Schulen" (Hume 1984, 152–153).

Ähnliche Gedanken finden sich bei Adam Smith, aber sie stehen in einem anderen Zusammenhang. Bei der Erklärung der Objektivität moralischer Werturteile geht sein Weg nur zunächst nach außen, zu den Notwendigkeiten der Kommunikation in modernen Gesellschaften, dann nach innen, zur Gewissensbildung und Reflexion. An Hume erinnert, wenn Smith den Zuschauer als „every indifferent person" (I.i.5.4) oder als „indifferent spectator" (I.ii.4.1) oder als „every indifferent by-stander" (II.i.2.2) bezeichnet, d.h. wenn die Zuschauerperspektive als die eines beliebigen Anwesenden, auch eines Fremden geschildert wird. Daß Smith die römischen Stoiker wie Zeitgenossen behandelt, hat sicher auch damit zu tun, daß er – wie sie – Bürger eines Weltreichs war und in seiner Wahrnehmung – wie in der ihren – der „indifferent bystander", der Fremde am Nebentisch, „any other citizen of the world" sein konnte (III.3.11).

Entscheidend ist aber für Smith – im Gegensatz zu Hume – der Gedanke, daß wir uns letzten Endes niemals an der Zustimmung anderer Menschen ausrichten können, und seien sie noch so unparteiisch, sondern uns an ein höheres Tribunal wenden müssen, um eine wahrhaft objektive Sicht der Dinge zu bekommen: an das eigene Gewissen, oder wie Smith auch immer wieder sagt, den „ideal man within the breast" (z.B. III.3.28). Warum sind wir an einer solchen Sicht interessiert? Auch wenn wir am liebsten die Zustimmung aller Mitmenschen erreichten, finden wir doch bald, daß dies unmöglich ist. Was immer wir tun, einige stimmen zu, andere lehnen uns ab. Wir müssen einen eigenen Standpunkt entwickeln, quasi einen Richter zwischen uns und die Menschen setzen, der objektiv entscheidet (III.2.31–32). Der erste Schritt, um diese moralische Perspektive zu erreichen, besteht darin, uns selbst zu relativieren, zu begreifen, daß wir nur einer unter vielen sind (III.3.3). Der zweite Schritt ist eine Aufgabe für das ganze Leben: unsere Sensibilität für das Glück und Leid anderer Menschen zu erhöhen, für unser eigenes Glück und Leid herabzustimmen, also die Tugenden der Menschlichkeit und der Selbstbeherrschung zu entwickeln. Kapitel 3 des dritten Teils, über Einfluß und Autorität des Gewissens, ist ein langer – an stoische Gedanken anknüpfender – Exkurs über

Selbstbeherrschung, in dem der Prozeß der Gewissensbildung mit dem Erlernen der Selbstbeherrschung unter allen Widrigkeiten des Lebens gleichgesetzt wird. Hier wird auch deutlich, welches Motiv der Gewissensbildung zugrunde liegt: die tiefe Zufriedenheit dessen, der seiner selbst gewiß ist und in seiner Selbsteinschätzung nicht vom Lob anderer abhängt (III.3.25–27). Das bedeutet freilich nicht, daß der Mensch, der seinem Gewissen folgt, sich von den anderen Menschen absetzt oder abgrenzen sollte. „Der Mensch in unserer Brust, der gedachte (abstract) und ideale Beobachter unseres Fühlens und Verhaltens, muß oft durch die Gegenwart eines wirklichen Beobachters geweckt und an seine Pflicht erinnert werden; und zwar werden wir wohl immer von dem Beobachter, von dem wir am wenigsten Sympathie und Nachsicht erwarten können, den vollkommensten Unterricht in Selbstbeherrschung erhalten" (III.3.38).

Daß das Gewissen kein ganz sicherer Kompaß ist, weiß Smith nur allzu gut. Er nennt objektive und subjektive Gründe, die zu einer Verunsicherung des Gewissens beitragen. Wo in einer Gesellschaft objektive Richter fehlen, weil die Ordnung zusammengebrochen ist, weil feindliche Gruppen aufeinanderstoßen, dort machen sich Parteigeist und Fanatismus breit, die größten Feinde eines unabhängigen Gewissens (III.3.43). In der internationalen Politik ist dies der Normalfall. Weil effektive und neutrale Schiedsrichter zwischen den Nationen fehlen, befleißigen sich die Politiker nicht einmal des Anscheins der Unparteilichkeit. „Der parteiische Zuschauer ist zur Hand, der unparteiische ist in weiter Ferne. Darum werden im Krieg und in politischen Verhandlungen die Gesetze der Gerechtigkeit sehr selten beobachtet. Wahrhaftigkeit und Ehrlichkeit werden fast völlig vernachlässigt" (III.3.42).

Von Seiten des Subjekts besteht immer die Gefahr des Selbstbetrugs, der Selbsttäuschung (self-deceit). Wenn wir zu entscheiden haben, wie wir handeln sollen, lassen wir uns durch die „Täuschungen der Selbstliebe" (III.4.7) oft vom Pfad der Tugend abbringen. Nach der Tat tritt oft eine Ernüchterung ein: Die Tat erscheint in ihrem wahren, häßlichen Licht. Aber auch jetzt noch finden wir Ausreden und Argumente, um uns und anderen etwas vorzumachen. „Dieser Selbstbetrug, diese verhängnisvolle Schwäche der Menschheit, ist die Quelle, aus der die Hälfte aller Zerrüttungen des menschlichen Lebens entspringt. Wenn wir uns in dem Lichte sähen, in dem andere uns sehen, oder sehen würden, wenn sie alles über uns wüßten, wäre eine Reform im allgemeinen unvermeidlich. Anders könnten wir den Anblick nicht ertragen" (II.4.6).

Die Natur hat uns freilich dieser Schwäche nicht ohne Gegenmittel überlassen. Die Erfahrungen, die die Menschen seit Urzeiten mit ihresgleichen machen, haben allgemeine Verhaltensregeln hervorgebracht, die vorschreiben, „was zu tun oder zu unterlassen angemessen und richtig ist" (III.4.7). Und: „Die Achtung vor jenen allgemeinen Verhaltensregeln ist das, was man im eigentlichen Sinne Pflichtgefühl (sense of duty) nennt, ein Prinzip von größter Wichtigkeit im menschlichen Leben und das einzige Prinzip, nach dem die große Masse der Menschen ihre Handlungen zu lenken vermag" (III.5.1). Denn nur auf Menschen, die aus Pflichtgefühl handeln, kann man sich fest verlassen. Nach diesem Kriterium unterscheiden wir Menschen mit Prinzipien von „nichtswürdigen Gesellen" (III.5.2).

Zuletzt diskutiert Smith die Frage, inwieweit Menschen nur aus Pflichtgefühl, d.h. aus Achtung vor allgemeinen Regeln, oder auch aus anderen Motiven heraus handeln sollten (III.6). Die Antwort könne nicht mit letzter Präzision gegeben werden, hänge aber von zwei Faktoren ab: erstens davon, ob es sich um Affekte handelt, die uneingeschränkt zustimmungsfähig sind (so sollten wir uns den Gefühlen des Wohlwollens und der Dankbarkeit ohne weiteres überlassen, bei Haß und Vergeltungsgefühl jedoch auf Regeln achten); zweitens davon, wie exakt formulierbar die Regeln selbst sind. Allgemeine Klugheitsregeln z.B. lassen keinen hohen Grad an Präzision zu, ihnen genau folgen zu wollen wäre ein Zeichen lächerlicher Pedanterie. Anders ist es mit den Regeln der Gerechtigkeit, die die größte Genauigkeit zulassen. Smith vergleicht sie mit den Regeln der Grammatik, während die übrigen Verhaltensregeln eher den lockeren Regeln der Ästhetik und Kunstkritik entsprechen (III.6.11). Der gerechte Mensch erweist seine Tugend im Handeln aus Pflicht, d.h. durch strikte Befolgung der exakten Rechtsregeln (III.6.10).

Die Gedanken des hier besprochenen dritten Teils der *Theorie* haben eine starke theologische Dimension. Smith behauptet, daß die allgemeinen Regeln der Moral zu Recht als Gesetze der Gottheit angesehen würden (III.5.Titel), und versucht zu zeigen, daß dies die gemeinsame Überzeugung aller Formen des Aberglaubens und der Religion immer schon gewesen, später auch durch philosophische

Reflexion nachgewiesen worden sei (III.5.3ff.). Handeln aus Pflicht wird deshalb mit Handeln aus Gehorsam gegenüber Gottes Geboten gleichgesetzt (III.6.1) und das Gewissen als Statthalter Gottes auf Erden interpretiert (III.5.6). Handelt es sich bei diesen Ausführungen um zeitbedingte Ornamente, womöglich um einen Kotau gegenüber der befreundeten Geistlichkeit, oder um einen wesentlichen Teil seiner moralphilosophischen Argumentation? Viele Interpreten (z.B. Raphael in Skinner/Wilson 1975, 95; Griswold 1999, 111) tendieren eher zur ersten Alternative und weisen z.B. darauf hin, daß Smith in der 6. Auflage eine Passage gestrichen hat, die den christlichen Sühnegedanken zum Ausdruck brachte (vgl. Appendix II). Weniger Beachtung hat die Tatsache gefunden, daß Smith in der gleichen Ausgabe einen Text hinzugefügt hat, in dem das Gericht Gottes als die höchste und letzte Appellationsinstanz über dem Gericht des gewöhnlichen Zuschauers und dem des Gewissens eingeführt wird. Ausgehend vom schon erwähnten Fall Calas (in Toulouse), stellt Smith die Frage, wie ein Unschuldiger, der in den Augen der Welt als ein Verbrecher gilt, zu einem gerechten Urteil kommen soll. Zwar sagt ihm sein Gewissen, daß er unschuldig ist. Aber Smith weist darauf hin, daß selbst das eigene Gewissen in einem solchen Fall schwankend werden kann. Hier bleibt nur der Appell an den unparteiischen Zuschauer par excellence, „den alles sehenden Richter der Welt, dessen Auge nicht getäuscht und dessen Urteile nicht verkehrt werden können" (III.2.33).

Diese drei Instanzen verkörpern Grade der Objektivität: Die Mitmenschen berücksichtigen wir, weil wir von ihnen gelobt und geschätzt werden wollen; das Gewissen, weil es uns sagt, ob wir des Lobes und der Wertschätzung würdig sind. Aber das Gewissen läßt sich unter Umständen täuschen, wird schwankend. In dieser Hinsicht ist es ein Halbgott, von Gott als Richter in uns eingesetzt, aber mit menschlichen Schwächen behaftet (III.2.32). „Der einzig wirksame Trost eines gedemütigten und gekränkten Menschen liegt in dem Appell an ein noch höheres Gericht", eben das Gericht Gottes (III.2.33).

Was Smith im Anschluß an diese Stelle schreibt, ist eine Art moralphilosophisches „argument from design", ein teleologischer Gottesbeweis, der zwar zu keiner Gewißheit, aber doch zu einer vernünftigen Hoffnung berechtigt: Ebenso wie das Universum zur Erklärung seiner Ordnung auf den Schöpfer verweist, so der moralische Kosmos auf den obersten Richter: „Nur ein festes Vertrauen auf das niemals irrende, wahrhaft richtige Urteil dieses hohen Tribunals ... kann ihn (den unschuldig Verurteilten, K.B.) aufrechterhalten angesichts der Schwächlichkeit und Verzagtheit seiner Seele ... Daß es eine künftige Welt gibt, in der jedermann volle Gerechtigkeit zuteil werden wird, in der jeder mit all jenen gleichgestellt sein wird, die ihm nach ihren sittlichen und geistigen Eigenschaften wahrhaft ebenbürtig sind ..., das ist eine Lehre, so verehrungswürdig in dieser Hinsicht, so trostreich für die Schwäche, so schmeichelhaft für die Größe der menschlichen Natur, daß der tugendhafte Mensch, der das Unglück hat an ihr zu zweifeln, doch unmöglich umhin kann, den ... Wunsch zu hegen, an sie zu glauben" (III.2.33). Und noch einmal später: „Wenn wir so daran verzweifeln, eine Macht auf Erden zu finden, die dem Triumph der Ungerechtigkeit Einhalt zu bieten vermöchte, dann wenden wir uns naturgemäß an den Himmel und hoffen, daß der große Urheber unserer Natur dereinst ausführen werde, was all die Prinzipien, die er uns zur Leitung unseres Verhaltens gegeben hat, uns hier schon zu versuchen angeregt haben. Wir hoffen, daß er den Plan vollenden werde, den er selbst uns anzufangen gelehrt hat ... Und so werden wir zum Glauben an ein künftiges Dasein nicht nur durch die Schwächen, Hoffnungen und Ängste der menschlichen Natur geführt, sondern durch die edelsten und besten Prinzipien, die zu ihr gehören – durch die Liebe zur Tugend und durch den Abscheu vor Laster und Ungerechtigkeit" (III.5.10).

Der dritte Teil, *Über die Grundlage unserer Urteile über unsere eigenen Gefühle und unser eigenes Verhalten, sowie über das Pflichtgefühl*, bildet zweifellos einen Höhepunkt der *Theorie*. Auffallend ist, daß Smith hier mehr von Urteilen als von Gefühlen spricht (bereits in der Überschrift) und daß er von einer deskriptiven und erklärenden zu einer normativen und begründenden Sprache übergeht. So behandelt das letzte Kapitel dieses Teils nicht etwa die Frage, ob und warum die Menschen de facto das Gefühl haben, sie sollten sich in ihrem Handeln vom Pflichtgefühl leiten lassen, sondern die Frage an das eigene Gewissen: *In welchen Fällen das Pflichtgefühl das einzige Prinzip unseres Handelns sein sollte* (III.6.Titel). Bedenkt man zudem, was Smith über den unparteiischen Zuschauer, über das Gewissen, über Selbsttäuschung und die Bedeutung allgemeiner Regeln, schließlich über die drei Tribunale sagt, so wird deutlich, daß hier ein Übergang von einer Theorie der moralischen Gefühle zu einer Philosophie der praktischen Vernunft stattfindet. Ob Smith sich damit selbst treu bleibt oder – fast unbewußt – zu einem Standpunkt vordringt, der den ursprünglichen Ansatz einer empirisch-soziologischen Theorie der Moral sprengt, bleibt fraglich und wird weiter unten noch einmal aufgegriffen. Keine Rede kann jedoch davon sein, daß Smith „die veränderlichen Meinungen und Leidenschaften der Menschen" als „letzten Maßstab und Standard von Richtig und Falsch im menschlichen Verhalten" ansehe, wie Thomas Reid, Smiths Nachfolger in Glasgow, in einer Vorlesung von 1765 behauptete (in Stewart-Robertson/Norton 1984, 318). Und ebensowenig trifft die Auffassung eines neueren Interpreten zu, das Moralische sei für Smith nichts anderes als das, was Ansehen genießt, „der unparteiische und wohl informierte Zuschauer nicht mehr als die Verkörperung der gesellschaftlichen Meinung" (Mercer 1972, 95). Beide verkennen die Bedeutung, die der Objektivität moralischer Werturteile in Smiths Theorie zukommt.

5. Die Kritik an Hume

Bedenkt man die theologische Dimension der *Theorie,* so wirkt die Kritik an Hume, die den Hauptgegenstand des vierten Teils bildet, vielschichtiger, als sie zunächst scheint. Klar ist, daß Hume – dem Smith die höchsten Komplimente macht (IV.1.2) – die größte Herausforderung für ihn darstellt. Denn von allen zeitgenössischen Systemen der Moralphilosophie ist Humes für Smith das Vorbild, dem er in vielen einzelnen Aspekten folgt. Auf der anderen Seite findet sich die Kritik an Hume auf Schritt und Tritt über das ganze Werk verteilt (was die Herausgeber der *Theorie* im Rahmen der Glasgow Edition in vielen Fällen sorgfältig vermerkt haben). Fraglich bleibt, wie diese Kritik und die darin aufscheinenden Unterschiede einzuordnen sind. Ist Smith ein inkonsequenter Humeaner, oder vertritt er in wichtigen Bereichen eine alternative Moralphilosophie?

In der Diskussion um die damals kontroversen Fragen der Moralphilosophie steht Smith in vielen Fällen auf der Seite seines älteren Freundes. Das gilt für die Grundfrage der philosophischen Anthropologie, ob der Mensch im Grunde egoistisch oder altruistisch motiviert ist, wie für die damit zusammenhängende Frage, was das Wesen der Tugend sei. Hume und Smith nehmen hier eine mittlere Position zwischen Hobbes und Mandeville auf der einen, Shaftesbury und Hutcheson auf der anderen Seite ein. Sie betonen, der Mensch sei ein zutiefst geselliges Wesen, dessen Handeln sowohl durch egoistische als auch durch soziale Affekte motiviert sei. Für beide ist Tugend nicht auf bestimmte Motive (etwa rationalen Egoismus oder Wohlwollen) reduzierbar, vielmehr können sowohl egoistisch wie altruistisch motivierte Handlungen als tugendhaft gelten, sofern sie die Zustimmung eines sympathisierenden Zuschauers erhalten. In der Debatte um den ethischen Rationalismus, also um die Rolle der Vernunft im moralischen Urteilen und Handeln, stehen beide in der Tradition Hutchesons, d.h. bei aller Bedeutung, die der Vernunft beim Entdecken und Anwenden allgemeiner Regeln oder bei moralischen Entscheidungen eingeräumt wird, wird die Zustimmung bzw. Ablehnung, die in moralischen Werturteilen zum Ausdruck kommt, nicht als eine Form rationaler Einsicht, sondern als Ausdruck einer bestimmten Art von Gefühlen gedeutet (wobei beide, in verschiedenen Graden, die Annahme eines spezifischen „moral sense" revidieren). Bedenkt man die Gemeinsamkeiten und den Einfluß, den Humes Werke auf Smith ausgeübt haben müssen, so ist auffallend, welch geringe Rolle der Humeschen Theorie in Smiths Darstellung der „systems of moral philosophy" am Ende der *Theorie* zukommt. Das kurze Kapitel über den ethischen Rationalismus (VII.iii.2) nennt Hutchesons Kritik entscheidend, ohne Humes subtile Argumente (in Hume 1973, III.i.1) zu erwähnen. Ganz am Ende, nachdem er seine eigene Theorie der Sympathie noch einmal zusammengefaßt hat, kommt er in einem kurzen Absatz auf Hume zu sprechen: „Es gibt noch ein anderes System, das den Ursprung unserer moralischen Gefühle aus der Sympathie zu erklären sucht, verschieden von dem, welches ich aufzustellen versucht habe. Es ist jenes, welches den Nutzen zum Kriterium der Tugend macht und das Vergnügen, mit dem der Zuschauer den Nutzen irgendeiner Eigenschaft beobachtet, aus der Sympathie mit dem Glück der davon Betroffenen erklärt. Diese Sympathie ist verschieden von derjenigen, durch die wir an den Motiven des Handelnden Anteil nehmen bzw. durch die wir die Dankbarkeit der Personen nachempfinden, die von seinen Handlungen profitiert haben. Es (d.h. Humes Auffassung von Sympathie, K.B.) ist dasselbe Prinzip wie das, auf Grund dessen wir eine wohl konstruierte Maschine gutheißen. Aber keine Maschine kann der Gegenstand jener zwei zuletzt erwähnten Formen der Sympathie sein“ (VII.iii.3.17).

Humes Analyse moralischer Werturteile läuft in der Tat darauf hinaus, daß positive moralische Werturteile durch bestimmte Eigenschaften von Charakteren und Handlungen hervorgerufen werden, die im Zuschauer ein spezifisches angenehmes Gefühl hervorrufen (das eng mit den Gefühlen der Liebe und des Stolzes verwandt ist). Den Ursprung dieses Gefühls erklärt Hume durch die Sympathie des Zuschauers mit dem Glück oder Nutzen, den diese Eigenschaft (z.B. Gerechtigkeit, Treue, Wohlwollen) dem Handelnden selbst bzw. den davon Betroffenen bringt. Diese Analyse erklärt, daß sowohl persönliche Tugenden (z.B. Klugheit) wie soziale Tugenden (z.B. Wohltätigkeit) geschätzt werden, die sozialen jedoch mehr, weil sie mehr Glück oder Nutzen hervorrufen. Smith dagegen meint, daß die Sympathie mit den glücklichen oder nützlichen Folgen bestimmter Eigenschaften nicht das Spezifische moralischer Gefühle erklären könne. Denn auch gut konstruierte Maschinen oder Gebäude hätten solche Eigenschaften, ohne daß wir sie deshalb moralisch bewerteten. Auch Humes Hinweis, daß es sich selbstverständlich nur um die Eigenschaften handelnder Subjekte handle (*Untersuchung II*, V.i. Anm.1), vermag Smith nicht zu versöhnen. Denn der Vergleich Mensch/Maschine zeigt eben, daß nützliche Wirkungen, die man beiden zuerkennen muß, nicht das Besondere tugendhafter Handlungen sein können. Vielmehr ist es, nach Smith, die Sympathie mit den Motiven des Handelnden und mit der Dankbarkeit der Betroffenen, die uns Affekte als angemessen, Handlungen als verdienstvoll bewerten läßt. Nutzenerwägungen sind also, wie Smith an verschiedenen Beispielen zu zeigen sucht, weder der spezifische Gegenstand noch das ursprüngliche Motiv moralischer Werturteile, wenngleich sie häufig als verstärkende Momente hinzukommen (IV.2.3–12).

Dabei leugnet Smith keineswegs, daß die Eigenschaften, die wir als Tugenden auszeichnen, oder die Handlungen, die wir positiv bewerten, in der Regel positive Auswirkungen für den einzelnen wie für die ganze Gesellschaft haben. Im Gegenteil „scheint die Natur unsere Gefühle der Billigung und Mißbilligung so glücklich den Interessen des Individuums und der Gesellschaft angepaßt zu haben, daß man auch nach der strengsten Prüfung, wie ich glaube, finden wird, daß dies ganz allgemein der Fall ist. Dennoch behaupte ich, daß der Anblick dieser Nützlichkeit oder Schädlichkeit nicht die erste noch auch die wichtigste Quelle unserer Billigung und Mißbilligung ausmacht" (IV.2.3). Nicht die erste, denn die Nützlichkeit von Tugenden und moralischen Regeln wird häufig erst bemerkt, wenn sie längst zur Gewohnheit geworden sind, und das auch nur von wenigen, die über solche Zusammenhänge nachdenken (IV.2.11). Und nicht die wichtigste, denn das Gefühl der moralischen Billigung enthält als Spezifikum immer das Gefühl der moralischen Richtigkeit (propriety), „das von der Wahrnehmung ihrer Nützlichkeit ganz verschieden ist" (IV.2.5).

Hinter diesen Überlegungen steht bei Smith eine tiefergehende Kritik an der Idee, moralische Grundnormen könnten etwas sein, was Menschen erfinden, statt es vorzufinden. Schon an einer früheren Stelle der *Theorie* diskutiert er die Frage, inwiefern der Sinn für Gerechtigkeit (sense of justice) eine nützliche Einrichtung der Natur sei. Seine Antwort: Nützlich sei dieser Sinn in der Tat, sogar ganz unverzichtbar für das Bestehen und Funktionieren einer Gesellschaft. Absurd aber sei die Vorstellung, er verdanke der Erfahrung oder Erkenntnis dieses Nutzens seine Entstehung. Eine solche Annahme beruhe auf einer groben Verwechslung von Wirk- und Endursachen. Obwohl wir bei der Erkenntnis von Organismen oder Uhrwerken genau wissen, daß das regelmäßige Zusammenwirken der Teile nicht auf die Absicht der Glieder oder Rädchen zurückgeht, sondern auf den Willen des Schöpfers oder Uhrmachers, vergessen wir dies leicht, sobald es um die „Leistungen der Seele" geht. „So oft wir durch natürliche Triebe dazu bestimmt werden, jene Zwecke zu fördern, die eine verfeinerte und aufgeklärte Vernunft uns anempfehlen würde, dann sind wir sehr geneigt, jener Vernunft als der wirkenden Ursache die Gefühle und Handlungen zuzurechnen, durch die wir jene Zwecke befördern, und uns einzubilden, dasjenige sei die Weisheit von Menschen, was in Wirklichkeit die Weisheit Gottes ist ... Da die Gesellschaft nicht bestehen kann, wenn die Gesetze der Gerechtigkeit ... nicht beobachtet werden, ... so hat man gemeint, es sei die Rücksicht auf diese Unentbehrlichkeit der Gerechtigkeit der Grund gewesen, weshalb wir es billigen, wenn die Beobachtung der Gesetze der Gerechtigkeit ... erzwungen werde" (II.ii.3.5–6).

Letztlich ist es der teleologische Naturbegriff, der Smith von Hume unterscheidet. Bei der Beförderung ihrer wichtigsten Zwecke – wie Selbsterhaltung des Einzelnen, Funktionieren der Gesellschaft, Überleben der Gattung – läßt es die Natur, wie Smith immer wieder betont, nicht darauf ankommen, ob die Menschen die zweckmäßigen oder zielführenden Mittel erkennen. Sie hat uns so programmiert, daß wir die Mittel als solche anstreben und anwenden, auch wenn wir gar nicht verstehen, wie aus ihnen die wohltätigen Zwecke hervorgehen, „welche der große Lenker der Natur (the great Director of nature) durch sie hervorbringen wollte" (II.i.5.10). So ist es z. B. die Sympathie mit dem Vergeltungsbedürfnis dessen, dem Unrecht geschieht, die uns Gerechtigkeit schätzen läßt, nicht die Erkenntnis des sozialen Nutzens der Gerechtigkeit (der oft gar nicht unmittelbar einleuchtet). Die Natur hat auch den meisten Menschen eine Faszination für das Funktionieren komplexer Systeme eingepflanzt, was – oft ungewollt – zum Einsatz für das Gemeinwohl führt (IV.1.11). Sie täuscht die Menschen oft über ihre wahren Zwecke. Beispielsweise denken viele, daß Reichtum glücklich macht. Erst nach vielen Anstrengungen merken sie, daß es nicht stimmt. Bis dahin haben sie schon bewirkt, was die Natur wollte: den Wohlstand zu steigern und auf breite Bevölkerungsschichten zu verteilen (IV.1.10). Im Kontext dieser Hume-kritischen moralischen Teleologie taucht das berühmte Bild der „unsichtbaren Hand" auf (IV.1.10), welche die von Menschen nicht intendierten Wirkungen hervorbringt. Der Begriff des „kontemplativen Utilitarismus" (Ross 1995, 167) bringt diese Idee des unwillentlich bewirkten, an höherer Stelle geplanten und vom Theoretiker rückblickend bewunderten allgemeinen Nutzens gut zum Ausdruck.

Auch Humes Utilitarismus ist in gewisser Weise kontemplativ. Denn Hume verwendet das Utilitätsprinzip nicht zur Konstruktion neuer, sondern zur Interpretation bestehender Normen. Jeremy Bentham hat darin den entscheidenden Unterschied zwischen seiner eigenen und Humes Position gesehen. In dieser Hinsicht, d. h. im Vergleich zum späteren Utilitarismus Benthams, sind beide – Hume und Smith – kontemplative Utilitaristen. Denn beide verwenden das Utilitätsprinzip als Interpretations-, nicht als Konstruktionsprinzip. Dennoch sollte diese Gemeinsamkeit die Unterschiede nicht verwischen. Denn für Hume sind moralische Regeln, insbesondere Rechtsprinzipien, menschliche Konventionen, für Smith dagegen Naturgesetze und damit letztlich Gesetze Gottes.

Aus heutiger Sicht erscheint Hume hier – im Vergleich zu Smith – als der modernere Denker. Die Entstehung und Geltung funktional zweckmäßiger Regeln erklärt er nicht als Verwirklichung einer theologisch gedeuteten Naturordnung, sondern als sozialen Lernprozeß. Grundlegende Rechtsprinzipien (principles of justice) bezeichnet er als „Konventionen", also menschliche Vereinbarungen, aber weder im Sinne eines Vertrags noch im Sinne eines gemeinsamen Plans, vielmehr im Sinne einer – aus der Erfahrung der Not und des Nutzens hervorgehenden – sozialen Praxis, die sich verfestigt, indem sie sich bewährt (vgl. das Ruderbeispiel in *Traktat* III.ii.2 und in *Untersuchung II* 2, *Appendix* 3). Smith denkt hier traditioneller und hält daran fest, „daß jene wichtigen Regeln der Sittlichkeit Gebote und Gesetze der Gottheit sind, die schließlich die Gehorsamen belohnen und diejenigen bestrafen wird, die ihre Pflicht verletzen" (III.5.3). Diese Einsicht habe sich den Menschen immer schon natürlicherweise aufgedrängt und bestätige sich durch philosophische Reflexion (ebd. und II.5.4).

Die *Theorie* ist ein stoisch-deistischer Traktat. Auf Schritt und Tritt begegnet uns der Autor und Lenker der Natur, der die Mechanik der moralischen Gefühle so eingerichtet hat, daß systemkonformes Handeln in der Regel das größtmögliche Glück des Einzelnen und die Erhaltung der menschlichen Gattung befördert (z. B. III.5.7). Manchen heutigen Interpreten scheint das so wenig ins Bild ihres „modernen" Adam Smith zu passen, daß sie es am liebsten übersehen oder uminterpretieren (z. B. Haakonssen in Campbell/Skinner 1982, 211). Hume selbst dagegen scheint den Gegensatz zwischen seiner eigenen, konsequent naturalistischen und Smiths metaphysischer Grundhaltung klar gesehen zu haben, was zwischen den Zeilen des bekannten Briefes zum Ausdruck kommt, den Hume am 12. April 1759, kurz nach Erscheinen der *Theorie*, aus London an Adam Smith in Glasgow schreibt.

Bedenkt man, welche Bedeutung der natürlichen Religion in Smiths Moralphilosophie zukommt, so wird die mangelnde Bereitschaft, Humes *Dialogues Concerning Natural Religion* nach dessen Tod herauszugeben, zumindest verständlicher. Einiges spricht dafür, daß Hume in den Gesprächen zwischen dem Skeptiker Philo, dem Deisten Cleanthes und dem Christen Demea, insbesondere im letzten Dialog zwischen Philo und Cleanthes, Gesprächserfahrungen mit Adam Smith verwertet hat. Ob Hume im 12. Dialog an Smith dachte, ob Smith sich in Cleanthes wiedererkannte, wird sich kaum mehr mit Sicherheit klären lassen. Daß Smith aber vom Inhalt der Dialoge, von der Widerlegung des teleologischen Gottesbeweises, vom Bild einer überwiegend schlechten oder verpfuschten Schöpfung (11. Dialog), vor allem aber von der These der praktischen Schädlichkeit der Religion für Moral und Politik, wie sie im 12. Dialog entwickelt wird, abgestoßen sein mußte, sollte jedem Leser der *Theorie* einleuchten. Smith hielt die *Dialogues* für eine interessante, aber im wesentlichen falsche und in ihren Wirkungen schädliche Schrift, die man im engeren Kreis der *Literati* diskutieren, aber nicht verbreiten sollte (vgl. Ballestrem in Ziemske u.a. 1997).

6. Moralphilosophie als Wissenschaft und Ethik

Zuletzt kehren wir noch einmal zu der Frage zurück, die zu Anfang des Kapitels formuliert und offengelassen wurde: Um welche Art von Theorie handelt es sich bei der *Theorie der moralischen Gefühle*? Um Ethik im Sinne einer normativen und begründenden, oder um Sozialpsychologie im Sinne einer deskriptiven und erklärenden Theorie der Moral? Wir müssen, um diese Frage zu beantworten, etwas weiter ausholen, um Smiths Auffassung von Philosophie als Wissenschaft kennenzulernen. Dabei kommen wir auf zwei Texte zurück, die oben (II,5) bereits erwähnt wurden: *Essays on Philosophical Subjects* (EPS) und Vorlesungen über *Rhetoric and Belles-Lettres* (LRBL). Aus beiden geht hervor, daß Smith ein Bewunderer Newtons war: In ersterem erscheint Newtons Theorie als Höhepunkt der Entwicklung wissenschaftlichen Denkens, in letzterem als Vorbild einer wissenschaftlichen Methode, die auch im Bereich der Moralphilosophie Anwendung finden soll. Die *Theorie* – so die im folgenden vertretene Deutung – ist ein an Newton orientierter Text und zwar in doppelter Hinsicht: Erstens handelt es sich um eine beschreibende und erklärende Theorie moralischer Gefühle, welche methodischen Regeln folgt, die Smith als typisch newtonisch ansieht und bezeichnet. Zweitens zeigt sich Smith, ebenso wie einige Stoiker, aber auch Newton, immer wieder davon überzeugt, daß die Ordnung in der Natur – und damit auch der moralische Kosmos menschlichen Denkens, Fühlens und Handelns – Ausdruck der ordnenden Intelligenz eines guten Gottes ist. Vermutlich ist es diese teleologische Auffassung der Natur oder diese Metaphysik der Moral, die es Smith nahelegt, eine Brücke zwischen deskriptiver und normativer Theorie der Moral zu schlagen: Weil die Natur nach Vernunftprinzipien eingerichtet ist und in guten Händen liegt, ist es sinnvoll, ja Pflicht, ihren Gesetzen zu folgen.

Am Beispiel der *Geschichte der Astronomie* seit der Antike untersucht Smith die „Prinzipien, welche philosophische Untersuchungen anleiten" (EPS 31). Wenn er von ‚Prinzipien' spricht, meint er sowohl Motive als auch Prämissen. Auch bei der Erklärung des Erkenntnisfortschritts bezieht er sich einmal auf Motive, die das Denken anregen und in eine bestimmte Richtung lenken, ebenso aber auch auf Grundsätze, aus denen eine Menge anderer Sätze abgeleitet werden können. Den Ursprung der Philosophie oder der theoretischen Erkenntnis sieht Smith nicht etwa in der Notwendigkeit, praktische Probleme zu bewältigen, sondern im Staunen, und erklärt ihre Entwicklung durch das Bedürfnis nach Ruhe, Ordnung, Harmonie und Schönheit. Der Ursprung der Philosophie, so Smith, setzt geordnete Verhältnisse voraus. Der Wilde, der ständig um sein Leben besorgt ist, hat kein Interesse an Theorie. Erst wenn Gesetze Sicherheit und Ordnung garantieren, können einzelne Menschen die Neugier entwickeln, die allgemeinen Zusammenhänge der Natur zu erforschen. Besonders durch neuartige und unerwartete Phänomene wird ihre Einbildungskraft (imagination) beflügelt, und sie reagieren mit Erstaunen (wonder) und Überraschung (surprise). Denkende Menschen streben aber danach, diese Beunruhigung der Phantasie zu überwinden und die Phänomene in einen bekannten Zusammenhang einzuordnen. Sie klassifizieren die Gegenstände nach ähnlichen Eigenschaften, sie konstatieren regelmäßige Abläufe. Wenn erstaunliche Ereignisse auftreten – z.B. Mond- oder Sonnenfinsternisse –, versuchen sie, durch zusätzliche Annahmen Brücken zu bilden, die das Unbekannte zum Bekannten in Beziehung setzen. Gelingt diese Einordnung, haben sie die Befriedigung, die Ordnung in der Natur zu bewundern (admiration) und zu verstehen, daß das „Theater der Natur" ein zusammenhängendes und großartiges Schauspiel darbietet (EPS 46).

„Philosophie ist die Wissenschaft von den verbindenden Prinzipien der Natur" (EPS 45). Mit Hilfe „unsichtbarer Ketten" versucht sie Ordnung in das Chaos der Phänomene zu bringen und den „Tumult der Einbildungskraft" zu beruhigen (EPS 45–46). Je mehr es ihr gelingt, mit Hilfe einiger weniger, in ihrer Funktionsweise leicht verständlicher Prinzipien eine Menge scheinbar unvereinbarer Phänomene systematisch zu ordnen und zu erklären, desto vollständiger wird die intellektuelle Neugierde befriedigt. Je mehr unplausible Zusatzannahmen – wie die Epizyklen des Ptolemäus – notwendig sind, um eine Erklärung für widerspenstige Phänomene zu finden, desto stärker wird die Suche nach alternativen Prinzipien. Auch wenn andere Faktoren wie Gewohnheit, Eitelkeit, Macht die endgültige Widerlegung einer Theorie herauszögern können, ist ihr Untergang besiegelt, sobald eine einfachere Erklärung zur Verfügung steht. Newtons Theorie erscheint aus dieser Sicht als Höhepunkt und vorläufiger Abschluß einer Entwicklung. Mit Hilfe eines einzigen und leicht zugänglichen Prinzips, der Schwerkraft, und der Annahme, daß sie in dem Maße abnimmt, wie die Entfernung im Quadrat zunimmt, lassen sich alle Bewegungen der Himmelskörper exakt erklären und vorhersagen (EPS 104). Und Smith schließt seine Überlegungen mit einer erkenntniskritischen Passage, die den Humeschen Einfluß verrät und zugleich das größte Lob Newtons enthält: „Und obwohl wir versucht haben, alle philosophischen Systeme als Erfindungen der Einbildungskraft darzustellen, um die sonst unvereinbaren und gegensätzlichen Phänomene der Natur in einen Zusammenhang zu bringen, sind wir unwillkürlich dazu übergegangen, von den verbindenden Prinzipien dieses Systems so zu sprechen, als handle es sich um die wirklichen Ketten, die die Natur benutzt, um ihre Tätigkeiten zu verknüpfen" (EPS 105).

Der zweite Text, in dem Smith ausdrücklich auf Newton zu sprechen kommt, findet sich in seinen Vorlesungen über *Rhetorik und Literatur*. Dort unterscheidet er zwischen drei Diskursformen: narrativen, didaktischen und rhetorischen. Vorlesung Nr. 24 behandelt den didaktischen, d.h. für ihn: wissenschaftlichen Diskurs. Hier unterscheidet Smith zwei wissenschaftliche Methoden, die er die aristotelische und die newtonische nennt. Die aristotelische – so können wir sinngemäß übersetzen – geht induktiv vor, d.h. untersucht einzelne Arten von Gegenständen und sucht nach den ihnen zugrundeliegenden Prinzipien; die newtonische geht hypothetisch-deduktiv vor, d. h. sie geht von der Annahme eines einzigen oder weniger Prinzipien aus, mit deren Hilfe ein großer Bereich vielfältiger Phänomene erklärt werden kann. „Letztere ... ist zweifellos die philosophischere und in jeder Wissenschaft – ob sie nun zur Moral- oder zur Naturphilosophie gehört – viel fruchtbarer und attraktiver als jene andere. Es macht uns weit mehr Freude, all die zunächst unerklärbaren Phänomene von einem einzigen (gewöhnlich gut bekannten) Prinzip abgeleitet und durch eine einzige Kette verbunden zu sehen, als wir sie bei jener Stückwerkmethode (unconnected method) empfinden, bei der alles durch sich selbst erklärt wird, ohne Bezug zu den anderen" (LRBL 146).

Im Bereich der Moralphilosophie bietet Hutchesons Theorie ein Beispiel jener Methode, bei der ästhetische Gefühle durch einen Sinn für Schönheit, moralische Gefühle durch einen „moral sense", das Schamgefühl noch einmal speziell durch einen „sense of shame", das erweiterte Mitgefühl durch einen „public sense" usw. erklärt werden (TMS VII.iii.3.7). Dagegen nimmt Smith die Vorzüge der Newtonschen Methode für seine Theorie allein in Anspruch. Mit Hilfe eines einzigen, in seiner Funktionsweise allgemein verständlichen Prinzips, der Sympathie, könne sie alle – auch die ungewöhnlichsten – moralischen Gefühle erklären. „Die Natur handelt hier, wie in allen anderen Fällen, mit der strengsten Sparsamkeit und erzeugt eine Menge von Wirkungen aus ein und derselben Ursache" (VII.iii.3.3). Zuletzt fordert er alle anderen Philosophen heraus, ihm ein moralisches Gefühl zu zeigen, das er nicht im Rahmen seines Systems erklären könne (TMS VII.iii.3.16).

Bei allem sichtbaren Stolz würde Smith den Erkenntnisfortschritt, den seine Theorie im Bereich der Moralphilosophie gebracht hat, nicht mit der Bedeutung Newtons für die Entwicklung der Naturphilosophie gleichsetzen – und das nicht nur aus persönlicher Bescheidenheit, sondern aus grundsätzlichen Erwägungen. Zwischen „systems of moral philosophy" und „systems of astronomy" besteht ein fundamentaler Unterschied: Die Moralphilosophie erforscht keine fremden Welten, sondern die Gefühle, die jeder Mensch in sich selbst trägt. Hier kann es deshalb nicht so leicht zu absurden Annahmen, gegensätzlichen Hypothesen und totalen Revolutionen des Denkens kommen wie in der Naturphilosophie. In der Moralphilosophie enthalten die meisten Theorien deshalb einen

Teil der Wahrheit und lohnen auch nach Jahrhunderten noch die Lektüre (VII.ii.4.14).

Die primäre Intention des Verfassers der *Theorie* ist somit leicht zu erkennen: Er will, nach dem Vorbild Newtons, eine empirische Analyse und kausale Erklärung des moralischen Bewußtseins, nicht eine normative Theorie der Moral entwickeln. An einer Stelle des Werks bringt er dies deutlich zum Ausdruck. Man möge bedenken, schreibt er, „daß die gegenwärtige Untersuchung keine Rechtsfrage (matter of right), ... sondern eine Tatsache (matter of fact) betrifft." Wenn wir analysieren, warum die Bestrafung von Rechtsbrechern Zustimmung findet, untersuchen wir nicht, „nach welchen Prinzipien ein vollkommenes Wesen die Bestrafung von Missetaten billigen würde, sondern nach welchen Prinzipien ein so schwaches und unvollkommenes Geschöpf, wie es der Mensch ist, sie wirklich und tatsächlich billigt" (II.i.5.10). Allerdings zeigt der Kontext, daß Smith hier nicht – wie Hume an der vergleichbaren Stelle des *Traktats* (III.i.1 Ende) – den Übergang von Seins- zu Sollenssätzen problematisieren will. Der Kontext ist vielmehr, wie so oft bei Smith, ein theologischer. Gott wollte eine so fundamentale Norm wie die Unterscheidung von Recht und Unrecht nicht von der Erkenntnis des langfristigen Nutzens einer Rechtsordnung, sondern – durch die Sympathie für das Vergeltungsgefühl der Betroffenen – unmittelbar im Bewußtsein der Menschen verankern (II.i.5.10). Auch hier wird deutlich: Die Tatsachen des moralischen Bewußtseins, die Smith analysiert und erklärt, werden zugleich im Rahmen einer umfassenden metaphysischen Ordnung interpretiert.

Nichts läßt darauf schließen, daß Smith den Übergang von einer deskriptiven und erklärenden zu einer normativen und begründenden Theorie der Moral als problematisch empfunden hätte. Nicht zufällig überschreitet er die Grenze zwischen Moralpsychologie und Ethik immer wieder und scheinbar ohne den Schritt zu bemerken, vor allem im dritten Teil der *Theorie*, der von der moralischen Selbsteinschätzung und vom Pflichtgefühl handelt. Denn zu erklären, wie Menschen sich selbst beurteilen, setzt die Erfahrung der Selbstbeurteilung voraus. Zu verstehen, was Menschen für ihre Pflicht halten, regt die Frage nach den eigenen Pflichten an. Den Mechanismus zu durchschauen, der den Menschen das Gefühl gibt, gewisse Dinge tun oder lassen zu sollen, legt die Grundfrage der Ethik nahe: Was soll ich tun? Dennoch handelt es sich um zwei Fragestellungen, die nur dann zusammenfallen, wenn die Analyse der Normen, denen sich andere Menschen de facto verpflichtet fühlen, zur Einsicht führt, daß diese Normen objektive Geltung besitzen, also auch mich – den Fragenden und Handelnden – zu Recht verpflichten. Genau davon geht Smith in der Tat aus. Wie wir gesehen haben, ist die Begründung der Möglichkeit objektiver moralischer Werturteile mit Hilfe des „impartial spectator" das große Anliegen des dritten Teils. Seine Antwort ist letzten Endes eine metaphysische: Nur wenn wir die Natur, gerade auch die menschliche Natur, als geordneten Kosmos interpretieren; und wenn wir von der vernünftigen Hoffnung ausgehen, daß die allgemeinen Regeln der Moral Gebote Gottes sind, der als „alles sehender Richter der Welt" letzten Endes für die Objektivität unseres moralischen Bewußtseins bürgt, macht es Sinn, Pflichten auch dann zu erfüllen, wenn sie offenbar nicht dem eigenen Vorteil dienen, ja sogar den Einsatz des eigenen Lebens verlangen (III.3.10; VI.ii.3.1–6).

Man mag in der theologischen Dimension von Smiths Moralphilosophie ein Zeichen dafür sehen, daß sein „Geist im ruhigen, wenn auch etwas seichten Wasser des Deismus vor Anker gegangen war" (Streminger 1989, 110). Umgekehrt könnte man aber auch sagen, daß Smith hier – ähnlich wie später Kant – an die Grenzen einer empiristischen Ethik gestoßen bzw. zu den Problemen einer Ethik ohne Metaphysik vorgestoßen ist. Tatsache ist auf jeden Fall, daß diese Dimension mehr als ein Ornament, vielmehr die sinnstiftende Einheit seiner *Theorie* ausmacht. Immer wieder stößt er nämlich auf das Problem, daß unsere moralischen Gefühle, so wie sie de facto beschaffen sind, einer religiösen Hypothese bedürfen, um einen vollständigen Sinn zu ergeben. Das gilt zum Beispiel für das universelle Wohlwollen und seine Kehrseite, das Mitgefühl mit dem Leid anderer Lebewesen, wo immer sie sich befinden. Ohne die Annahme, „daß alle Einwohner des Universums, die kleinsten wie die größten, unter der unmittelbaren Sorge und dem Schutz dieses großen, wohlwollenden und allwissenden Wesens stehen, das alle Bewegungen der Natur leitet", könnten die Menschen, als mitfühlende Wesen, niemals glücklich sein. Für sie müßte im Gegenteil „allein der Verdacht einer vaterlosen Welt die trübsinnigste aller Erwägungen sein", der Gedanke etwa, „daß alle die unbekannten Gegenden des unendlichen und unvorstellbaren Weltraumes womöglich mit nichts anderem erfüllt seien, als mit endlosem Elend und Jammer" (VI.ii.3.2).

IV. Rechts- und Staatsphilosophie

1. Quellenlage

Adam Smiths Werke sind aus dem Moralphilosophiekurs hervorgegangen, den er in den Jahren 1752–1764 an der Universität Glasgow hielt. Wie schon erwähnt, gliederte er diesen Kurs, dem Beispiel Hutchesons folgend, in vier Teile: Natürliche Theologie, Ethik, Recht, Politik. Zu den Themen des ersten Teils plante er keine Veröffentlichung, die drei weiteren Teile wollte er zu einem System der Moralphilosophie ausbauen. Aus dem zweiten Teil ging die *Theorie der moralischen Gefühle* hervor, aus dem vierten Teil die *Untersuchung über Natur und Ursachen des Wohlstands der Nationen*. Am dritten Teil, der „Theorie und Geschichte des Rechts und der Regierung" (Corr. Nr. 248), arbeitete er immer wieder bis kurz vor seinem Tode. Zuletzt ließ er das unvollendete Manuskript vernichten. Die Rekonstruktion der Rechts- und Staatsphilosophie von Adam Smith, die in diesem Kapitel versucht werden soll, stellt uns daher vor besondere, aber nicht unlösbare Probleme. Um den Inhalt des dritten Teils der Vorlesung und des ihm entsprechenden, unvollendeten Werks kennenzulernen, können wir uns auf die Erinnerung eines prominenten Schülers, auf Smiths eigene Ankündigungen und auf zwei studentische Nachschriften verlassen.

John Millar erinnert sich mit folgenden Worten: „Im dritten Teil behandelte er ausführlicher den Zweig der Moral, der sich auf die Rechtsordnung bezieht und der, weil er exakte Regeln zuläßt, vollständig und genau erklärt werden kann ... Im letzten Teil seiner Vorlesungen untersuchte er die politischen Anordnungen, die nicht auf dem Prinzip der Gerechtigkeit (justice), sondern auf dem der Zweckmäßigkeit (expediency) beruhen und darauf abzielen, Reichtum, Macht und Wohlfahrt eines Staates zu vermehren" (EPS 274–275). Ob Millar mit diesem Einteilungskriterium den Absichten seines Lehrers ganz gerecht wird, ist fraglich. Denn in Smiths politischer Ökonomie geht es nicht nur um Fragen der Zweckmäßigkeit, sondern auch um Fragen des Rechts und der Gerechtigkeit. Längst bevor er seine politische Ökonomie in einem eigenen Werk ausgearbeitet hatte, behandelte er ihre Probleme im Rahmen seiner *Lectures on Jurisprudence*. Auch wenn sich die politische Ökonomie unter dem Einfluß von Smith später verselbständigte, er selbst verstand sie noch als Teil der Rechts- und Politikwissenschaft, letztlich als Teil eines umfassenden Systems der Moralphilosophie. Als Folge dieses Ansatzes können wir uns in diesem Kapitel, das die Rechts- und Staatsphilosophie behandelt, immer wieder auf den *Wohlstand der Nationen*, im nächsten Kapitel, in dem es um die politische Ökonomie geht, auch auf die *Vorlesungen über Jurisprudenz* beziehen.

Daß Smith den dritten und vierten Teil seines Kurses ausarbeiten und veröffentlichen wollte, geht aus den Zeilen hervor, in denen er – am Ende seiner *Theorie* – dem Leser ein neues Werk in Aussicht stellt: „Eine Darstellung der allgemeinen Prinzipien des Rechts (law) und der Regierung (government) und der verschiedenen Umwälzungen (revolutions), denen sie in den unterschiedlichen Zeitaltern und Perioden der Gesellschaft unterworfen waren, nicht nur bezüglich der Rechtsordnung, sondern auch hinsichtlich des Polizeiwesens, der Staatseinkünfte, des Militärs und was sonst noch Gegenstand des Rechts ist" (TMS VII.iv.37). Was aus diesem Vorsatz des Jahres 1759 geworden ist, darüber legt Smith 1790, im Vorwort zur sechsten Ausgabe der *Theorie*, noch einmal Rechenschaft ab. Einen Teil des Plans, soweit er „police, revenue and arms" betrifft, habe er in seinem Werk über den Wohlstand der Nationen ausgeführt. Den Teil, der die allgemeine Rechtswissenschaft (theory of jurisprudence) enthält, habe er dagegen nicht vollenden können, obwohl er die Hoffnung noch nicht ganz aufgebe (TMS a.2). Diese Hoffnung erfüllte sich nicht. Seither aber wurden zwei umfangreiche studentische Nachschriften der *Lectures on Jurisprudence* von 1762/63 (LJA) und 1763/64 (LJB) entdeckt, welche – sorgfältig ediert – Band V der „Glasgow Edition" bilden und seit 1996 auch in einer deutschen Übersetzung vorliegen.

Um einen ersten Eindruck zu vermitteln, soll im folgenden der Inhalt der *Lectures on Jurisprudence* kurz skizziert werden. Zu Beginn dieser Vorlesung nennt Smith vier Staatsaufgaben, um seinen Gegenstand entsprechend zu gliedern: *Justice, Police, Revenue, Arms*. Die erste und grundlegende Aufgabe ist die Erhaltung der *Rechtsordnung* (in der Regel hat „justice" in den *Lectures* diese objektive Bedeutung, meint also nicht oder nur indirekt die Tugend der Gerechtigkeit). Der erste und umfangreichste Teil der Vorlesung handelt deshalb vom *Recht* („law" in der doppelten Bedeutung von Recht und Gesetz) und behandelt Fragen der Rechtsphilosophie, der Rechtsgeschichte und der positiven Rechtsordnung. Diesen ersten Teil gliedert Smith in der Vorlesung von 1762/63 in die Abschnitte *Privatrecht* (private law), *Hausrecht* (domestic law) und *öffentliches Recht* (public law), in der Vorlesung von 1763/64 in umgekehrter Reihenfolge (vgl. LJB 11). Die zweite Staatsaufgabe bezeichnet Smith mit dem Wort *police*, was in seiner Bedeutung dem damaligen deutschen Wort *Polizey* entspricht, aber nur zu einem kleinen Teil mit dem zu tun hat, was wir heute unter Polizei verstehen. Was damals unter dem Namen „police" als eine Staatsaufgabe erschien, würden wir heute als drei verschiedene Aufgabenbereiche in der Kompetenz von mindestens drei Ministerien betrachten: 1. Sauberkeit (vgl. das italienische Wort „pulizia"), d.h. öffentliche Hygiene, Gesundheit, auch soziale Ordnung; 2. Sicherheit (bis heute die eigentliche Aufgabe der Polizei); 3. Reichtum des Staates (opulence of the state), konkret bedeutet das die Sorge für ein ausreichendes Angebot bezahlbarer Güter. Während Smith die Fragen der Sauberkeit und Sicherheit, zumindest im Rahmen einer Vorlesung über Rechts- und Staatswissenschaft, vernachlässigen zu können glaubt, geht er auf ökonomische Fragen ausführlich und auf eine Weise ein, die viele der Einsichten seines späteren Hauptwerkes vorwegnimmt. Die dritte der von Smith unterschiedenen Aufgaben heißt *revenue*, d.h. dafür zu sorgen, daß die Regierung über genügend *Einkünfte* verfügt, um ihre Tätigkeiten zu finanzieren. Smith behandelt also nicht nur wirtschafts-, sondern auch finanzpolitische Fragen wie die nach der effizientesten und gerechtesten Art, Steuern zu erheben. Am Ende seiner Vorlesung scheint Smith unter dem Titel *arms* – wenn auch nur kurz – Probleme der Landesverteidigung, der Organisation des Militärs, aber auch des Völkerrechts behandelt zu haben (LJB 334–358; die entsprechenden Abschnitte fehlen in LJA).

2. Der Anspruch der Rechtstheorie

„Rechtswissenschaft (jurisprudence) ist die Theorie der Regeln, nach denen bürgerliche Regierungen (civil governments) geführt werden sollten. Sie versucht die Grundlage der verschiedenen Regierungssysteme in verschiedenen Ländern zu erklären und zu zeigen, inwiefern sie in der Vernunft begründet sind" (LJA i.I), so lauten die Anfangssätze der Vorlesung von 1762/63. Ein Jahr später beginnt Smith die gleiche Vorlesung mit einer Definition der Jurisprudenz als der „Wissenschaft, die die allgemeinen Prinzipien untersucht, welche die Grundlage der Gesetze aller Nationen sein sollten" (LJB1). Aus diesen Begriffsbestimmungen geht eindeutig hervor, daß Smiths Rechtstheorie normativ ist. Sie begnügt sich nicht damit, Rechts- und Regierungssysteme in verschiedenen Staaten zu vergleichen. Sie mißt sie an der Vernunft, d. h. an Normen, die in allen Nationen Geltung haben sollten. Damit stellt sich die Frage nach dem Verhältnis Smiths zum Naturrecht.

Smith verstand sich selbst als Naturrechtstheoretiker, aber offenbar sah er sich auch auf diesem Gebiet – ähnlich wie auf dem der Ethik – so sehr als Neuerer, daß er nicht die Kontinuität, sondern die Unterschiede zu seinen Vorgängern betont. Das geht aus einigen selbstbewußten Sätzen gegen Ende der *Theorie* und am Anfang der Vorlesungen hervor. Das Naturrecht (natural jurisprudence), so heißt es dort (TMS VI.ii.intro.2), sei „von allen Wissenschaften die bei weitem bedeutendste, aber bisher vielleicht die am wenigsten entwickelte." Dies ist eine seltsame Aussage zu einem Zeitpunkt, der bereits auf über hundert Jahre des modernen Naturrechts zurückzublicken erlaubt. Dennoch scheint es sich um keine zufällige, sondern um eine wohlüberlegte Aussage zu handeln. Grotius – schreibt Smith – sei der erste gewesen, der ein System naturrechtlicher Prinzipien entwickelt habe, und seine Abhandlung über das Recht des Krieges und des Friedens sei bis heute, trotz ihrer Unvollkommenheiten, das vollständigste Werk auf diesem Gebiet (TMS VII.iv.37). Nach ihm kämen Hobbes und Pufendorf, deren Denken jedoch – wegen der damals alles beherrschenden Probleme im Verhältnis von Religion und Politik, Kirche und Staat – zu einseitig sei: Hobbes mache den Willen des Souveräns zum einzigen Maßstab des Verhaltens der Bürger, Pufendorf dagegen erfinde Rechte und Pflichten im Naturzustand, obwohl es sinnlos sei, etwa über Eigentum und seine Übertragung im Naturzustand nachzudenken, „da es einen solchen Zustand nicht gibt“ (LJB 3). Die kurze Genealogie des modernen Naturrechts, die Smith seinen Studenten in der Einleitung vorträgt, endet mit dem Hinweis auf den preußischen Baron von Cocceius. „Ansonsten gibt es keine bemerkenswerten Systeme zu diesem Thema“ (LJB 4).

Erstaunlich an dieser Kurzgeschichte ist, daß nur wenige Autoren herausgegriffen und relativ herablassend behandelt, andere dagegen – wie Locke und Selden, Thomasius und Wolff, Barbeyrac und Vattel – vollständig ignoriert werden. Am seltsamsten aber mutet es an, daß Smith seine Vorgänger auf der Professur für Moralphilosophie nicht erwähnt. Gershom Carmichael (1672–1729) lehrte seit 1694 als einer der „Regents“, seit 1727 als erster Professor für Moralphilosophie in Glasgow. Er hatte 1718 mit einer sorgfältig kommentierten Ausgabe von *De officio hominis et civis* Pufendorf in Schottland eingeführt. Hutcheson schätzte diese Ausgabe sehr und orientierte sich in seinen eigenen Naturrechtsvorlesungen zunächst weitgehend an Pufendorf (Leidhold 1985, 29f., 49). Auffallenderweise empfiehlt Smith seinen Studenten nicht einmal die beiden Naturrechtstraktate Hutchesons – die aus dem Lateinischen übersetzte *Short Introduction to Moral Philosophy* (1747) und das posthum erschienene *System of Moral Philosophy* (1755) –, obwohl er, als er mit der Lehre in Glasgow begann, das erstere dieser Werke als Vorlage seiner eigenen Naturrechtsvorlesung benutzte (Ross 1995, 112).

Vermutlich entspringt der mangelnde Respekt, mit dem Smith seine Vorläufer behandelt, dem Anspruch der eigenen Originalität. Wie wir sehen werden, wollte Smith eine Synthese von Grotius und Montesquieu, von Naturrecht und Naturgeschichte, auf einem neuen theoretischen Fundament begründen. Vom Naturrecht übernahm er den Anspruch der normativen Vernunft: Der Rechtstheoretiker sollte die Maßstäbe zur Beurteilung des positiven Rechts kennen, also auch Kritik am bestehenden Recht und an konkreten Regierungsformen üben können. Hinzu kommt die Einsicht, daß Recht und Politik nicht unmittelbar und unter allen Umständen auf gleiche Weise beurteilt werden können. Wer Gesetze verstehen will, muß die historischen und sozialen Umstände kennen, unter denen sie entstanden sind. Wie John Millar schreibt, folgte Smith in dieser Hinsicht dem Ansatz Montesquieus, indem er den langsamen Fortschritt der Rechtsordnungen von den einfachsten bis zu den zivilisiertesten Gesellschaften untersuchte und dabei besonders auf den Einfluß achtete, den Arbeitsformen und Eigentumsverhältnisse auf die Veränderungen im Recht und in der Politik haben (in EPS 274–275). Die Konsequenz, mit der Smith dabei die Vier-Stadien-Theorie der Entwicklung zur Anwendung brachte, führte ihn wohl in den eigenen Augen über die in dieser Hinsicht mehr zufälligen und unsystematischen Bemerkungen Montesquieus hinaus. Schmerzlich muß ihn deshalb berührt haben, daß andere in ihren Veröffentlichungen von Einsichten seiner historischen Rechtstheorie Gebrauch machten, die er seit seiner Edinburgher Vorlesung von 1749 immer wieder mündlich formulierte, aber erst im *Wohlstand* (1776) teilweise publizierte. Das gilt für Lord Kames' *Historical Law Tracts* (1758), Fergusons *Essay on the History of Civil Society* (1767), Robertsons große kulturhistorische Einleitung zu seiner *History of the Reign of the Emperor Charles V.* (1769) und Millars *Origin of the Distinction of Ranks* (1771). Smith soll sehr eifersüchtig über sein geistiges Eigentum gewacht haben, Ferguson und Robertson verdächtigte er des Plagiats (Ross 1995, 105–107, 125, 191, 230). Als John Millar im Jahre 1787 sein Werk *Historical View of the English Government* herausbrachte, in dem er die Vier-Stadien-Theorie zur Erklärung der englischen Geschichte gebraucht hatte, machte er seinem Lehrer folgendes Kompliment: Ich hatte „früh im Leben den Vorzug, seine Vorlesungen über die Geschichte der bürgerlichen Gesellschaft zu hören und im vertrauten Gespräch über den selben Gegenstand mit ihm reden zu können. Der große Montesquieu zeigte den Weg. Er war der Lord Bacon in diesem Zweig der Philosophie. Dr. Smith ist der Newton“ (zit. in EPS 275).

Der hohe Anspruch macht neugierig: Welche naturrechtlichen Normen vertritt Adam Smith? Woher gewinnt er sie? Wie begründet er sie? Wie verbindet er den universellen Anspruch von Normen, die in allen Staaten gelten sollten, mit der Einsicht in die historische und soziale Bedingtheit aller konkreten Rechtsordnungen und Regierungssysteme? Gibt seine Entwicklungstheorie die Antwort? Geschichte als Fortschritt des Rechtsbewußtseins? Nur ein Teil dieser Fragen läßt sich mit Smith beantworten – vielleicht ein Indiz der Probleme, die den Abschluß der Theorie und Geschichte des Rechts und der Regierung immer wieder verzögerten.

3. Zur Begründung und Einteilung von Rechten

Zu Beginn seiner Vorlesung macht Smith seine Studenten mit einigen Grundbegriffen der Rechtswissenschaft vertraut. Er unterscheidet zwischen Rechten des Menschen als Menschen, als Mitglied einer Familie, als Bürger eines Staates – und dementsprechend zwischen den Bereichen des Privatrechts, des Hausrechts und des öffentlichen Rechts. Er spricht von vollkommenen (perfect) und unvollkommenen (imperfect), natürlichen (natural) und hinzukommenden (adventitious), dinglichen (real) und persönlichen (personal) Rechten und Pflichten. Er verweist auf die seit dem römischen Recht bekannte Unterscheidung der fünf legitimen Erwerbsarten von Eigentum (occupation, accession, prescription, succession, voluntary transference) und erinnert an die auf Aristoteles und die Scholastik zurückgehende Unterscheidung zwischen kommutativer und distributiver Gerechtigkeit. Ob Smith seine Studenten darauf aufmerksam gemacht hat, daß er mit diesen Begriffen und seiner Art ihrer Verwendung auf Traditionen zurückgreift, aber auch in aktuelle Diskussionen eingreift, läßt sich nur in wenigen Fällen mit Sicherheit sagen. Daß Smith selbst sich dieses Kontexts bewußt war, ergibt sich aus dem Inhalt seiner Schriften und aus den Beständen seiner Privatbibliothek, die zum Thema Recht und Gerechtigkeit u.a. folgende Werke enthielt: Platons *Politeia*, die *Nikomachische Ethik* und die *Politik* des Aristoteles, Ciceros *De finibus* und *De officiis*, Grotius' *De iure belli ac pacis*, Hobbes' *De cive* und *Leviathan*, Pufendorfs *De iure naturae et gentium*, Lockes *Treatises of Civil Government*, den Grotius-Kommentar des Cocceius, Vattels *Le Droit des Gens*, darüber hinaus die Werke von Hutcheson, Lord Kames und natürlich Hume (vgl. Mizuta 1996). Um zu begreifen, inwiefern Smith sich als Erneuerer einer bestimmten Tradition des modernen Naturrechts verstand, müssen wir versuchen, bei der Interpretation seiner Rechtstheorie diesen ideengeschichtlichen und zeitgenössischen Kontext im Auge zu behalten.

In den Schriften der neuzeitlichen Naturrechtsdenker erscheinen Rechte entweder als primäre oder als abgeleitete Größe. Für Pufendorf und seine Anhänger gehen alle natürlichen Normen auf den Willen Gottes zurück. Die natürlichen Gesetze (leges naturales) sind Gebote und Verbote Gottes, die mit Hilfe der Vernunft, also auch ohne die Gnade des Glaubens, eingesehen werden können. Aus diesen Gesetzen folgen Pflichten (officia): Pflichten des Menschen gegen Gott, gegen sich selbst, gegenüber den Mitmenschen. Rechte erscheinen in diesem Zusammenhang als Objekte von Pflichten: Ein Mensch hat Rechte, weil und sofern ein Gesetzgeber (letztlich Gott) es anderen zur Pflicht macht, ihn zu respektieren. Bei Grotius und seinen Anhängern dagegen steht an erster Stelle das natürliche Recht (ius naturale) im Sinne einer moralischen Eigenschaft von Personen, die es diesen Personen erlaubt, bestimmte Dinge zu haben oder zu tun (*De iure belli ac pacis* Buch I, Kap. 1, §4.1). Daraus ergeben sich Pflichten anderer, diese Rechte zu respektieren. Natürliche Gesetze sind Verallgemeinerungen solcher Rechte und Pflichten, die auch Geltung besäßen, wenn es Gott nicht gäbe (etsi Deus non daretur).

Smith steht in der Tradition von Grotius. Wie dieser geht er vom Primat der Rechte aus. Jeder Mensch hat Rechte, die vom Mitmenschen zu respektieren, vom Staat zu schützen sind. Für Smith sind diese Rechte in der Verletzbarkeit des Menschen begründet: Der Mensch ist ein in vieler Hinsicht verletzbares Wesen und bedarf des Schutzes. Aus den Arten der Verletzbarkeit leitet Smith die Einteilung der Rechte ab: Menschen sind physisch, psychisch und in ihren äußeren Lebensumständen verletzbar. Daraus ergeben sich: Das Recht auf Leben und Gesundheit, das Recht auf einen guten Ruf (reputation), das Recht auf Eigentum (LJA i.12; LJB 6). Neben diesen Rechten, die dem Menschen als Menschen zukommen (der Bereich des Privatrechts), gibt es Rechte, die der Mensch als Mitglied einer Familie oder als Bürger eines Staates besitzt (die Bereiche des Hausrechts und des öffentlichen Rechts). „Als Mitglied einer Familie kann er verletzt werden als Vater, als Sohn, als Ehemann oder Frau, als Herr oder Knecht, als Vormund oder Mündel ... Als Mitglied eines Staates kann die Obrigkeit verletzt werden durch Ungehorsam, der Untertan durch Unterdrückung etc." (LJB 6–7).

In der Vorlesung von 1762/63 weist Smith darauf hin, daß die Rechte, die dem Menschen als Menschen zukommen, auch als „natürliche Rechte" bezeichnet werden, im Gegensatz zu „hinzukommenden Rechten", die erst auf Grund bestimmter menschlicher Handlungen – etwa Versprechen, Verträge – zustande kommen. Smith erwähnt hier Pufendorf, meint aber wohl Hutcheson (Pufendorf spricht in diesem Zusammenhang nur von Pflichten, Hutcheson von Rechten – vgl. LJA i.12 Anm.). In der Vorlesung von

1763/64 präzisiert er, daß Eigentumsrechte zwar Rechte des Menschen als Menschen sind, aber keine natürlichen Rechte (LJB 8). Denn Eigentümer ist man nicht von Natur, sondern wird man nur auf Grund bestimmter eigener oder fremder Willensakte und Handlungen. Hinzu kommt, daß das Recht auf Leben, Freiheit, guten Ruf gewöhnlich für alle evident und unumstritten ist, während Eigentumsrechte komplex und umstritten sind und daher genauer Regelungen bedürfen. Eigentumsrechte sind also „adventitious rights“, die genaue und autoritative Regelungen, letztlich eine politische Ordnung voraussetzen (LJB 11).

Smith entwickelt keine Theorie des Naturzustands. Anders als Hobbes, Pufendorf, Locke oder Hutcheson interessiert ihn der Naturzustand weder als historischer Urzustand noch als normativer Maßstab zur Beurteilung bestehender Gesetze und Institutionen. Die Vorlesungen beginnen zwar mit dem Hinweis auf Rechte, die zum Menschen als Menschen gehören: Jeder Mensch habe ein Recht auf Leben, Freiheit, seinen guten Ruf, sein Eigentum, oder anders formuliert ein Recht „auf den freien Gebrauch seiner Person (free use of his person) und ..., das zu tun, was er will, wenn es sich nicht als schädlich für irgendeine andere Person erweist“ (LJA i.13). Doch Smith bezeichnet diese Rechte nicht als „Menschenrechte“, sondern als „Privatrechte“. Seine Rechtstheorie steht nicht im Rahmen einer Theorie der natürlichen Normen, die unabhängig von allen staatlichen Ordnungen Geltung beanspruchen, sondern im Rahmen einer Theorie der Aufgaben, die von den Regierungen aller Staaten zu erfüllen sind: „Das erste und hauptsächliche Ziel aller bürgerlichen Regierungen ist, wie ich schon bemerkt habe, die Rechtsordnung unter den Mitgliedern des Staates zu erhalten ... die Rechtsordnung ist verletzt, wenn jemandem etwas vorenthalten wird, wozu er ein Recht hatte und was er rechtmäßig von anderen verlangen konnte oder wenn wir ihm schaden oder ihn verletzen, ohne einen Grund dafür zu haben“ (LJA i.9).

Hier ist an Smiths Ausführungen über die Tugend der Gerechtigkeit in der *Theorie der moralischen Gefühle* zu erinnern: Gerechtigkeit sei eine „negative Tugend“. Gerecht zu sein bedeute nicht etwa, Gutes zu tun, mehr Gleichheit zu schaffen oder Ähnliches, vielmehr die Rechte anderer nicht zu verletzen. Die Objektivität von Werturteilen über gerechte und ungerechte Handlungen sei darin begründet, daß jeder unparteiische Zuschauer mit dem Vergeltungsgefühl derer sympathisieren könne, deren Rechte verletzt werden. Smith beschränkt die Gerechtigkeit auf das, was die scholastischen Philosophen im Anschluß an Aristoteles „kommutative Gerechtigkeit" nannten: Die Rechte anderer respektieren und vertragliche Vereinbarungen einhalten! Dabei spielt der traditionelle Gedanke, das Kriterium der Gerechtigkeit von Verträgen sei die Gleichwertigkeit von Leistung und Gegenleistung bzw. die Gleichwertigkeit der getauschten Gegenstände, gar keine Rolle mehr. Smith scheint darüber ähnlich wie Hobbes gedacht zu haben, der in *Leviathan* I, 15 fast erstaunt formuliert: „Als wäre es ungerecht, teurer zu verkaufen als einzukaufen... Der Wert aller Gegenstände eines Vertrags bemißt sich nach dem Verlangen der Vertragspartner, und deshalb ist der gerechte Wert der, den sie zu zahlen bereit sind" (Hobbes 1984, 115). Wie Menschen die Güter verteilen, über die sie verfügen, ist für Smith eine Frage der Klugheit oder Wohltätigkeit, nicht der Gerechtigkeit im engeren Sinne (auch wenn er den traditionellen Ausdruck „distributive Gerechtigkeit" dafür verwendet – vgl. TMS VII.ii.1.10).

Diesen Überlegungen über die Tugend der Gerechtigkeit entspricht in Smiths Rechtstheorie die Unterscheidung zwischen „perfect" und „imperfect rights": Vollkommene Rechte sind Freiheiten, die verteidigt, bzw. Ansprüche, die erzwungen werden dürfen. Unvollkommene Rechte sind Bedürfnisse, die artikuliert, Wünsche, die vorgetragen werden dürfen. Sie können aber nicht eingefordert und erzwungen werden und sind deshalb keine Rechte im eigentlichen Sinne. So hat z.B. ein Arzt ein vollkommenes Recht darauf, seinen guten Ruf gegen jemanden zu verteidigen, der behauptet, er bringe seine Patienten um, statt sie zu heilen. Nur unvollkommen dagegen ist sein Recht, von anderen als der beste Arzt der Stadt bezeichnet zu werden, selbst wenn es stimmt. Ein Gläubiger hat ein vollkommenes Recht, seine Schulden zu den vereinbarten Bedingungen einzutreiben, auch wenn er das Geld nicht nötig braucht; der Bettler hat nur ein unvollkommenes Recht auf ein Almosen, auch wenn er es nötig braucht (LJA i.13–16).

Wir finden also in Smiths Rechtstheorie die typischen Einsichten seiner Theorie der Gerechtigkeit wieder. Gerecht zu sein bedeutet, die vollkommenen Rechte der anderen zu respektieren. Aufgabe jedes Staates ist es, eine Rechtsordnung einzurichten und zu erhalten, in der die vollkommenen Rechte der Individuen geschützt sind. Gerechtigkeit in diesem Sinne ist eine minimale, aber fundamentale

Tugend. Ebenso ist der Rechtsschutz eine minimale, aber fundamentale Staatsaufgabe. Smith findet Bilder und Vergleiche, um die Wichtigkeit der Gerechtigkeit und des Rechts im Zusammenleben der Menschen zu verdeutlichen: Gerechtigkeit sei das Fundament, Wohltätigkeit das Ornament der Gesellschaft (TMS II.ii.3.4). Welche vollkommenen Rechte ein Mensch habe, könne durch die Jurisprudenz mit derselben Exaktheit festgelegt werden wie die Regeln der Grammatik durch die Sprachwissenschaft; was die Ethik ansonsten an Ratschlägen über die Voraussetzungen eines guten Lebens geben könne, entspräche den viel weniger genauen Stilregeln der Ästhetik (TMS III.6.11 und VII.iv.1).

Mit seinen Ausführungen zum Thema Recht und Gerechtigkeit tritt Smith in eine innerschottische Diskussion ein, deren Wurzeln zu den Naturrechtsdenkern des 17. Jahrhunderts und darüber hinaus zu Cicero und der römischen Stoa, letztlich zu Platon und Aristoteles zurückführen. Die natürlichen Rechte des Individuums zum Ausgangspunkt der Jurisprudenz, den Respekt vor diesen Rechten zum entscheidenden Kriterium der Gerechtigkeit zu machen, ist eine moderne Idee, die sich vor Grotius nur ansatzweise bei einzelnen Theologen des 15. und 16. Jahrhunderts (Gerson, Molina, Suarez) findet – Autoren, die Grotius gewiß, Smith vermutlich nicht kannte (Tuck 1979). Bedenkt man, daß weder Pufendorf noch Locke, weder Hutcheson noch Hume vom Primat der Rechte ausgehen, ist die Bedeutung von Grotius und seinem Kommentator Cocceius für Smith durchaus verständlich. Interessanterweise hebt Smith Grotius nicht als Vater des Völkerrechts hervor, sondern als den, der das erste und bisher vollständigste „system of natural jurisprudence" entwickelt habe (LJB 1). Die Unterscheidung von vollkommenen und unvollkommenen Rechten konnte Smith von Grotius übernehmen, ebenso die Zuordnung der kommutativen Gerechtigkeit zu den vollkommenen, insbesondere den vertraglich festgelegten Rechten, der distributiven Gerechtigkeit zu den unvollkommenen Rechten, also zum Bereich des Wünschbaren und der Wohltätigkeit (Grotius, *De iure belli ac pacis* I.1§§5–8; vgl. den entspr. Hinweis auf Grotius in TMS VII.ii.1.10). Bei Hutcheson dagegen werden Rechte davon abhängig gemacht, ob sie dem Gemeinwohl dienen. Die Unterscheidung von vollkommenen und unvollkommenen Rechten wird zwar eingeführt, sofort aber auch relativiert (Hutcheson 1968, Buch II. Kap. 3).

Unter seinen Zeitgenossen steht Smith vermutlich Lord Kames am nächsten. Wie dieser in seinen *Essays on the Principles of Morality and Natural Religion* (1751) unterscheidet er zwischen Rechts- und Liebespflichten, erzwingbaren und wünschbaren Handlungen, Gerechtigkeit und Wohlwollen. Aber anders als dieser akzeptiert er keinen natürlichen Sinn für Gerechtigkeit im Sinne eines allgemeinen Gefühls der Verpflichtung gegenüber Eigentum und Verträgen. Auf der anderen Seite will er aber auch nicht, wie Hume in seinem *Treatise of Human Nature* (1739/40), von Gerechtigkeit als einer „künstlichen Tugend" sprechen, die kein natürliches Motiv hat und durch die Erfahrung des Nutzens von Rechtsregeln entsteht. Für Smith hat, wie wir gesehen haben, das Gefühl für Recht und Unrecht ein ganz natürliches Motiv: das Vergeltungsgefühl derer, denen Unrecht geschieht. Der Nutzen von Rechtsregeln sei zwar unbestreitbar, ja sie seien für das Bestehen einer Gesellschaft unverzichtbar, aber die Einsicht in diesen Nutzen komme relativ spät, könne daher auch nicht die Wirkursache ihrer Entstehung sein (TMS II.ii.3.5–6). Bei dieser Kritik an Humes Utilitarismus stimmt Smith mit Lord Kames überein, auf den er als „an author of very great and original genius" anspielt (II.ii.1.5; vgl. Forbes in Campbell/Skinner 1982, 197–204).

Nachdem Smith auf den ersten Seiten seiner Vorlesung eine Analyse der wichtigsten Grundbegriffe der Rechtswissenschaft vorgelegt hat, könnte man erwarten, daß er im folgenden unmittelbar das einlöst, was er als Aufgabe der „natural jurisprudence" bezeichnet hat: den Inhalt der Rechte und Regeln zu nennen, die in allen Staaten Geltung haben sollten. Das Gegenteil ist der Fall. Er behandelt die Probleme des Privatrechts, des Hausrechts und des öffentlichen Rechts im Rahmen einer „Geschichte der bürgerlichen Gesellschaft" (John Millar).

4. Geschichte des Rechts und der Regierungsformen

Die Aussage, in Smiths Rechtstheorie spiele der Naturzustand keine Rolle, bedarf der Ergänzung. Denn Smith bezweifelt nicht, daß es vorstaatliche Zustände gegeben habe und gäbe, also relativ kleine und einfach strukturierte Gesellschaften ohne eine ständige Regierung (regular government). Er bezweifelt aber, daß aus der

Beschreibung solcher Gesellschaften und der in ihnen geltenden Normen Maßstäbe zur Beurteilung rechts- und staatsförmiger Gesellschaften gewonnen werden könnten. Denn typisch für diese einfachen Gesellschaften ist es, daß sich die Probleme, zu deren Lösung eine Rechtsordnung und eine Regierung erforderlich sind, gar nicht stellen. Es handelt sich um Gesellschaften von Jägern, Fischern und Sammlern, deren Eigentum den Wert von zwei oder drei Tagen Arbeit nicht übersteigt. In ihnen kann es zwar gelegentlich zu Streit kommen (etwa um Frauen oder um die Jagdbeute), und es gibt deshalb Regeln der gemeinschaftlichen Streitschlichtung. Aber einen grundsätzlichen Anlaß zu Streit und – als Antwort darauf – zur Festlegung von Rechten und Pflichten, zur Einrichtung von Institutionen der autoritativen Streitschlichtung gibt es erst, wenn größeres Eigentum in den Händen eines Einzelnen oder einer Gruppe die Begehrlichkeit und den Neid anderer Individuen oder Gruppen erwecken. „Eigentum und bürgerliche Regierung hängen sehr voneinander ab. Die Erhaltung des Eigentums und die Ungleichheit des Besitzes haben sie (die Regierung, K.B.) hervorgebracht und der Zustand des Eigentums muß sich mit der Form der Regierung stets verändern" (LJB 11).

Smith entwickelt seine Rechts- und Staatsphilosophie im Rahmen einer Geschichte der menschlichen Arbeit. Wenn es darum geht, die verschiedenen Erwerbsformen des Eigentums zu erklären, die Rechte und Pflichten von Mann und Frau, von Eltern und Kindern, von Herren und Knechten, von Obrigkeiten und Bürgern zu beschreiben, aber auch die Fragen der Finanzierung von Militär, Bildungseinrichtungen oder Gerichten zu diskutieren – in jedem Fall geht er historisch an das Thema heran, um zu zeigen, wie die entsprechenden Probleme frühestens in nomadischen Hirtengesellschaften auftreten konnten, wie sie sich in Agrargesellschaften darstellten, wie sie bis heute in „commercial societies" – also in Gesellschaften, in denen der Handel die bestimmende Wirtschaftsform ist – in Erscheinung treten.

Smith bedient sich also der Vier-Stadien-Theorie, die er nicht erfinden mußte, weil sie sich in Ansätzen bereits bei einigen ihm bekannten Autoren des 17. und 18. Jahrhunderts findet (vgl. MacCormick in Campbell/Skinner 1982, 160f.): z.B. in Lord Stairs *Institutions* (Buch II) und in Montesquieus *De l'esprit des lois* (Buch 18, Kap. 8). Was Smith von den früheren Autoren unterscheidet, ist, daß er diese Theorie ganz ausdrücklich formuliert und systematisch anwendet. Er geht davon aus, daß jede menschliche Gesellschaft im Verlauf ihrer Entwicklung naturgemäß diese vier Stadien durchschreitet. Seinen Studenten erklärt er das am Beispiel von „zehn oder zwölf Personen unterschiedlichen Geschlechts, die sich auf einer unbewohnten Insel niederlassen". Zunächst würden sie sich von wilden Früchten, Tieren und Fischen ernähren. Doch sobald sich ihre Zahl vermehrt hat, würden sie nach einer sicheren Lebensgrundlage Ausschau halten. Sie würden bald darauf kommen, einige der Tiere, die sich fangen lassen, am Leben zu erhalten und zu vermehren. Erst später würden sie darauf kommen, eßbare Pflanzen zu kultivieren, denn das verlangt mehr Geschick. „Wir finden deshalb, daß in fast allen Ländern die Epoche der Hirten der des Ackerbaus vorangeht." Mit der Zeit würde sich nicht nur ihre Zahl vermehren, sondern auch ihre Bedürfnisse verfeinern, und sie würden entdecken, daß es sich besser lebt, wenn jeder nur die Arbeiten verrichtet, zu denen er sich hingezogen fühlt, und seine überschüssigen Produkte gegen die der anderen tauscht. Wenn der Vorteil von Arbeitsteilung und Tausch einmal entdeckt ist, breiten sie sich von selbst aus. „So beginnt schließlich die Epoche des Handels" (LJA i.27–32).

Die Vier-Stadien-Theorie dient Smith als Interpretationsrahmen, um die Geschichte von Rechts- und Regierungsformen zu deuten. Das Schema, das am hypothetischen Beispiel der Menschengruppe auf einer Insel unmittelbar einleuchtet, läßt sich an der realen Geschichte bestimmter Gesellschaften nicht so gut nachweisen, weil häufig die Frühgeschichte nicht ausreichend dokumentiert ist und weil die spätere Geschichte nicht selten vom „natürlichen Lauf der Dinge" abweicht. Deshalb wählt Smith Beispiele aus verschiedenen Ländern und Kulturen, um die vier Epochen zu beschreiben.

Als Hauptbeispiel der *Jäger* und *Sammler* dienen die nordamerikanischen Indianer, die Smith aus Reisebeschreibungen kannte, daneben aber auch die Schotten, Pikten und Sachsen zur Zeit Caesars oder die Germanen, wie sie von Tacitus geschildert werden. Sie alle fallen unter den Sammelbegriff „wilde Völker" (savage nations), im Unterschied zu den Hirtennomaden, die Smith in der Regel als „barbarische Völker" (barbarous nations) bezeichnet. Wilde haben kaum Eigentum, deshalb auch keine Rechtsordnung, die Eigentumstitel festlegt und den Erwerb von Eigentum regelt. Eine ständige Regierung gibt es nicht. Wenn etwas von allen zu entscheiden ist (etwa Jagd- oder Beutezüge), dann nach gemeinsamer Beratung, also demokratisch (LJA iv.4). Autorität kann sich nur auf Grund persönlicher Fähigkeiten (wie Erfahrung, Mut, Stärke) herausbilden, aber nicht in Familien oder Institutionen verfestigen. Mangels einer starken Regierung ist auch das Strafrecht unterentwickelt. Mord wird nicht mit dem Tod bestraft, wie „in allen zivilisierten Völkern", sondern durch Geschenke an die Familie des Ermordeten wiedergutzumachen gesucht (LJA ii.95–97). Was das Verhältnis zwischen Männern und Frauen, Eltern und Kindern, Herren und Knechten angeht, so bleiben Smiths Ausführungen zu dieser Epoche unspezifisch. Seine allgemeine These für die „frühen Völker" Europas lautet, daß die Herrschaft der Männer über die Frauen, der Väter über die Kinder, der Herren über die Sklaven absolut gewesen sei, bis sich der Einfluß des Christentums zugunsten der Schwächeren geltend machte (LJ iii passim). Doch bemerkt er, daß die Frauen bei den Indianern keineswegs Sklavinnen sind. Zwar spielten sie als Objekt der Begierde anscheinend keine große Rolle, doch dafür berieten sie im Kriegsrat mit den Männern. Im heutigen Europa, sagt Smith, sei es umgekehrt. „In modernen Zeiten genießen Frauen geringen Respekt. Man schont sie nur, um ihre Schönheit nicht zu verderben" (LJB 105).

Smiths Haltung gegenüber wilden Völkern ist alles andere als romantisch. Zwar bezweifelt er keinen Moment, daß es sich um Menschen handelt, und kritisiert die europäischen Eroberer, die die Rechte der amerikanischen Urbevölkerung verletzt haben (WN IV.vii.a.15 und b.59). Aber er sieht keinerlei Vorzüge im freien Leben der Wilden. Ihre Art Krieg zu führen achtet er gering (LJA iv.38), ihre Armut bedauert er. „Unter den Wilden gibt es keine Grundherren oder Wucherer oder Steuereintreiber, so daß jeder im vollen Besitz der Früchte seiner Arbeit ist und den größten Überfluß genießen sollte; tatsächlich ist es ganz anders" (LJA vi.24). Ähnlich wie Locke scheut er nicht den Vergleich zwischen den vielen Lebensmitteln, über die ein englischer Tagelöhner auf Grund der Arbeitsteilung verfügt, und dem jämmerlichen Besitz eines Indianerhäuptlings, „Herr über 1000 nackte Wilde" (LJA vi.21).

Als Hauptbeispiel einer *Hirtengesellschaft* dienen immer wieder die Tartaren, daneben aber auch Araber und Mongolen, ebenso die von Homer geschilderten Griechen oder die Juden im Zeitalter der

Patriarchen. Die Herden sind wertvolles Eigentum, das – ebenso wie die Weidegründe – zum Zankapfel zwischen Individuen und Gruppen werden kann. Eine Eigentumsordnung muß eingerichtet werden, und zugleich entstehen Regierungen, denn deren Zweck ist es, das Eigentum zu sichern. Ähnlich wie bei Locke und Rousseau, anders als z.B. bei Hume, lautet Smiths unverblümte Erklärung des Ursprungs aller Politik: „Gesetze und Regierung können in diesem, ja in jedem Fall als eine Kombination der Reichen zur Unterdrükkung der Armen angesehen werden, um für sich selbst die Ungleichheit der Güter zu erhalten, die sonst bald durch die Angriffe der Armen zerstört würde, die – wenn sie nicht durch die Regierung gehindert würden – die anderen bald durch offene Gewalt zu einer Gleichheit mit sich selbst zurückführen würden" (LJA iv.23). Die höchste Autorität liegt hier naturgemäß beim Besitzer der größten Herde, und er übt diese Autorität zum Schutz seiner Sippe und der Herde aus. Der „great herdsman", ein Patriarch oder Stammesführer, befiehlt im Krieg und ist oberster Richter. Als Verbrechen gelten Verrat und Feigheit vor dem Feind sowie Diebstahl und Mord. Diebstahl wird in der Regel mit dem Tod, Mord oft weniger streng bestraft (LJA iv.27).

Smiths politische Theorie kommt mit relativ einfachen Kategorien aus. Er unterscheidet drei Regierungsgewalten, drei Regierungsformen und zwei Prinzipien oder Motive der Unterordnung unter einen Herrscher. Im Anschluß an Montesquieu unterscheidet er Legislative, Judikative und Exekutive, letztere identifiziert er mit Lockes föderativer Gewalt, also mit der Autorität, über Krieg und Frieden zu entscheiden. Nach der Zahl der Menschen, die diese Gewalten auf sich vereinen, unterscheidet er Monarchie, Aristokratie und Demokratie, wobei die beiden letzteren auch unter dem Namen Republik zusammengefaßt werden können (LJA iv.1–3; LJB 18–19). Autorität (authority) und Nutzen (utility) sind die beiden Motive, die zur Unterordnung der Menschen unter Regierungen führen, wobei in Monarchien mehr das Prinzip der Autorität, in Demokratien mehr das des gemeinsamen Nutzens zum Tragen komme (LJB 12–15). Das Prinzip der Autorität wird noch einmal unterteilt in vier Ursachen, die zur Unterordnung führen können: persönliche Fähigkeiten, Alter und Erfahrung, Reichtum, vornehme Geburt (WN V.i.b.5–8). Mit Hilfe dieser Begriffe und Unterscheidungen erklärt Smith die weitere Entwicklung von Recht und Politik.

Judikative und Exekutive findet man nach Smith bereits am Ursprung des Staates, die Legislative kommt erst später dazu. Am Anfang genügen die Sitten, die es im konkreten Fall auszulegen und anzuwenden gilt. Frühe Herrscher sind vor allem Richter, im Kriegsfall auch Feldherren. Die Frühgeschichte der Staaten ist für Smith vor allem eine Geschichte der Gerichtsbarkeit und der Kriegsführung.

Die Geschichte der Judikative erscheint in den *Vorlesungen* (z.B. LJA iv.27ff.) und im *Wohlstand* (V.i.b) einerseits als Entwicklung zur Konzentration und Spezialisation, andererseits als immer wieder unternommener Versuch der Überwindung von Korruption. In Jägergesellschaften sitzt das ganze Volk zu Gericht, in frühen Hirtengesellschaften der Stamm unter seinem Führer. Mit der Herausbildung von Monarchien wird der Alleinherrscher zum obersten Richter, der aber mit Anwachsen der Bevölkerung und der Konfliktstoffe zunehmend gezwungen wird, einen besonderen Richterstand einzurichten. In Hirten- und frühen Agrargesellschaften gehören die Geschenke, die dem Richter gebracht werden, zu den wichtigsten Einkünften des Herrschers. Wer ein großes Geschenk bringt, kann etwas mehr, wer ein kleines bringt, etwas weniger als Gerechtigkeit erwarten (WN V.i.b.14). Nachdem die Idee der Unparteilichkeit schon ursprünglich zum Amt des Richters gehört, ist die Korruption der Gerichte ein frühes Thema von Klagen, die Überwindung von Korruption ein immer wieder auftauchendes Programm von Reformen, die mit der Zeit zur Unabhängigkeit der Richter von den Launen der Herrscher und von den Zuwendungen der Kläger und Beklagten führen können.

Die verschiedenen Formen der Kriegführung nehmen in den *Vorlesungen* und im *Wohlstand* einen relativ breiten Raum ein (z.B. LJA iv. 39–40; LJB 37–53; WN V.i.a). Zunächst zeigt Smith sich beeindruckt vom Unterschied zwischen den Kriegszügen von Wilden und Barbaren. Völker, die von der Jagd leben, sind klein und relativ unbeweglich, ihre Kriege sind kurz und beschränken sich auf den Radius der bekannten Jagdgründe. Nomadenvölker dagegen sind autark und beweglich. Wenn sie sich unter einem Führer vereinigen, können sie ganze Kontinente erobern. Darüber hinaus weist er auf den Einfluß der Arbeitsformen auf die Kriegführung hin. Bei Jägern und Hirten sind alle Männer Krieger, von Jugend auf sind ihre Spiele Kriegsspiele, und sie fühlen sich jederzeit bereit zum Kampf.

Der Bauer führt ebenfalls ein Leben im Freien, ist abgehärtet und oft kriegerisch, aber seine Arbeit diktiert die Zeit, die er zum Kämpfen hat (im Sommer zwischen Saat und Ernte). Der Handwerker oder Händler dagegen ist weder kriegserprobt noch abkömmlich. Sobald er seinen Arbeitsplatz verläßt, ist seine Familie ohne Einkommen. Bedenkt man zudem die Entwicklung der Waffen- und Kriegstechnik, so ist die Entstehung von speziell ausgebildeten Milizen oder professionellen Söldnerheeren vorgezeichnet. Ein stehendes Heer in den Händen eines Monarchen ist eine ständige Bedrohung für die Freiheit der Bürger. Obwohl Smith diese Tatsache genau sieht und an Beispielen aus der Geschichte erklärt, nimmt er in dieser – für Schottland sensiblen – Frage doch klar Stellung für eine Berufsarmee. Weil sie allen anderen Formen technisch überlegen sei, führe kein Weg an ihr vorbei. Und in einer konstitutionellen Monarchie, in der die Freiheit zur Tradition geworden ist, stelle sie auch keine Bedrohung für die Bürger dar (WN v.i.a.).

Auf den ersten Blick könnte man meinen, Smith ordne den einzelnen Epochen der Entwicklung bestimmte Regierungsformen zu – etwa derart, als tendierten Jäger zur Demokratie, Hirten zu einer patriarchalischen Monarchie, Grundbesitzer zur Aristokratie, Handwerker und Händler zur demokratischen Republik. In Wirklichkeit ist seine Erklärung viel komplexer. Offenbar kann es innerhalb ein und derselben Epoche unterschiedliche Arbeits- und Eigentumsformen geben, aber daneben sind es auch noch ganz andere Faktoren (z.B. geographische, klimatische, Methoden der Kriegführung), die die Struktur von Herrschaft und Politik beeinflussen. So betont Smith, daß sich Hirtenvölker am Anfang demokratisch regierten (LJA iv.9). Er denkt an Schafhirten, die in Dörfern zusammenleben. Aber typisch für diese Epoche ist auch, daß rasch große Eigentumsunterschiede entstehen können, daß Eigentum vererbt wird, daß Reichtum und vornehme Geburt (aus einer seit langem reichen Familie) große Autorität verleihen. Die Könige Homers und die Patriarchen des Alten Testaments sind zwar nicht sehr mächtig, aber doch „like little petty princes" (LJB 20). Am anderen Ende des Machtspektrums in nomadischen Gesellschaften stehen Herrscher wie Dschingis Khan und Tamerlan. „The authority of an Arabian scherif is very great; that of a Tartar khan altogether despotical" (WN V.i.b.7).

Auch Agrargesellschaften können natürlich sehr unterschiedliche politische Strukturen aufweisen. Ein für Smith wichtiges Beispiel ist die Entstehung von befestigten Städten im antiken Griechenland. Zunächst gegründet, um Hirten und Herden bei Angriffen Schutz zu bieten, verändern sie mit der Zeit das Leben der Bevölkerung. Das Land um die Städte wird ein- und aufgeteilt, Ackerbau wird betrieben, Handwerk und Handel kommen hinzu. Die Vorsteher dieser Städte gewinnen Autorität gegenüber den Sippenältesten der umliegenden Dörfer und nennen sich Könige. Aber die Bürger der Städte werden selbst wohlhabend und einflußreich und bestreiten den Königen das Machtmonopol. Republiken entstehen, die zunächst aristokratisch verfaßt sind, aber dem Druck des Volkes zunehmend nachgeben müssen. Das Beispiel Roms steht nun im Vordergrund, auch wenn es darum geht zu erklären, „how liberty was lost", warum die Freiheit der Republiken den Militärmonarchien weichen mußte (Söldnerheere waren nach Smith die Hauptursache). Smith beschreibt aber auch das Ende des römischen Reiches und die Einrichtung der Feudalordnung durch die nomadisierenden Stämme, die das Erbe dieses Reiches antraten. Die Größe des Herrschaftsgebiets, die Größe der Ländereien, die einem Adeligen zum Lehen gegeben wurden, sowie die Unabhängigkeit und Macht dieser Adeligen hatten zur Folge, daß die politische Struktur des Feudalsystems aristokratisch sein mußte. In anderen Worten: Die Tatsache, daß Ackerbau betrieben wird, sagt über das Herrschaftssystem noch fast gar nichts aus. Nur Arbeits- und Eigentumsformen, zusammen mit anderen Faktoren, können dafür eine Erklärung geben.

Besonderes Interesse besitzt für Smith die Frage, warum und wie sich der Adel im ausgehenden Mittelalter selbst entmachtet hat, was einerseits zur Stärkung der Monarchien, andererseits zur Entstehung einiger Republiken, aber auch zur Entwicklung einer gemischten und freiheitlichen Regierungsform (wie in Großbritannien) führen konnte. Den Hauptgrund sieht er in der Entwicklung von Handwerk und Handel, die den Adel mit Luxusgütern versorgten. Statt die Einkünfte der großen Ländereien mit den eigenen Vasallen zu verprassen, ließ ein englischer Lord sich lieber Schlösser und Möbel bauen, importierte Damast und Glas aus Italien, Wein aus Frankreich und Spanien. Zu den ökonomischen und sozialen Folgen gehört die Vernachlässigung der Landwirtschaft, die Konzentration des Kapitals in den Städten (das Thema des dritten Buches des *Wohlstands*). Zu den politischen Folgen gehört der Aufstieg des Bürgertums, das von den Monarchen häufig in der Absicht privilegiert wurde, den Adel zu schwächen.

Ähnlich wie Hume (auf den er sich beruft), aber auch wie Lord Kames, Ferguson, Millar und Robertson (die er ignoriert), vertritt Smith die These, daß durch Handel und Manufakturen allmählich Ordnung und gute Verwaltung, aber auch Freiheit und Sicherheit der Individuen sich im Staate ausbreiten (WN III.iv.4). Denn die Herrscher sehen, daß Reichtum ins Land strömt, und sie verstehen, daß diejenigen, die diesen Reichtum erzeugen, nicht durch Krieg und Gewalt, Schikanen und überhöhte Steuern, Unterdrückung und Rechtsunsicherheit abgeschreckt werden dürfen. Smith zeigt dies vor allem am Beispiel Englands, an der Gesetzgebung des Parlaments und der Könige, an der Entwicklung der Justiz (z.B. der Geschworenengerichte), an den Gefahren des Tudor- und Stuart-Absolutismus und ihrer Überwindung durch die Glorious Revolution (LJA iv.145–179; LJB 58–75). Es würde zu weit führen, diese Darstellung hier nachzuzeichnen. Statt dessen soll abschließend überlegt werden, ob Smiths Ausgangsthese, Recht und Politik spiegelten die Eigentumsverhältnisse wider, durch seine Geschichte der Rechts- und Regierungsformen bestätigt wird.

Erinnern wir noch einmal an diese These, die Smith – bedenkt man, daß er vor einem Publikum von Eigentümern schreibt und spricht – mit erstaunlicher Härte immer wieder formuliert: Es ist die Furcht vor dem Neid der Armen, der die Reichen dazu zwingt, Gesetze zu formulieren und eine höchste Autorität mit ihrer Durchsetzung zu betrauen. Rechtsordnungen verkörpern die Interessen der Reichen, politische Herrschaft ist Herrschaft der Reichen (neben den schon zitierten Stellen vgl. auch WN V.i.b.12). Was Smith zu diesem Thema schreibt, scheint – zumindest auf den ersten Blick – nicht schlüssig zu sein. Warum sollten Hirtengesellschaften zunächst demokratisch regiert werden, wenn schon die ersten Regierungen ein Komplott der Reichen zur Unterdrückung der Armen gewesen sind? Vielleicht ergibt sich aus dem Zeitfaktor eine Antwort: je größer die Ungleichheit des Eigentums, desto größer die Autorität der Reichen oder der Reichsten? Aber diese Antwort eröffnet nur eine neue Frage: Warum sollten die Reichen Furcht vor den Armen haben, wenn sie so große Autorität über sie besitzen?

Diese Autorität ist nach Smith sogar doppelt abgesichert: Die Armen bewundern die Reichen, auch wenn sie nicht von ihnen abhängen (diese These der TMS wird in LJB 12 wiederholt); oder sie stehen im Dienste der Reichen, sind ihre Diener, Gefolgsleute, Vasallen. Smith scheint darauf keine Antwort zu geben, aber sie könnte so lauten: Bewunderung kann in Neid umschlagen, Diener können ihre Herren hassen, Gefolgsleute können sich gegen ihre Herren erheben. Politische Herrschaft beugt diesen Affekten und Gefahren vor.

Fraglich ist aber auch, was mit der These einer Entsprechung oder Parallelität von Eigentumsverhältnissen und Herrschaftsformen eigentlich gemeint ist. Hat Smith die Einsicht von James Harrington (*Commonwealth of Oceana*, 1656) übernommen und erweitert, nach der eine Gesellschaft freier Bauern (yeomen) und kleiner Gutsbesitzer (gentry) zu einer republikanischen, eine Gesellschaft von Großgrundbesitzern zu einer aristokratischen Regierung führen muß? In der Tat kann eine „Herrschaft der Reichen" vieles bedeuten: Herrschaft des Reichsten (plutokratische Monarchie), Herrschaft weniger sehr reicher Grund- oder Kapitalbesitzer (Oligarchie), Herrschaft einer relativ großen Anzahl wohlhabender Bürger (Republik). In den meisten entwickelten Gesellschaften gibt es verschiedene Arten von Reichtum und Gruppen von Reichen, deren Interessen keineswegs identisch sein müssen. Herrschaft der Reichen kann also in einer entwickelten Gesellschaft nur heißen, daß die Interessen der verschiedenen Gruppen von Eigentümern in ihr verkörpert oder repräsentiert sind. Daß der Staat aber diese verschiedenen Interessen nicht nur widerspiegelt, sondern eine Ordnungsfunktion hat, d.h. dafür sorgen muß, daß sie sich in einem ausgewogenen Gleichgewicht befinden, davon geht Smith ohne jeden Zweifel aus. Politik ist für ihn nicht allein Reaktion, Antwort auf bestimmte gesellschaftliche Interessen, sondern auch Aktion, gestaltende Tätigkeit zur Erhaltung einer guten oder gerechten Ordnung (vgl. dazu TMS VI.ii.2.10). Doch damit sind wir bereits beim nächsten Problem angelangt: Woher nimmt Smith, im Rahmen einer Geschichte der bürgerlichen Gesellschaft, die Kriterien zur Begründung einer guten, zur Kritik einer schlechten politischen Ordnung? Und: Wie beantwortet er die Grundfragen der politischen Ethik nach der Legitimation von Herrschaft, nach Gehorsamspflicht und Widerstandsrecht der Bürger?

Tatsache ist, daß Smith reichlich Kritik übt, und zwar mit Hilfe naturrechtlicher Argumente. Wo immer Menschen das Leben, die Freiheit, den guten Ruf, das Eigentum ihrer Mitmenschen verletzen, beklagt er „die Verletzungen der heiligsten Rechte der Menschheit" (WN IV.vii.b.44). Das Gegenmodell, an dem die ungerechten Verhältnisse gemessen werden, heißt „obvious and simple system of natural liberty" (WN IV.xi.51). Doch wie kommt Smith dazu, diese Art von Kritik zu üben? Die in der naturrechtlichen Tradition übliche Begründung über die Idee eines Vertrags Freier und Gleicher im Naturzustand lehnt er ab. Statt dessen bietet er eine historische Herleitung dessen, was *de facto* geworden ist. Doch das, was man historisch erklären kann, ist darum noch lange nicht gut (z. B. die im 18. Jahrhundert immer noch weit verbreitete Sklaverei). Und das „System der natürlichen Freiheit" ist, obwohl Smith es als offensichtlich und einfach bezeichnet, nirgendwo verwirklicht. Woher also nimmt er die Kriterien seiner Kritik? Letztlich werden wir die Antwort dort suchen müssen, wo Smith vom „natürlichen Lauf der Dinge" (natural course of things) spricht. Zuvor aber wollen wir genauer sehen, woran Smith Kritik übt, wie er sich einen gerechten Staat denkt und warum er die Idee des Gesellschaftsvertrags ablehnt, um Gehorsamspflicht und Widerstandsrecht der Bürger zu begründen.

Gegenstand seiner Kritik ist einerseits die Feudalordnung, deren Spuren im englischen Recht des 18. Jahrhunderts immer noch gegenwärtig sind; andererseits die „commercial society", also die moderne – auf Handel, Handwerk und Manufakturen basierende – Gesellschaft seiner Zeit. Beide sind für Smith potentiell monopolistische Ordnungen, also Herrschaftssysteme, in denen eine Gruppe die „Spielregeln" zu ihren Gunsten einrichtet und die Lebenschancen der anderen einschränkt. Im einen Fall sind es die Feudalherren, die Eigentümer riesiger Ländereien, die eine Rechtsordnung etablieren, die den Großteil der Bevölkerung zur direkten Abhängigkeit und Untertänigkeit verdammt und selbst den freien Bauern und Bürgern nur beschränkte und schwach gesicherte Rechte läßt. Im anderen Fall sind es die Händler und Manufakturbesitzer, die durch Beschränkung des Wettbewerbs auf allen Ebenen ihren Profit erhöhen wollen.

Im folgenden einige Beispiele der Kritik an der Politik der Feudalherren und der Kapitalisten: Wilde Tiere und Fische – schreibt Smith – sollten allen gehören und von allen gejagt werden können, denn niemand kann sie besitzen und sie gehören zu keinem bestimmten Ort. Es gibt darum keinen fairen Grund (no reason in equity), warum das Jagdrecht ein Privileg von Königen und Adeligen sein sollte. Ebensowenig gibt es einen guten Grund, warum Herdentiere, die sich verlaufen haben, dem Grundherren gehören sollten, auf dessen Land sie gefunden werden. Diese und viele ähnliche Gesetze sind nichts anderes als „Übergriffe in die Rechte der kleinen Leute", typische Beispiele für die „Tyrannei der Feudalregierung" oder die „Gewaltsamkeit feudaler Institutionen" (LJA i.54–57; WN II.iv.10). Gegen die Natur sind ferner alle Gesetze, die künftigen Generationen verbieten, über ihre Güter frei zu verfügen (Erblehen, Fideikommisse), und jedes Erbrecht, das einem – gewöhnlich dem ältesten Sohn – alles, den übrigen Kindern nichts gibt (LJA i.116 u. 166). Verständlich sei es zwar, daß in den unsicheren Zeiten der Feudalität, in denen man das Eigentumsrecht oft mit der Waffe verteidigen mußte, Bestimmungen eingeführt wurden, die eine Aufteilung des Besitzes verhindern sollten. Heute aber, wo der Eigentümer von einem Hektar Land ebenso sicher sei wie der von 100000 Hektar, könne nur noch der Familienstolz eine Erklärung dafür geben, warum man an der Primogenitur festhält. Denn „nichts steht den wahren Interessen einer zahlreichen Familie so entgegen als ein Recht, welches, um einen zu bereichern, alle übrigen Kinder zu Bettlern macht" (WN III.ii.4).

Mit besonderer Verbitterung registriert Smith alle Gesetze, die verhindern sollen, daß junge arbeitswillige Menschen ihre Lebenschancen verbessern können. Dazu gehören Lehrlingsgesetze, Niederlassungsbestimmungen, Emigrationsverbote und andere Regelungen, die das Entstehen eines freien Arbeitsmarktes verhindern. Er nennt sie Eingriffe „in die rechtmäßige Freiheit des Arbeiters und derer, die ihn anstellen wollen" (WN I.x.c.12); „eine offensichtliche Verletzung der natürlichen Freiheit und Gerechtigkeit" (WN I.x.c.59); das Gegenteil der „viel beschworenen Freiheit des Subjekts" (WN IV.viii.47). Ebenso kritisch äußert sich Smith zu fast allen Gesetzen, die den freien Gütermarkt einschränken. Dabei kann es sich, je nach Interessenlage, um Maßnahmen handeln, die Importe verhindern, Exporte fördern oder auch die Ausfuhr bestimmter Güter verbieten. In ihnen sieht er den „wretched spirit of monopoly" der Kapitaleigentümer am Werk, die möglichst jede Konkurrenz ausschalten wollen, zum eigenen Vorteil und zum Nachteil der Arbeiter und der Konsumenten, also des bei weitem größten Teils der Bevölkerung. Alle diese Gesetze sind „evidente Verletzungen der natürlichen Freiheit und deshalb ungerecht" (WN IV.v.b.16). Der Schaden, den sie anrichten, ist enorm. „Wie die Gesetze Drakons sind diese Gesetze ... alle mit Blut geschrieben" (WN IV.viii.17).

Wie würde ein Staat aussehen, der nicht monopolistisch oder – in einer anderen Terminologie – der nicht als Klassenstaat organisiert wäre? Nach Smith würde er „jedem Menschen erlauben, sein Interesse auf seine Weise zu verfolgen, gemäß dem liberalen Entwurf von Gleichheit, Freiheit und Gerechtigkeit" (WN IV.ix.3), und der Regierung dieses Staates wäre bewußt, daß sie „jedem Stand Gerechtigkeit und gleiche Behandlung schuldet" (WN IV.VIII.30). Was Smith vorschwebt, ist „the liberal system", der liberale Rechtsstaat, der die vollkommenen Rechte der Bürger schützt, ohne in den naheliegenden Fehler zu verfallen, „die gewöhnlichen Gesetze der Gerechtigkeit einer Idee des öffentlichen Nutzens, einer Art Staatsraison zu opfern" (WN IV.v.b.39). Dieser Staat dürfte nicht schwach sein, denn er hat Aufgaben zu erfüllen, die Autorität erfordern. Aber er dürfte auch nicht – in einer falsch verstandenen oder nur vorgeschobenen Sorge für das Gemeinwohl – ständig neue Aufgaben an sich ziehen, sondern müßte sich auf die drei wesentlichen Staatsaufgaben beschränken: 1. Rechtsschutz (justice), 2. Landesverteidigung (arms) und 3. die Organisation notwendiger öffentlicher Arbeiten (public works), deren Finanzierung die Möglichkeiten privater Investoren übersteigt (so die reduzierte Liste der Staatsaufgaben am Ende des IV. Buches des *Wohlstands*).

Wie müßte ein Staat regiert werden, der diese Aufgaben erfüllen könnte? Wie müßte seine Autorität ausgeübt werden, damit sie einerseits die Freiheit der Bürger nicht gefährdet, andererseits den Einfluß der Reichen zurückdämmt? Smith hat sich diese Frage nicht ausdrücklich gestellt, seine normative Theorie der Politik muß aus Bruchstücken rekonstruiert werden. Klar ist, daß die allgemeine Frage nach einer guten oder der besten Regierungsform für ihn – wie für die meisten politischen Denker – keinen Sinn ergibt. Was gute Politik ist, hängt von historischen und sozialen Umständen ab.

Die Frage müßte also präziser lauten: Welche Regierungsform wäre am besten geeignet, die Aufgaben eines liberalen Rechtsstaats in einer modernen „commercial society" zu erfüllen?

Obwohl Smith scharfe Kritik an adeligen Großgrundbesitzern sowie an Kaufleuten und Manufakturbesitzern übt, denkt er doch nicht daran, diese Klassen der Gesellschaft abschaffen zu wollen. Auch wenn Smiths Staatstheorie zuweilen an Marx erinnert, liegt hier der zentrale Unterschied: Er kann sich eine soziale und wirtschaftliche Ordnung ohne Privateigentum an Grund und Kapital gar nicht vorstellen. Darum will er zwar die Macht der Grundherren und Kapitalisten auf das Maß der formellen Rechtsgleichheit aller Bürger zurückführen, nicht aber sie entrechten. Als moderne politische Form schwebt ihm deshalb auch nicht die Demokratie vor. Obwohl manche Interpreten (insbesondere Winch 1978) Spuren des klassischen Republikanismus bei Smith nachgewiesen haben, ist seine Skepsis gegenüber demokratischen Republiken unverkennbar; denn diese können nicht nur den Reichen und Gebildeten gefährlich werden, sie sind es in der Regel auch für die Unterprivilegierten. Smith zeigt dies am Beispiel der Sklaverei. Immer wieder betont er, daß die Befreiung der Sklaven in Republiken am unwahrscheinlichsten, ja daß die Behandlung der Sklaven unter „popular governments" am schlechtesten sei. Der Grund ist einfach: Die Bürger in ihrer Eigenschaft als Sklavenbesitzer glauben sich selbst zu schaden, wenn sie die Sklaven befreien. Und keiner von ihnen, auch wenn er human gesinnt wäre, hätte die Autorität, dies gegen die Eitelkeit und Herrschsucht der anderen durchzusetzen. In monarchischen Regierungen ist die Chance größer, daß das Los der Sklaven erleichtert wird. Der Monarch, der über den Interessen der Normalbürger steht, „ist gleichsam mehr ein unparteiischer Richter und ... sein Mitleid mag ihn bewegen, die Härte der Autorität der Sklavenhalter zu mildern" (LJA iii.104).

Auch wenn Könige die Aufgabe des unparteiischen Richters leichter erfüllen können als die Regierungen von Republiken, sind die Nachteile der Monarchie doch unübersehbar. Die Sympathien, welche Hume unter dem Begriff „civilized monarchy" zuweilen dem französischen Absolutismus entgegenbrachte, teilt Smith nicht. Könige und ihre Minister nennt er „immer und ausnahmslos die größten Verschwender in der Gesellschaft"; ihre Versuche, Privatleute durch Luxussteuern und Zölle zum Sparen zu zwingen, deshalb „die größte Unverschämtheit und Anmaßung" (WN II.iii.36). Aber auch reformfreudige Fürsten, die ihre Länder nach eigenem Gutdünken umformen wollen, kritisiert er. „Von allen politischen Spekulatoren (sind sie) die gefährlichsten" (TMS VI.ii.3.18).

Dagegen lobt Smith das Regierungssystem Großbritanniens, wie es aus der Glorious Revolution hervorgegangen ist, als „rationales System der Freiheit". Im Monarchen besitzt es eine handlungsfähige Exekutive, aber das Parlament, in dem Adel und Bürgertum vertreten sind, kontrolliert die Ausgaben des Monarchen. Hinzu kommt, daß die Selbständigkeit der Judikative in der Tradition fest verankert ist. „Hier gibt es eine glückliche Mischung aller verschiedenen ... Regierungsformen und vollkommene Sicherheit für Freiheit und Eigentum" (LJB 63).

Die Darstellung der Vorzüge des britischen Systems nimmt in den *Vorlesungen* verständlicherweise breiten Raum ein (LJA V.1–43). Die Glasgower Studenten, in der großen Mehrzahl zur künftigen Elite des Landes gehörend, sollten einsehen, was Freiheit und Recht sichert und was sie gefährdet. Zwei historische Umstände hebt Smith hervor, um zu erklären, warum die im übrigen Europa vorherrschende Tendenz zum Absolutismus im England des 17. Jahrhunderts unterbrochen wurde: Zum einen brauchte das Land wegen seiner Insellage kein stehendes Heer, sonst ein entscheidendes Machtmittel in den Händen des Monarchen. Zum anderen waren die Stuartkönige – wegen der Haushaltspolitik der Königin Elisabeth, die, um populär zu sein, ihre Krondomänen verkaufte – auf die Bewilligung von Steuern durch das Parlament angewiesen. Als die wichtigsten Garanten der Freiheit sieht Smith das Parlament und die Judikative an. Das Unterhaus ist wegen seiner Zusammensetzung, wegen der Regelmäßigkeit der Wahlen, wegen des in England (mehr als in Schottland) doch relativ weit gestreuten Wahlrechts trotz aller Mängel Repräsentant des ganzen Volkes und wegen seiner Macht, Finanzmittel zu verweigern und Minister anzuklagen, echtes Kontrollorgan der Regierung. Die Unabhängigkeit der Richter, die genau eingehaltenen Verfahrensregeln bei Gericht, die alte Tradition der Rechte von Angeklagten (habeas corpus) garantieren weitgehende Rechtssicherheit der Bürger. Grundsätzlich drohen der britischen Freiheit deshalb von folgenden Seiten Gefahren: Von Versuchen, ein stehendes Heer einzurichten; von überhöhten Finanzmitteln des Königs, die es ihm erlauben, „die

Wähler und die Gewählten zu bestechen" (V.12); von Änderungen des Wahlrechts, etwa indem man die Legislaturperioden des Unterhauses verlängert.

Was Smith als „Gefahren" bezeichnet, war zu der Zeit seiner Vorlesungen längst Realität. Der Staat hielt ein stehendes Heer; die „Zivilliste" des Königs war so gut ausgestattet, daß die Bestechung von Wahlmännern und Abgeordneten ein ständiges Problem war; und seit dem „septennial act" von 1716 wurde das Unterhaus nur mehr alle sieben (statt bisher drei) Jahre gewählt. Die Gefahren für die britische Freiheit waren also Defizite des bestehenden Systems. Dennoch fürchtet er nicht, die Regierung könne absolutistisch werden. Unser „Regierungssystem setzt heute ein System der Freiheit als Grundlage voraus. Jeder Mensch wäre schockiert über irgendeinen Versuch, dieses System zu ändern" (V.5).

Wenn selbst das britische System Defizite besitzt, die reformierbar sein könnten, wenn andere politische Systeme in noch viel höherem Maße Recht und Freiheit gefährden: so stellt sich die Frage nach Gehorsamspflicht und Widerstandsrecht der Bürger. Wie lange sind Bürger verpflichtet, die Torheiten und Verbrechen ihrer Herrscher und die Schwächen ihrer Institutionen zu ertragen? Wann sind sie aufgerufen, den Herrscher abzusetzen und das System zu reformieren? Smith behandelt diese Probleme in seinen *Vorlesungen* im Abschnitt über öffentliches Recht unter der doppelten Fragestellung, wann Rechte des Souveräns durch die Bürger, wann Rechte der Bürger durch den Souverän verletzt werden. Als Antwort auf die erste Frage schildert er, was in verschiedenen Zeiten und Staaten als Hochverrat und Majestätsbeleidigung definiert und wie es bestraft wurde. Zu seinen zahlreichen Anmerkungen zu diesem Thema gehört der Hinweis, daß Tyrannenmörder in Republiken gewöhnlich als Helden gefeiert, in Monarchien als Verbrecher betrachtet wurden (LJA V.56–58). Zur zweiten Frage äußert er sich auffallend zurückhaltend: Wann die Rechte der Bürger durch den Souverän verletzt würden, ließe sich nicht genau bestimmen (V.102). Ein Widerstandsrecht könne nicht als positives Recht formuliert und vor Gericht eingeklagt werden (V.103). Widerstand gegen den Souverän sei deshalb immer eine Frage der Macht gewesen: Wer gewinnt, sieht sich im Recht (V.104). Dabei kommt Smith immer wieder auf den entscheidenden Punkt zurück: Die Macht des Souveräns sei gerade in modernen Staaten prinzipiell unbegrenzt, d.h., er bestimme die konkreten Rechte und die Grenzen der Freiheit der Untertanen. Nur dort, wo – wie in Großbritannien – die Souveränität aufgeteilt ist, könne man die relativen Rechte der einzelnen Regierungsgewalten genau bestimmen und somit auch begründen, warum eine Institution sich gegen eine andere, die ihre konstitutionellen Rechte verletzt, wehren dürfe (V.103, 112, 140). Von daher interpretiert er die Glorious Revolution als legitime Gegenwehr des Parlaments gegen den König (V.142ff.). Dabei macht er aber noch einmal deutlich, auch in Großbritannien könne man nicht sagen, „wie weit die ganze souveräne Macht gemeinsam gehen darf" (V.141).

Wenn Smith dennoch an einem Widerstandsrecht der Bürger grundsätzlich festhält, so kann es sich nur um ein relativ schwammig formulierbares Naturrecht handeln. Hier ein Zitat, das seine Position zusammenfaßt: „Wo immer es einen Souverän gibt, muß seine Macht – von der Natur der Sache her – absolut sein; und ... der Souverän hat ein unbezweifelbares Anrecht auf den Gehorsam der Untertanen. Die Begründung dieser Gehorsamspflicht ... war oft umstritten. Aber worin sie auch bestehen mag, so gibt es doch bestimmte Grenzen der Macht des Souveräns und wenn er diese überschreitet, so darf sich der Untertan zu Recht widersetzen" (V.114).

In diesem Zusammenhang steht Smiths Auseinandersetzung mit der Vertragstheorie, die er offenbar als Standardbegründung von Herrschaftsrechten und Bürgerpflichten ansieht (the generality of writers on this subject, like Locke and Sidney etc.: V. 114). Nach dieser Theorie beruht die Gehorsamspflicht der Bürger auf freiwilliger Selbstverpflichtung, nämlich auf einer Vereinbarung, die sie selbst oder ihre Vorfahren als freie und gleiche Subjekte getroffen haben. Diese Vereinbarung wird als Gesellschaftsvertrag gedacht, d.h. als gegenseitiges Versprechen, sich künftig an die vereinbarten Regeln zu halten. Zu diesen Regeln gehört die Gehorsamspflicht der Bürger gegenüber dem Herrscher, die aber nur gilt, solange der Herrscher selbst sich an die ihn betreffenden Regeln hält. Das Versprechen des Gehorsams ist demnach an Bedingungen geknüpft. Verletzt der Herrscher diese Bedingungen, besteht prinzipiell ein Widerstandsrecht.

Die Argumente, die Smith gegen diese Begründung geltend macht, decken sich weitgehend mit den Einwänden, die schon Hume in seinem Essay *Of the Original Contract* formuliert hat. (1) Die Begründung von Gehorsamspflichten mittels Vertrag oder Versprechen sei eine Lehre, die nur in Großbritannien und auch hier nur wenigen bekannt sei (V.115). Doch „jede moralische Pflicht muß von etwas ausgehen, dessen sich die Menschheit bewußt ist" (V.127). (2) Auch wenn wir davon ausgehen, daß ein Staat ursprünglich auf einen Vertrag Freier und Gleicher zurückgeht, könnte dieses Versprechen der Vorfahren die Nachkommen nicht automatisch binden. Um dem Prinzip der freiwilligen Selbstverpflichtung zu entsprechen, müßten diese sich von neuem dazu bekennen. Doch kein Staat wartet auf ein solches Bekenntnis, bevor er Gehorsam verlangt (V.116). (3) Lockes Gedanken, jeder Bürger, der die Auswanderungsfreiheit besäße und davon keinen Gebrauch mache, gäbe stillschweigend seine Zustimmung zum bestehenden Regime, widerlegt er mit dem „example of a very ingenious gentleman" (so die Anspielung auf Hume): Dies sei so, als trüge man jemanden schlafend an Bord eines Schiffes und deute tags darauf die Tatsache, daß er – nun auf hoher See – nicht über Bord springe, als Zeichen stillschweigender Zustimmung gegenüber den Gesetzen, die an Bord gelten. In anderen Worten: Ein einfacher Handwerker oder Bauer hat in der Regel gar keine Wahl auszuwandern oder nicht, sein Bleiben bedeutet deshalb gar nichts (V.117).

Am wichtigsten scheint für Smith das erste dieser Argumente zu sein. Lockes Forderung, der Souverän dürfe keine Steuern ohne Zustimmung der Besteuerten erheben, weist er mit dem Hinweis zurück, das Gegenteil sei in Frankreich, Spanien und anderen zivilisierten Völkern gang und gäbe, also könne es keine Verletzung natürlicher Rechte sein. Die Möglichkeit, daß eine naturrechtliche Norm vom positiven Recht verdrängt oder verschüttet worden ist, scheint er – trotz allem, was er andernorts über den Zusammenhang von Reichtum, Recht und Herrschaft sagt – nicht in Betracht zu ziehen.

Worauf also ruht legitime Herrschaft, wenn nicht auf der Zustimmung und dem Vertrauen der Bürger? Smith nennt zwei Prinzipien, die erklären können, wie die Anerkennung von Herrschaft zustande kommt und auch wieder verschwinden kann: *Autorität*, das Bewußtsein der Überlegenheit der Herrschenden; und das *gemeinsame oder allgemeine Interesse*, das Bewußtsein des gemeinsamen Nutzens einer Regierung. Welches dieser Prinzipien im Einzelfall überwiegt, sieht Smith sowohl als Frage des Charakters oder Temperaments als auch als Frage der politischen Kultur an, in der man lebt (in Monarchien oder Aristokratien ist die Autorität, in Republiken der gemeinsame Nutzen entscheidend). Gehorsamspflichten werden anerkannt, solange die Überlegenheit erkennbar ist oder der offensichtliche Nutzen einer Regierung ihre Fehler und Nachteile überwiegt. Wenn aber der Herrscher ein Kind, geisteskrank, extrem leichtfertig usw. ist, d.h. die Interessen des Landes nicht wahrnehmen kann oder will, so ist – „in den Augen jeder unvoreingenommenen Person" – Widerstand erlaubt oder geboten (V.126). „Absurdes und unziemliches Verhalten und große Perversität zerstören den Gehorsam, ob er nun auf der Autorität oder auf dem Sinn für das Gemeinwohl beruht" (V.127).

Auf eine Weise, die für seine Moralphilosophie insgesamt typisch ist, bewegt Smith sich in seinen Ausführungen zum Widerstandsrecht auf der Grenzlinie zwischen deskriptiver und normativer Argumentation. Zunächst diskutiert er gar nicht, wann Gehorsam geleistet werden muß und wann nicht; vielmehr erklärt er, wie das Bewußtsein der Bevölkerung, gehorchen zu sollen, entsteht und vergeht. Indem er aber den unparteiischen Zuschauer einführt („in the eyes of every unprejudiced person"), gibt er zu erkennen, daß es objektive Gründe für diesen Bewußtseinswandel gibt oder daß es vernünftig ist, den Gehorsam zu verweigern.

Wie aber sollen Bürger auf die Defizite ihres politischen Systems oder ihres Herrschers reagieren? Gibt es das Recht oder gar die Pflicht, sich eine bessere Verfassung auszudenken und für ihre Verwirklichung zu kämpfen? Smith hat die Anfänge der Französischen Revolution und die ersten, teilweise enthusiastischen Reaktionen in Großbritannien noch erlebt. Gegen Ende des Jahres 1789 brachte er seine Besorgnis in einigen Passagen zum Ausdruck, die in die 6. Auflage der *Theorie* eingefügt wurden (TMS VI.ii.2.6 ff.). Im Mittelpunkt seiner Diskussion steht der Staatsmann, der von echter Vaterlandsliebe beseelt wird. Diese Liebe zum eigenen Vaterland enthalte zwei verschiedene Prinzipien: 1. Respekt und Ehrfurcht vor der geltenden Verfassung; 2. den Wunsch, die Lebensumstände der Mitbürger möglichst sicher, ehrenwert und glücklich zu gestalten (ebd. 2.11). In friedlichen Zeiten stimmten diese Prinzipien überein. In Zeiten öffentlicher Unruhen und heftiger Parteikämpfe müsse der Staatsmann darüber nachdenken, eine Verfassung zu verändern, die offensichtlich nicht mehr imstande ist, das Gleichgewicht der Kräfte, Sicherheit und Ordnung zu garantieren. Seine Weisheit bewähre sich in der Entscheidung, ob er für die Autorität des alten Systems eintritt oder „dem gewagteren, oft gefährlichen Geist der Erneuerung“ nachgibt (2.13). Wenn ein Staatsmann die Notwendigkeit von Reformen erkennt, sich an die Spitze einer Partei stellt und diese mit Klugheit und Mäßigung zum Erfolg führt, könne er „zum größten und edelsten aller Charaktere werden, dem des Reformers und Gesetzgebers eines großen Staates“ (2.14). Seine Aufgabe sei es, die alte Verfassung wiederherzustellen und zu verbessern (re-establish and improve) und dadurch eine Ordnung zu etablieren, die vielen nachfolgenden Generationen Ruhe und Glück gewährt (2.14).

Das Gegenbild zum weisen Staatsmann ist der Erfinder von Systemen (man of system), der politische Spekulant (political speculator), der sich eine neue Ordnung ausdenkt und sie – ganz überzeugt von seinen Einsichten – gegen alle Widerstände durchzusetzen sucht. Statt zu verstehen, daß die Menschen in der Gesellschaft ihren eigenen Motiven und Regeln folgen, verwechselt er sie mit Schachfiguren, für die man beliebige neue Spielregeln erfinden kann. Statt von Erfahrung und Klugheit wird sein Handeln von utopischen Entwürfen und persönlichem Stolz beherrscht. Sofern er Macht besitzt, schreckt er auch nicht davor zurück, der Gesellschaft, die er beglücken will, Gewalt anzutun und sie in tiefe Unordnung zu versetzen (2.17–18).

Diese besorgten Überlegungen des alten Adam Smith erinnern nicht zufällig an die – weniger als ein Jahr später geschriebenen – *Reflections on the Revolution in France* seines Freundes Edmund Burke. Smith fühlte sich dem gemäßigten Reform-Whig Burke auch politisch verbunden. Was Smith über „men of system“ und ihre abstrakten politischen Spekulationen schreibt, findet sein Echo in Burkes Kritik an den Aposteln der Menschenrechte und ihren auf dem Reißbrett entworfenen Verfassungsentwürfen. Dabei scheint auch Smith, ähnlich wie später Burke, in erster Linie die Anhänger der Französischen Revolution in England, darunter den Rev. Richard Price, im Visier gehabt zu haben (vgl. TMS VI.ii.2.4 und 12, Anm. 2 und 6). Wenn es Kommentatoren immer wieder überrascht, daß Burke bereits im November 1790 – also längst vor dem großen Terror – auf die fürchterlichen Folgen des Mißverständnisses von politischer Vernunft hingewiesen hat, sollten sie noch erstaunter sein, ähnliche Überlegungen bereits in der – im März 1790 erschienenen – 6. Auflage der *Theorie* zu finden.

Kehren wir abschließend noch einmal zu den Ausgangsfragen zurück: Welche Art der Kritik übt Smith an Gesetzen, Institutionen und Machthabern? Welches Gegenbild einer guten Ordnung entwirft er? Was fordert er vom politischen Handeln des Souveräns und des Untertanen, des Staatsmannes und des Bürgers? Woher gewinnt er die Kriterien seiner Kritik und seiner Forderungen? Einige dieser Fragen sollten inzwischen beantwortet sein, andere sind immer noch offen.

Klar ist, daß Smith überall dort Kritik übt, wo „natürliche Rechte" der Menschen verletzt werden: Leben, Gesundheit, guter Ruf, der „freie Gebrauch der eigenen Person" (LJA i.13). Wenn es aber um „hinzukommende Rechte", etwa Eigentums- und Bürgerrechte geht, so hängen sie von historisch variablen Umständen ab. Wie etwa das Eigentumsrecht an Grund und Boden gestaltet oder ob den Bürgern ein Mitspracherecht bei Steuererhebungen eingeräumt wird, hängt sowohl von der allgemeinen Entwicklungsstufe als auch davon ab, welche Rechte eine konkrete Rechtsordnung als „vollkommene Rechte" definiert. Um die Entstehung bestimmter Rechtsvorstellungen zu klären, aber auch um ungerechte Verhältnisse zu kritisieren, verwendet Smith durchgehend – wenn auch nicht immer ausdrücklich – den Grundgedanken seiner Moralphilosophie: das Urteil eines unparteiischen Zuschauers, eines fairen Richters, eines unvoreingenommenen Zeugen. Bedenkt man, daß nach seiner Auffassung die Grundstrukturen des moralischen Bewußtseins, allen voran das Kriterium der Unparteilichkeit, in allen Völkern und Kulturen zu finden sind (TMS V.2 passim), so erscheint die Verwendung des unparteiischen Zuschauers auch in einer historischen Rechtstheorie als konsequent. So erinnert er gleich zu Beginn seiner Ausführungen zum Privatrecht, am Beispiel der Aneignung durch erste Besitzergreifung (occupation), an den „impartial spectator" (LJA i.36) und bezieht sich im folgenden immer wieder darauf, daß ein sympathisierender unvoreingenommener Zuschauer oder „bystander" einer bestimmten Handlungsweise zustimmen könnte oder nicht (z. B. i.42,43). Wie immer eine Eigentumsordnung im einzelnen aussieht, von diesem Standpunkt aus kann es keine gute Ordnung sein, wenn die Lohnarbeiter oder „diejenigen, die die ganze Welt bekleiden, selbst in Lumpen gehen" (LJB 330; ähnlich WN I.viii.36).

Der Standpunkt des moralischen Bewußtseins gebietet, daß Regierungen den unterschiedlichen Interessen in der Gesellschaft gegenüber als unparteiische Richter und „impartial spectator" auftreten. Auch wenn Smith den Zusammenhang von Eigentum und Regierung, von Reichtum und Herrschaft betont, zeigt er doch an den Beispielen der Judikative (des fairen und unabhängigen Richters), der Exekutive und Föderative (des Verteidigers der ganzen Gesellschaft) und der Legislative (des guten Gesetzgebers und Staatsmannes), wie der Gedanke der Unparteilichkeit – als Korrektiv für den Gruppenegoismus der Mächtigen – von vornherein in den einzelnen Regierungsgewalten angelegt ist. Und im Grundsatz einer Regierung, die „jedem Stand Gerechtigkeit und gleiche Behandlung schuldet" (WN IV.viii.30), wird der unparteiische Richter zum Prinzip des liberalen Rechtsstaats erhoben. Am Beispiel des britischen Systems zeigt Smith, wie in einem „mixed government" dieses Prinzip bereits weitgehend verwirklicht ist.

Warum ist Smith so zurückhaltend, wenn es um die Kritik an Unrechtsstaaten geht? Warum kommt er nicht auf die Idee, konkrete Menschen- und Bürgerrechte zu fordern, die alle Staaten zu respektieren hätten? Warum betont er statt dessen die notwendig unbeschränkte Macht des Souveräns, Freiheiten und Rechte verschieden zu gestalten? Warum läßt er das Widerstandsrecht so vage und warnt vor voreiligen Reformen? Nicht auf alle diese Fragen finden sich Antworten in Smiths Werken. Aber wenn wir noch einmal zu seiner Geschichtsauffassung zurückkehren, können wir einen Hauptgrund für seine Vorsicht finden: Ob Reformen gelingen können oder nicht, welche Reformen derzeit vernünftig oder unvernünftig sind, hängt weniger von den guten Absichten der Staatsmänner als von den sozialen Umständen und von der Logik der Geschichte ab.

6. Der natürliche Lauf der Dinge

An entscheidenden Stellen der Schriften von Adam Smith taucht immer wieder der Ausdruck „the natural course of things" auf. Gemeint ist nicht etwa der *reale* Lauf der Dinge, die *wirkliche* Abfolge von Ereignissen, im Gegensatz zu einer nur *möglichen* oder *gedachten* Entwicklung. Vielmehr wird das Wort „natürlich" hier in einer schwachen normativen Bedeutung verstanden, um eine *naturgemäße* Entwicklung von einer *unnatürlichen* zu unterscheiden. Dugald Stewart bringt diesen Gedanken seines Lehrers so zum Ausdruck: „... auch wenn die Aussage paradox erscheint, ist es doch sicher wahr, daß der reale Fortschritt nicht immer der natürlichste ist“ (in EPS 296).

Der natürliche Lauf der Dinge stellt sich laut Smith dann ein, wenn man den Menschen die Freiheit läßt, nach eigenen Vorstellungen ihre Bedürfnisse zu befriedigen und ihre Interessen zu verfolgen, solange sie die gleiche Freiheit der anderen respektieren. Das Bild des fairen Wettlaufs, das wir aus der Theorie der Gerechtigkeit kennen, kommt hier wieder in den Sinn. Das Bemühen, die eigenen Lebensumstände zu verbessern, ist für Smith ein „gleichförmiger, beständiger und ununterbrochener“ Grundtrieb des Menschen (WN II.iii.31). Läßt man ihm freien, nur durch die gleichen Rechte der anderen eingeschränkten Lauf, so ergibt sich fast notwendiger Fortschritt. Schon früh – Dugald Stewart berichtet von einem Vortrag des Jahres 1755 – hat Smith diesen Gedanken klar zum Ausdruck gebracht: „Wenig mehr bedarf es, um einen Staat von der tiefsten Barbarei zum größten Wohlstand zu befördern, als Frieden, geringe Steuern und eine erträgliche Rechtsprechung (administration of justice); alles andere besorgt der natürliche Lauf der Dinge“ (EPS 322).

Die Geschichtstheorie von Adam Smith erklärt nicht die Gattungsgeschichte der Menschheit, sondern die Zivilisationsgeschichten einzelner Völker und Regionen. Deren idealtypische Verlaufsform bringt die Vier-Stadien-Theorie der Entwicklung zum Ausdruck. Diese Verlaufsform gilt als natürlich, weil sie der Bedürfnis- und Motivationsstruktur der Menschen entspricht. „Diese Ordnung der Dinge ist so natürlich, daß sie in jeder Gesellschaft, die über ein Territorium verfügt, bis zu einem gewissen Grade befolgt wurde“ (WN III.i.8). Weshalb also die Differenzen? Warum haben nur relativ wenige Völker in der Menschheitsgeschichte den Weg zu einer zivilisierten „commercial society“ gefunden? Warum entwickeln sich Gesellschaften auf so unterschiedliche Weise und bilden ganz verschiedene Gesetze und Institutionen aus? Smith nennt zwei Ursachen zur Erklärung der Divergenzen: Einmal können die äußeren Umstände von der Norm abweichen, zum anderen kann die Politik der Regierungen den natürlichen Lauf der Dinge zumindest vorübergehend aufhalten oder umleiten.

Die äußeren Lebensumstände können entweder oberhalb oder

unterhalb der Norm liegen, die eine naturgemäße Entwicklung fördert. Wenn die Natur, anstelle der gewöhnlichen Knappheit von Lebensmitteln, ein Füllhorn wertvoller Güter bereithält, etwa in Gestalt der riesigen Büffelherden in Nordamerika, so entfällt der natürliche Impuls, die Produktionsmittel weiterzuentwickeln, um die Knappheit zu überwinden. Die Indianervölker Nordamerikas stagnieren entweder in ihrer Entwicklung oder sie überspringen die Stufe der Viehzucht, um gleich vom Jäger zum Ackerbauern fortzuschreiten. Umgekehrt verhält es sich nach Smith bei den Nomadenvölkern der großen asiatischen Steppen und arabischen Wüsten: Aus geologischen und klimatischen Gründen sei nicht zu erwarten, daß sie sich jemals weiterentwickeln (LJA iv.62; LJB 31).

Daß viele Regierungen, aus Unwissenheit oder Interesse, den natürlichen Lauf der Dinge verhindern, ist ein Hauptthema der politischen Ökonomie von Adam Smith. Von manchen gilt: Sie wissen nicht, was sie tun, wenn sie durch Steuern und Zölle, Export- oder Importverbote die Motivation der Wettläufer schwächen und ihnen Lasten auferlegen. Andere tun es aus Interesse, weil diejenigen, die im Wirtschaftsleben den Wettbewerb zu umgehen suchen, auch in der Regierung das Sagen haben. Zu ihren Maßnahmen gehören einseitige Belastungen eines (gewöhnlich des ärmeren) Teils der Bevölkerung, „vor allem jedoch" – wie Smith am Beispiel Spaniens und Portugals ausführt – „jene unberechenbare und parteiische Rechtsprechung, die oft den reichen und mächtigen Schuldner vor der Verfolgung seines betrogenen Gläubigers schützt und den arbeitenden Teil der Bevölkerung entmutigt, Waren für den Gebrauch dieser hochmütigen und mächtigen Herren herzustellen, denen sie den Verkauf auf Kredit nicht abzuschlagen wagen und auf deren Zahlungen sie sich nie verlassen können" (WN IV.vii.c.53).

Die geschichtstheoretische Relevanz dieses Gedankens zeigt Smith im dritten Buch des *Wohlstands der Nationen* am Beispiel des Verhältnisses von Stadt und Land, von Handel und Agrikultur. Aus der Motivationsstruktur der Menschen leitet er zunächst die Einsicht ab, daß naturgemäß zuerst die Landwirtschaft, dann Handwerk und Manufakturen, zuletzt der Handel mit fernen Ländern entstehen und kultiviert werden müßten. Dann aber zeigt er, daß fast überall in Europa das Gegenteil der Fall war. Auf Grund der Feudalordnung, die nach dem Zerfall des römischen Reiches eingerichtet wurde und die Entwicklung der Landwirtschaft aus vielen

Gründen hemmte, beobachten wir im Mittelalter zuerst das Aufblühen der Städte und mit ihnen des Fernhandels, dann die Förderung von Handwerk und Manufakturen, zuletzt – von den Städten ausgehend – die Entwicklung der Landwirtschaft. Die Feudalordnung und ihre historischen Konsequenzen – darunter die Verfeinerung der Sitten der Großgrundbesitzer, die lieber Luxusgüter aus fernen Ländern beziehen als die Naturprodukte ihrer Ländereien mit ihren Vasallen zu konsumieren – werden also zur Erklärung dafür herangezogen, daß die europäische Geschichte einer „unnatürlichen und rückständigen Ordnung" folgt (WN III.i.9).

Ist es unnatürlich, wenn Menschen ihre egoistischen und parteiischen Interessen verfolgen, wenn sie den fairen Wettkampf scheuen, den Mitläufern ein Bein stellen? Smith würde sagen: Es ist natürlich im Sinne von normal und verständlich, zugleich jedoch widerspricht es den „natural sentiments of mankind", die ihnen vorschreiben, die gleichen Rechte der anderen zu achten (vgl. dazu TMS III.5.8–10). In diesem Sinne kann er den Egoismus als selbstverständlich konstatieren und zugleich verurteilen: „Alles für uns selbst und nichts für andere scheint zu allen Zeiten die elende Devise der Herrschenden gewesen zu sein" (WN III.iv.10). Mit dieser Devise muß man rechnen, wenn man etwas verändern will. Smith appelliert daher, wo immer es möglich ist, an das wohlverstandene, langfristige Eigeninteresse der Herrschenden, statt sich auf moralische Gefühle und natürliche Rechte zu berufen. Typisch für diese Strategie sind seine eindringlichen Argumente gegen die Sklaverei, die fast ausschließlich darauf zielen, den ökonomischen Nutzen dieser unmenschlichen Institution in Frage zu stellen (z. B. LJA iii.111–117; LJB 299–300; WN III.ii.10–12).

Smiths Glaube an den Fortschritt lebt jedoch weder von der Annahme, daß die Menschen konsequent egoistisch, noch daß sie konsequent moralisch handeln. Beides ist, wie er sehr wohl weiß, häufig nicht der Fall. Seine Geschichtstheorie greift deshalb auf einen Gedanken zurück, der uns in seiner Moralphilosophie bereits begegnet ist: Der natürliche Lauf der Dinge ist letztlich weder von der Einsicht noch von der Tugend der Menschen abhängig. Dummheit und Laster sind oft die Elemente des Fortschritts. So z. B. die Dummheit der Großgrundbesitzer, die – ohne die Konsequenzen zu ahnen – für ein paar Spielzeuge oder Luxusgüter ihre Macht über zahlreiche Menschen aufgeben. Oder Habsucht und Geiz der Kaufleute, die indirekt zum allgemeinen Wohlstand beitragen. „Eine Revolution von größter Bedeutung für die öffentliche Wohlfahrt wurde auf diese Weise herbeigeführt von zwei verschiedenen Ständen (orders of people), die nicht die mindeste Absicht hatten, der Öffentlichkeit zu dienen. Dabei war das einzige Motiv der Großgrundbesitzer, ihrer äußerst kindischen Eitelkeit zu frönen, während die Kaufleute und Handwerker, weit weniger lächerlich, einfach aus Eigennutz handelten, nach ihrem Hausierergrundsatz: Jeden Pfennig umdrehen, bevor man ihn ausgibt. Keiner von beiden erkannte die große Umwälzung oder sah sie voraus, welche die Torheit der einen und der Fleiß der anderen allmählich mit sich brachten" (WN III.iv.17).

Fortschritt ist also letzten Endes kein Menschenwerk. Er ist in der Natur des Menschen angelegt und entfaltet sich, sofern es die äußeren Umstände erlauben, mit einer gewissen Notwendigkeit. Dummheit und Laster der Menschen können ihn verlangsamen, ungerechte Gesetze und Institutionen ihn auf Umwege leiten. Smith zeigt am positiven Beispiel der nordamerikanischen Kolonien, die – unbelastet von feudalen Traditionen – Landwirtschaft, Handwerk und Handel in der naturgemäßen Reihenfolge entwickelt haben, wie schnell zivilisatorischer Fortschritt vonstatten gehen kann. Demgegenüber erscheint die Entwicklung in Europa, „da sie dem natürlichen Lauf der Dinge entgegengesetzt ist, notwendigerweise als langsam und ungewiß" (WN III.iv.19). Dennoch tendiert die Natur auch hier dazu, ihre Anlagen zu entwickeln. Der Grundtrieb der Menschen, ihre Lebensumstände zu verbessern, „ist oft mächtig genug, den natürlichen Fortschritt zum Besseren hin aufrecht zu erhalten, trotz Verschwendungen der Regierung und größten Fehlentscheidungen der Verwaltung. Er wirkt ähnlich wie der unbekannte Lebenstrieb, der oft dem Körper Gesundheit und Kraft wiedergibt, trotz Krankheit und unsinniger Anweisungen des Arztes" (WN II.iii.31).

Vor diesem geschichtsphilosophischen Hintergrund läßt sich noch einmal deutlicher formulieren, was Politik in den Augen von Smith vernünftig und was sie unvernünftig macht. Vernünftig ist sie, sofern sie die Lebenskräfte der Gesellschaft anregt und in Kanäle lenkt, die den „moral sentiments" entsprechen. Konkreter heißt das, daß sie nach außen für Frieden, im inneren für gleiche Grundrechte und für Rechtssicherheit sorgt, ansonsten das meiste dem freien Spiel der Kräfte überläßt. Unvernünftig ist sie, sofern sie die

Lebenskräfte dämpft und in Kanäle lenkt, die einigen Vorteile und vielen Nachteile bringen. „Alle Regierungen, die diesen natürlichen Lauf der Dinge verhindern, die die Dinge in einen anderen Kanal zwängen, oder die versuchen, den Fortschritt der Gesellschaft an einem bestimmten Punkt anzuhalten, sind unnatürlich und müssen, um sich zu erhalten, bedrückend und tyrannisch sein" (EPS 322).

Reformpolitik ist deshalb eine Sache der kleinen Schritte, nicht der großen Entwürfe. Der kluge Politiker wird einzelne Gesetze und Institutionen danach befragen, ob sie ihre ursprüngliche Funktion noch immer erfüllen oder inzwischen funktionslos bzw. kontraproduktiv geworden sind. Beim Versuch, sie zu verändern, wird er möglichst an das wohlverstandene Interesse der Betroffenen appellieren, statt vom Gemeinwohl zu reden. In diesem Sinne rät Smith zur Abschaffung von Gesetzen wie den feudalen Erbgesetzen oder den Gesetzen zur Bestrafung von Katholiken wegen Hochverrats (LJA v.67, 73–74). Er warnt vor Politikern, die große Pläne haben, aber auch vor solchen, die stets das Gemeinwohl im Munde führen. Die einen sind vermutlich Dummköpfe, die die Voraussetzungen und Folgen ihres Handelns nicht überblicken, die anderen Betrüger, die hinter ihrem Idealismus partikulare Interessen verbergen (WN I.xi.p.10).

Politische Denker lassen sich, mit Blick auf ihre geschichtsphilosophischen Überzeugungen, in zwei Gruppen einteilen oder besser auf einer Skala zwischen zwei Extremen einordnen: am einen Ende die, welche auf Neuerungen Hoffnung setzen, am anderen jene, die den Zerfall von Ordnung fürchten. Oft springt die jeweilige Grundüberzeugung dem Leser unmittelbar ins Auge: Die einen fürchten vor allem das Erstarren des Lebens in unbeweglichen Formen, die Eisbildung auf dem Strom der Zeit; Veränderungen sind ihnen stets willkommen, euphorisch werden sie in Zeiten der Revolution. Die anderen sind wie Menschen, die unterhalb eines Staudamms leben; nichts fürchten sie so sehr wie Risse im Damm. Glücklich sind sie im Schutz starker Institutionen, die dem Strom der Zeit – wenn auch nur vorübergehend – Widerstand entgegensetzen. Ihre größte Bewunderung gilt Gesetzgebern und Staatsgründern, denen es gelingt, Institutionen zu schaffen, in deren Schutz ein Volk für einige Jahrhunderte sicher und glücklich leben kann.

Wenn wir versuchen, die Denker der schottischen Aufklärung in dieses Schema einzuordnen, so finden wir keinen von ihnen an einem der Extreme. Alle sind sie auf gemäßigte Weise freiheitsliebend und deshalb weder ängstliche Verteidiger des status quo noch naive Fortschrittsoptimisten. Dennoch lassen sie sich verschiedenen Punkten der Skala zuordnen, besonders wenn wir das Kriterium der Einteilung auf die Frage zuspitzen, ob Politik Gesetze und Institutionen schaffen kann, die das Verhalten der Menschen während langer Zeiträume regeln – oder ob Politik Ausdruck gesellschaftlicher Prozesse ist, die ihren eigenen natürlichen Gesetzen folgen. So gefragt finden wir Humes Antworten mit Entschiedenheit auf der Seite des Institutionalismus. Er glaubt an die prägende Kraft von Gesetzen und Institutionen, die das Verhalten der Menschen determinieren und voraussagbar machen. Er bewundert Gesetzgeber und Staatsgründer, die die richtigen Institutionen geschaffen haben, die den Menschen für Jahrhunderte Schutz voreinander und vor äußeren Feinden gewährt haben. Er selbst entwirft – in seinem Essay *Idea of a Perfect Commonwealth* – den detaillierten Plan einer Verfassung für eine Republik auf großem Territorium. Die Idee eines allgemeinen gesellschaftlichen Fortschritts betrachtet er als naiv bzw. im Alter zunehmend als absurd.

John Millar kommt dem anderen Extrem ziemlich nahe. In seinem *Origin of the Distinction of Ranks* erscheint Politik weitgehend als Funktion gesellschaftlicher Kräfte, und deren Entwicklung wird fast durchwegs als Fortschritt gedeutet. Adam Ferguson interpretiert in seinem *Essay on the History of Civil Society* Geschichte als das nicht intendierte Resultat vieler Einzelwillen, als Fortschritt, der durch Rückschritte (z. B. auf dem Gebiet der Bürgertugend) bezahlt werden muß. Die alten Gesetzgeber und Staatsgründer verweist er ins Reich des Mythos. Alternative Verfassungsentwürfe findet man weder bei Millar noch bei Ferguson.

Adam Smiths Position liegt dazwischen. Er glaubt an die prägende Kraft der Politik. Das große Beispiel der Feudalordnung zeigt, wie eine verfehlte politische und rechtliche Ordnung die Lebenskräfte einer Gesellschaft für ein Jahrtausend belasten und auf Umwege leiten kann. Andererseits besteht seine Vorstellung von vernünftiger Politik darin, die natürlichen Kräfte der Gesellschaft zu fördern und nach dem Kriterium der gleichen Freiheit aller zu regeln. Gute Reformpolitik ist Anpassung herkömmlicher Gesetze an veränderte Umstände. Einen alternativen Verfassungsplan, wie bei Hume, finden wir bei Smith nicht. Vom Fortschritt der naturgemäßen gesellschaftlichen Entwicklung ist Smith überzeugt, auch wenn er die Schattenseiten dieser Entwicklung ebenso deutlich und vermutlich früher gesehen hat als Ferguson. Ansonsten zeichnet sich seine Haltung durch grundsätzliche Gelassenheit aus. Denn was immer die Menschen denken und tun, der natürliche Lauf der Dinge wird sich letzten Endes immer durchsetzen (vgl. dazu Streminger 1995).

V. Politische Ökonomie

Die *Untersuchung über Natur und Ursachen des Wohlstands der Nationen* ist Smiths größtes und bekanntestes Werk. Obwohl es aus vielen Quellen gespeist wird, hat es der Wissenschaft der Nationalökonomie eine Form gegeben, die den nachfolgenden Generationen – wie kein anderes Werk des 18. Jahrhunderts – Anregung und Vorbild war. In diesem Sinne kann man den Autor als Begründer der modernen Nationalökonomie bezeichnen (Deane 1978, 6). Mit anderen Klassikern teilt dieses Werk heute das unverdiente Schicksal, viel zitiert und wenig gelesen zu werden. Deshalb soll im folgenden zunächst ein – freilich stark vereinfachter – Überblick über den Inhalt des umfangreichen Buches gegeben werden, bevor wir auf einzelne Aspekte und Probleme eingehen.

1. Vom Wohlstand der Nationen

In der *Einleitung* stellt Smith das Thema und den Plan seines Werkes vor. Es geht um die Erklärung des relativen Wohlstands (der Begriff Reichtum, für „Wealth", ist zu eng) der Nationen. Kriterium des Wohlstands ist das Verhältnis zwischen den Gütern, die einer Nation – auf Grund eigener Arbeit oder durch Kauf – zur Verfügung stehen, und der Zahl der Menschen, die sie konsumieren. Dieses Verhältnis hängt von zwei Faktoren ab: einmal von der Produktivität der Arbeit, zum anderen von der Proportion zwischen der Zahl derer, die nützliche Berufe ausüben, und der Zahl derer, die es nicht tun. Daß der erste Faktor für die Bestimmung des Wohlstands wichtiger ist als der zweite, ergibt sich aus dem Vergleich zwischen „wilden Völkern von Jägern und Fischern" und „zivilisierten und blühenden Völkern", wie sie in modernen, Handel treibenden Nationen zu finden sind: Bei den ersteren gehen alle gesunden Individuen einer nützlichen Arbeit nach, während bei letzteren eine große Gruppe nicht arbeitet, aber um so mehr konsumiert. Dennoch ist der Wohlstand in modernen Gesellschaften, auch bei den ärmsten Bevölkerungsschichten, weit größer (I.4).

Adam Smith untersucht deshalb im *Ersten Buch* zunächst die Ursachen der Produktivitätssteigerung menschlicher Arbeit. Unmittelbare Ursache ist die Entwicklung der Arbeitsteilung (I.i). Diese wird nicht als Faktum vorausgesetzt, auch nicht durch große Unterschiede zwischen den Menschen (etwa in ihrer Begabung) erklärt, sondern durch ihre Neigung, zu tauschen und Handel zu treiben (I.ii). So kann er zeigen, warum die Entwicklung der Arbeitsteilung von der Ausdehnung des Marktes abhängt (I.iii), wie sich das Geld als allgemeines Tauschmittel entwickelt (I.iv) und worin der Unterschied zwischen dem wirklichen Preis und dem Geld-Preis von Waren besteht (I.v).

Durch Arbeitsteilung und Tausch werden die Menschen voneinander abhängig. Jeder tut, was er am besten kann, und setzt es ein, um zu bekommen, was andere besser können. So spart jeder Arbeit (d. h. Mühe) und erhöht seinen Nutzen. Der Tauschwert einer Ware besteht nach Smith deshalb darin, über ein bestimmtes Quantum fremder Arbeit zu verfügen. Über welches Quantum? Über das gleiche, das in ihr selbst verkörpert ist? Diese Antwort wäre logisch und bedeutete, daß nur gleichwertige Waren getauscht würden. Sie gilt aber nur für den einfachen Warentausch, d. h. für Gesellschaften, in denen die Arbeiter ihre Produktionsmittel selbst besitzen und ihre Produkte sporadisch tauschen (I.vi.1). In entwickelten Gesellschaften kommen zwei Faktoren hinzu, die das Bild verändern.

Erstens die historisch gewachsene Klassengesellschaft: Die Arbeiter sind nicht mehr Eigentümer der Produktionsmittel, sondern arbeiten für einen Besitzer von Kapital, der häufig wiederum – als Pächter – auf den Boden eines Grundbesitzers angewiesen ist. Der Wert oder Preis der Waren, an deren Herstellung die drei Produktionsfaktoren Arbeit, Kapital und Boden beteiligt sind, setzt sich aus den Produktionskosten bzw. der Rendite dieser drei Faktoren (Lohn, Profit, Rente) zusammen (I.vi). Zweitens ist, zur Berechnung des Werts oder Preises von Waren, die Menge der angebotenen und nachgefragten Waren zu berücksichtigen. Gibt es ein Überangebot, so sinkt der Marktpreis unter, gibt es ein Unterangebot, so steigt er über den „natürlichen Preis“ (den Preis, der die Produktionskosten bzw. die derzeit üblichen Renditen deckt). Jede dieser Bewegungen ruft freilich, sofern sich die Kräfte des Marktes frei entfalten können, eine Gegenbewegung hervor, so daß sich immer wieder ein Gleichgewicht von Angebot und Nachfrage einstellt und die Marktpreise sich in der Nähe des natürlichen Preises einpendeln (I.vii).

Von dieser Grundlage ausgehend, entwickelt Smith in den übrigen Kapiteln des ersten Buches eine Konjunkturtheorie der Entwicklung von Löhnen (I.viii), Profiten (I.ix) und Renten (I.xi) bei expandierenden, stagnierenden und rückläufigen Märkten. Als Optimum stellt sich dabei der Zustand eines freien und maßvoll expandierenden Marktes heraus, der durch relativ niedrige Profite, hohe Löhne und niedrige Preise charakterisiert werden kann. Er liegt im Interesse der Lohnarbeiter und der Konsumenten, also des größten Teils der Bevölkerung, nicht aber im Interesse der Kapitalisten (Smith spricht oft von „merchants and master manufacturers"), die durch Drücken der Löhne und überhöhte Preise jenen Zustand zu verhindern suchen (I.x.passim).

Im *Zweiten Buch* entwickelt Smith eine makroökonomische Theorie der Warenzirkulation und des Wachstums. Er will erklären, wie Kapital entsteht und angehäuft wird; warum es in verschiedenen Erwerbszweigen investiert wird; was diese Erwerbszweige zur Beschäftigung von Arbeitern und zum jährlichen Gesamtprodukt der Volkswirtschaft beitragen. Dahinter steht die Frage nach dem zweiten Kriterium zur Bestimmung des Wohlstands einer Nation: dem Verhältnis zwischen der Anzahl der nützlich Beschäftigten und der der ökonomisch Unproduktiven in einer Gesellschaft. Diese Frage will Smith dadurch beantworten, daß er zeigt, warum Geld in mehr oder weniger produktive Bereiche der Volkswirtschaft fließt. Dazu benötigt er eine Reihe von Unterscheidungen: zwischen Konsum- und Investitionsgütern (II.i.2), zwischen fixem und zirkulierendem Kapital (II.i.4–5), zwischen Brutto- und Nettoeinkommen einer Bevölkerung (II.ii.5–10), zwischen produktiver und unproduktiver Arbeit (II.iii.1–2), zwischen vier Erwerbszweigen, in denen Kapital investiert werden kann (II.v.2). Dazu kommt eine Theorie des Geldes als allgemeines Zirkulationsmittel (great wheel of circulation: II.ii.14ff.) und als Kredit (II.iv).

Interessant ist die Unterscheidung zwischen produktiver und unproduktiver Arbeit. Smith nennt Arbeiten produktiv, die einem Gegenstand einen Wert hinzufügen, der später durch Tausch oder Verkauf realisiert werden kann. Unproduktive Arbeiten können nützlich (wie die eines Dienstboten), angenehm (wie die einer Sängerin) oder sogar notwendig sein (wie die eines Richters oder Staatsmannes). Sie haben deshalb ihren Preis. Was ihnen fehlt, ist die Wertschöpfung. Ihr Nutzen erschöpft sich im Gebrauch. Wo Kapital eingesetzt wird, um Profit zu machen, wird produktive Arbeit „in Bewegung gesetzt" und weiteres Kapital angehäuft (z.B. in Handelsstädten). Wo das Nettoeinkommen einer Bevölkerung verbraucht wird, sammeln sich die unproduktiven Mitglieder der Bevölkerung (z.B. in den Häusern der Reichen, bei Hof). Ökonomisch gesehen ist der Unterschied zwischen unproduktiver Arbeit und Müßiggang fast unerheblich. Deshalb Smiths Schlußfolgerung: „Wo Kapital vorherrscht, waltet Fleiß, wo Einkommen, Müßiggang. Jede Vermehrung oder Verminderung des Kapitals strebt naturgemäß dahin, die wirkliche Menge Gewerbefleiß (industry), die Zahl produktiver Arbeitskräfte und folglich den Tauschwert des jährlichen Boden- und Arbeitsprodukts des Landes, den wirklichen Wohlstand und das wirkliche Einkommen aller seiner Bewohner zu vermehren oder zu vermindern" (II.iii.13).

Der Wohlstand hängt aber nach Smith auch davon ab, in welche Erwerbszweige das Kapital fließt. Denn gleiche Kapitalmengen beschäftigen dort unterschiedliche Mengen produktiver Arbeit und tragen in verschiedenem Maße zur allgemeinen Wertsteigerung bei: am wenigsten im Kleinhandel, mehr im Großhandel, noch mehr in Manufakturen, am meisten aber in der Landwirtschaft (II.v.8–12). In der Landwirtschaft kommt nicht nur, auf die gleiche Menge Kapital bezogen, die meiste produktive Arbeit zum Einsatz, deren Produkt bzw. dessen Erlös die Arbeiter ernährt und den Profit des Pächters abwirft; durch die Fruchtbarkeit der Natur selbst findet hier eine Wertsteigerung statt, die noch zusätzlich die Rente des Grundbesitzers ermöglicht, die je nach Fruchtbarkeit des Bodens ein Viertel bis ein Drittel des Gesamterlöses ausmacht. Die Landwirtschaft hat deshalb für Smith die größte relative Bedeutung für den Wohlstand der Nation (II.v.12), und es wäre naturgemäß, daß dort am meisten investiert würde. Daß dies in den entwickeltsten Ländern Europas nicht so ist, hat historische Gründe, die mit dem Verhältnis zwischen Stadt und Land und letztlich mit der Macht der Kaufleute und Manufakturbesitzer zu tun haben. Im dritten und vierten Buch wird Smith diese Gründe erklären.

Das *Dritte Buch* behandelt das Verhältnis zwischen Stadt und Land in historischer Perspektive. Die Ausgangsthese ist, daß Stadt und Land einander ergänzen, einen natürlichen Markt bilden und voneinander profitieren können (III.i.1). Der „natürliche Lauf der Dinge" wäre, daß zunächst das Land kultiviert würde, dann Handwerk und heimische Gewerbe, anschließend der Fernhandel entstünden; und naturgemäß würde auch später, in entwickelteren Gesellschaften, der größte Teil des Kapitals in die Landwirtschaft, ein kleinerer in Handwerk und Gewerbe, ein noch kleinerer in den Außenhandel investiert (III.i.8). Warum? Weil das Lebensnotwendige vor dem Luxus kommt; weil nur dort, wo die Landwirtschaft Überschüsse erwirtschaftet, Nachfrage nach städtischen Produkten entsteht; weil der Ertrag vom eigenen Land sicherer ist als der von fernen Ländern stammende; weil es wohlhabende Stadtbürger aufs Land zieht, um als Grundbesitzer die Schönheit und Unabhängigkeit des Landlebens zu genießen (III.i.2–5). „Hätten menschliche Institutionen ... niemals den natürlichen Lauf der Dinge gestört, würde in jeder politischen Gesellschaft die Entwicklung des Reichtums und des Wachstums der Städte abhängig sein von und im Verhältnis stehen zur Verbesserung und Kultivierung des Umlandes" (III.i.5).

Daß sich statt dessen in „allen modernen Staaten Europas" eine „unnatürliche und rückschrittliche Ordnung" durchgesetzt hat (III.i.9), erklärt Smith durch die Feudalordnung, die sich im Anschluß an die Auflösung des römischen Reiches durchgesetzt hat. Riesige Ländereien wurden zum Eigentum weniger Großgrundbesitzer. Erbgesetze, die die Macht des Adels sichern sollten, verhinderten die Aufteilung und Kommerzialisierung des Bodens. Weder Feudalherren noch Leibeigene hatten ein Interesse an der Verbesserung landwirtschaftlicher Methoden. Statt dessen wurden die Städte, von Landflüchtigen bevölkert, von den Souveränen privilegiert, zu Oasen der Freiheit und Sicherheit, des Handwerks und Handels. Sofern sie an Flußläufen oder Meeren gelegen waren, pflegten sie den Handel mit fernen Ländern und verlockten mit der Zeit die Großgrundbesitzer des Umlandes zum Kauf von Luxusgütern.

So kam es, daß entgegen der natürlichen Ordnung die Städte zur Entwicklung des Landes beitrugen: als Absatzmärkte für die Agrarprodukte des Landes; durch reiche Kaufleute, die Grundbesitz erwarben und eine profitorientierte Landwirtschaft betrieben; durch Ausbreitung von Freiheit und Rechtssicherheit von der Stadt auf die ländlichen Regionen; durch Auflösung ländlicher Sozialstrukturen unter dem Einfluß von Geld und Luxusgütern (III.iv). Freilich war diese Entwickung „langsam und ungewiß", vergleicht man sie damit, „wie rasch sich unsere Kolonien in Nordamerika entwickeln, deren Wohlstand allein auf der Landwirtschaft gründet" (III.iv.19).

Das *Vierte Buch* handelt von „Systemen der politischen Ökonomie", nämlich vom „Handels- oder Merkantilsystem" (Kap. 1–8) und von „Agrarsystemen" (Kap. 9). Es enthält eine Auseinandersetzung mit den wichtigsten Wirtschaftstheorien der Zeit, dem Merkantilismus und der Physiokratie. Diese ist jedoch eingebettet in die Systematik des Gesamtwerks. Zum einen greift Smith das Thema des dritten Buches, das Verhältnis von Stadt und Land, wieder auf: Hinter der Theorie des Merkantilismus steht das Interesse der Stadt (der Händler), hinter den Agrartheorien die Interessen des Landes (der Grundbesitzer). Zum anderen geht es ihm um die praktischen Konsequenzen von Wirtschaftstheorien, also um Wirtschaftspolitik. Mit dem Anfang des vierten Buches verläßt Smith die Ebene der reinen Theoriebildung und betreibt politische Ökonomie „as a branch of the science of a statesman or legislator" (IV.Intr.1), also als angewandte Wissenschaft, die den Staatsmann und Gesetzgeber lehrt, wie das Einkommen der Bevölkerung (Buch IV) bzw. die Einkünfte des Staates (Buch V) gesichert und vermehrt werden können.

Hinter dem „Handels- oder Merkantilsystem", so Smith, stehen falsche Prämissen und partielle Interessen. Seine Konsequenzen für die große Mehrheit der Bevölkerung können daher nur schädlich sein. Die falschen Prämissen: Der Reichtum eines Landes bestünde in der Menge seines Geldes, d.h. vor allem der Edelmetalle, und müsse durch eine möglichst positive Handelsbilanz befördert werden. Die schädlichen Konsequenzen: Importe einschränken (durch Einfuhrverbote oder Zölle) und Exporte fördern (durch Rückzölle, Ausfuhrprämien, vorteilhafte Handelsverträge, Gründung von Kolonien mit Monopolen für die eigenen Waren und Kaufleute). Jeder dieser falschen Maßnahmen widmet Smith ein eigenes Kapitel. Die Kritik der Gegenposition dient auch der Begründung seiner eigenen Auffassung: Der Reichtum eines Landes besteht in der Menge seiner absetzbaren Waren. Diese Menge wiederum hängt ab von der Produktivität der Arbeit und von der relativen Menge der produktiv Tätigen. Zu denen freilich gehören weder allein die Handwerker und Händler noch – so argumentiert er gegen die Physiokraten

(IV.ix.29–37) – allein die in der Landwirtschaft Tätigen, sondern alle, die Waren herstellen. Letztlich ist es die Größe des Marktes, die den Einsatz des Kapitals in produktive Tätigkeiten lenkt und begrenzt. Deshalb empfiehlt Smith das „System der natürlichen Freiheit", in dem der Staat, statt unter dem Einfluß mächtiger Gruppen einseitige und oft kontraproduktive Maßnahmen zu ergreifen, sich auf drei Aufgaben beschränkt: a) die Verteidigung des Landes, b) den Rechtsschutz der Bürger und c) die Organisation bestimmter für das Gemeinwesen notwendiger Maßnahmen und Einrichtungen, die die Möglichkeiten privater Investoren übersteigen (IV.ix.51).

Das *Fünfte Buch* enthält Smiths Staatstheorie in Form einer Ökonomie der Staatsaufgaben. Das erste Kapitel behandelt die *Ausgaben* des Staates für die Landesverteidigung, das Justizwesen und andere öffentliche Dienstleistungen (zur Förderung des Handels und der Erziehung) sowie für die Repräsentationspflichten des Staatsoberhauptes. Das zweite Kapitel untersucht die *Einnahmequellen*, die dem Staat zur Verfügung stehen: Einkünfte aus Staatseigentum, vor allem aber Steuern. Das dritte Kapitel diskutiert das Problem der *Staatsschulden*.

Jeweils zu Beginn der einzelnen Kapitel, oft auch der Unterkapitel dieses Buches, gibt Smith eine naturgeschichtliche Herleitung des Themas. Der Staat als politische Organisation einer durch Arbeitsteilung und Handel charakterisierten Gesellschaft (commercial society) hat ganz andere Aufgaben zu erfüllen, als sie in einfachen Jägergesellschaften, in Hirtengesellschaften oder in vorwiegend bäuerlichen Gesellschaften vorkommen. Er muß z.B. die Landesverteidigung – durch Aufstellen von Bürgermilizen oder stehenden Heeren – selbst organisieren und finanzieren, während in einfacheren Gesellschaften jeder Bürger zugleich Krieger ist und als Soldat zur Verfügung steht (V.i.a). Die innenpolitische Hauptaufgabe des Staates, den Bürgern Rechtssicherheit zu garantieren, kommt erst dort auf, wo die Bürger als ungleiche Privateigentümer zusammenleben und der Reichtum der einen den Neid der anderen herausfordert. „Nur unter dem Schutz einer staatlichen Behörde kann der Besitzer eines wertvollen Vermögens ... auch nur eine einzige Nacht ruhig und sicher schlafen" (V.i.b.2).

Bei der Beurteilung von Maßnahmen, die der Staat finanzieren und fördern soll, geht Smith stets von folgenden Prinzipien aus: Erstens sollen öffentliche Dienstleistungen nur dann eingerichtet werden, wenn sie notwendig sind und aus privater Initiative nicht entstehen können. Zweitens sollen sie so organisiert werden, daß ihr Angebot im Verhältnis zur effektiven Nachfrage und ihre Vergütung im Verhältnis zur erbrachten Leistung steht (V.i.b.20). Von daher plädiert Smith dafür, daß der Staat Straßen, Brücken, Kanäle und Häfen baut. In der Regel könnte die Erhaltung durch Benutzergebühren finanziert werden, ohne das Staatsbudget zu belasten (V.i.d.1–2). Dann würden auch keine Straßen und Brücken mehr gebaut, wo sie nicht gebraucht würden – etwa zum Palast eines Ministers (V.i.d.6). Smith spricht sich für öffentliche bzw. staatlich geförderte Grundschulen aus, insbesondere, um der Abstumpfung des Verstandes der einfachen Bevölkerung durch die Manufakturarbeit entgegenzuwirken (V.i.f.53–55,61). Er legt aber großen Wert darauf, Schulen und Universitäten nicht als Sinekuren einzurichten, sondern das Gehalt von Lehrern und Professoren wenigstens teilweise von ihren Leistungen abhängig zu machen (V.i.f.1–7).

Zu Beginn seiner Ausführungen über Steuern stellt Smith eine Reihe von Maximen auf, deren „Gerechtigkeit und Nützlichkeit" evident sei (V.ii.b.7): 1. *Gleichheit*: Jeder soll im Verhältnis zu seinem Einkommen die gleichen Steuern zahlen (Steuerprivilegien, aber auch progressive Steuern werden durch diese Maxime ausgeschlossen). – 2. *Sicherheit*: Jeder muß wissen, welche und wie viele Steuern er dem Staat schuldet (niemand soll von der Willkür des Steuereintreibers abhängig sein). – 3. *Leichtigkeit*: Steuern sollten dann und dort erhoben werden, wenn und wo ihre Zahlung dem Steuerpflichtigen am wenigsten schwerfällt (z. B. als Konsumsteuern auf Luxusgüter). – 4. *Effizienz*: Steuern sollten so erhoben werden, daß die Differenz zwischen dem, was aus den Taschen der Bürger geholt, und dem, was in die Kassen des Staates fließt, möglichst gering ist. Zum Zweck der Effizienz schlägt Smith vor: Keine zu große Steuerverwaltung; keine Steuern, die wirtschaftliche Leistung entmutigen, die die Versuchung zur Steuerhinterziehung vergrößern, die die Bürger beunruhigen, indem sie sie „den häufigen Besuchen und der verhaßten Überprüfung durch den Steuereinnehmer unterwirft" (V.ii.b.3–6).

Die Staatsverschuldung ist ein in fortgeschrittenen Ländern so weit verbreitetes Phänomen, daß Smith sich zwar leicht tut, sie zu erklären (z.B. durch die Menge des Profit suchenden Kapitals, die

Häufigkeit von Kriegen usw.), aber fast keinen Rat weiß, sie in absehbarer Zeit abzubauen. Dabei nimmt er dieses Problem keineswegs leicht, sondern spricht besorgt von der „Entwicklung der enormen Schulden, die alle großen Nationen Europas gegenwärtig bedrücken und langfristig wahrscheinlich ruinieren werden" (V.iii.10). Zwar würde auf lange Sicht die Anwendung der Prinzipien seiner Wirtschafts- und Fiskalpolitik auch zum Abbau der Staatsschulden beitragen, aber kurzfristig weiß er als Ausweg nur die Besteuerung Irlands und der europäischen Siedler in den Kolonien. Diese Besteuerung sei durchaus vertretbar, wenn man an die Kosten des Mutterlands, z.B. für die Verteidigung der nordamerikanischen Kolonien, denke. Allerdings wäre die gleichberechtigte Repräsentation Irlands und der Kolonien im Unterhaus dafür eine Voraussetzung. Am Ende seines Werkes, das im Frühjahr 1776, wenige Monate vor der *Declaration of Independence*, erscheint, skizziert Smith somit die Umrisse einer neuen Struktur des britischen Empire als Commonwealth gleichberechtigter Provinzen (V.iii.68, 88–90). Sollte eine solche Neuordnung nicht zustande kommen, empfiehlt er den Rückzug aus der imperialen Weltpolitik: „Großbritannien sollte künftig seine Ansichten und Pläne der tatsächlichen Mittelmäßigkeit seiner Lage anpassen" (V.iii.92, letzter Satz).

Auch wenn das System der politischen Ökonomie, das Smith im *Wohlstand der Nationen* dargelegt hat, in seinen Grundaussagen klar und schlüssig ist, haben viele kleinere und größere Probleme die Interpreten bis heute beschäftigt. Dabei richten sich die Fragen der Nationalökonomen vor allem an das erste und zweite Buch: Warum unterscheidet Smith nicht genauer zwischen innerbetrieblicher und gesellschaftlicher Arbeitsteilung (I, 1–3)? Warum betont er die Tauschmittelfunktion des Geldes und macht sich von der Bedeutung des Sparens – zu anderen als Investitionszwecken – keinen Begriff (I, 4; II, 2 und 4)? Vertritt er eine Arbeitswert- oder eine Produktionskostentheorie der Güterpreise (I, 5 und 6)? Warum ist seine Analyse des freien Marktes fast ausschließlich angebotsorientiert (I, 7)? Was ist der genaue Sinn der Unterscheidung zwischen produktiver und unproduktiver Arbeit (II, 3), „wahrscheinlich die unglücklichste Kategorisierung in der gesamten Geschichte ökonomischer Doktrinen" (Blaug 1971, Bd. I, 116). Mit Hinweisen auf die Anfänge der Nationalökonomie als Wissenschaft (einfaches analytisches Instrumentarium) und auf die Zeitumstände (vorindustrielle Produktion, Kapitalknappheit usw.) lassen sich diese und ähnliche Fragen relativ leicht beantworten (vgl. Blaug 1971, Bd. I, 87–134).

Weitergehende Fragen werden von Interpreten gestellt, die die politische Ökonomie von Adam Smith im Rahmen seiner Moral-, Rechts- und Staatsphilosophie zu deuten suchen. Diese Fragen beziehen sich auf die anthropologischen Prämissen, methodologischen Prinzipien und Vorstellungen von gesellschaftspolitischer Ordnung im *Wohlstand der Nationen*: Geht Smith in seiner Wirtschaftstheorie vom *homo oeconomicus*, d.h. von einem rationalen Egoisten aus? Sucht er, ähnlich wie in der *Theorie der moralischen Gefühle*, nach einem einzigen Prinzip, das die Welt des wirtschaftlichen Handelns zu erklären erlaubt? Heißt dieses Prinzip private Nutzensteigerung oder – in der Sprache des *Wohlstands* – der Trieb, unsere Lebensumstände zu verbessern (II.iii.28)? Vertritt Smith eine Theorie der spontanen Ordnung oder der prästabilierten Harmonie egoistischer Interessen? Ist sein Plädoyer für Freihandel und ein „System der natürlichen Freiheit“ als Wirtschaftspolitik des „laissez-faire“ zu verstehen? Spielen Fragen der Gerechtigkeit im *Wohlstand* überhaupt noch eine Rolle, oder sind die Naturgesetze des Wirtschaftslebens bzw. die Kriterien der wirtschaftspolitischen Effizienz an ihre Stelle getreten? Wie ist Smiths Kritik des Merkantilismus zu verstehen? Auf wessen Seite steht er, wenn er Händler und Manufakturbesitzer andauernd und heftig kritisiert? Auf wessen Seite steht er im Konflikt der Kolonien mit dem englischen Mutterland? Wir werden diese grundsätzlichen Fragen im folgenden aufgreifen und dabei auch einigen der im engeren Sinne ökonomischen Probleme wieder begegnen.

2. Homo oeconomicus?

Ein Text im zweiten Kapitel des ersten Buches wird oft zitiert, um die Bedeutung des Egoismus für Smiths Wirtschaftstheorie zu betonen: „Nicht vom Wohlwollen des Metzgers, Brauers und Bäckers erwarten wir das, was wir zum Essen brauchen, sondern davon, daß sie ihre eigenen Interessen wahrnehmen. Wir wenden uns nicht an ihre Menschen-, sondern an ihre Eigenliebe, und wir erwähnen nicht die eigenen Bedürfnisse, sondern sprechen von ihrem Vorteil“ (I.ii.2). Wenn wir den Kontext beachten, wird allerdings deutlich, daß der Autor hier nicht den Egoismus, sondern einen ganz anderen Punkt hervorhebt. Es geht um Verhandeln und Tauschen als eine Art des gegenseitigen Überzeugens. Smith vergleicht den Besitzer von Waren mit einem Hund und mit einem Bettler. Alle drei sind, um ihre Bedürfnisse zu befriedigen, von anderen abhängig. Doch während der Hund winselt oder Männchen macht, um die Aufmerksamkeit seines Besitzers oder – ähnlich wie der Bettler – Mitleid zu erregen, tritt der Besitzer von Waren – und sei es nur die eigene Arbeitskraft – den Mitmenschen mit dem Bewußtsein gegenüber, ihnen etwas bieten zu können. Für Smith gehört es zur Würde einer Person, für sich selbst sorgen zu können und für andere interessant zu sein.

Die Frage, ob die Menschen im Grunde ihres Herzens Egoisten sind, war im 18. Jahrhundert – als Antwort auf die Thesen von Hobbes und Mandeville – ein heiß diskutiertes Thema der britischen Philosophie. Wir haben bereits gesehen, daß dieses Thema in der Moralphilosophie von Smith keine zentrale Rolle spielt (Kap. III.2). Eher beiläufig stellt er fest, daß es egoistische und nicht-egoistische Motive gibt, die nicht aufeinander reduzierbar sind und alle ihre relative Berechtigung haben, solange sie die Zustimmung eines unparteiischen Zuschauers finden können. Das Grundprinzip der Smithschen Moralphilosophie ist die Sympathie. Diese steht nicht im Gegensatz zum Egoismus, aber sie ist etwas anderes: die Fähigkeit, sich in andere zu versetzen und ihre Gefühle zu teilen. Von daher läßt sich die Welt der moralischen Gefühle erklären.

Gibt es im *Wohlstand* ein Grundprinzip, das eine ähnlich zentrale Rolle spielt wie die Sympathie in der *Theorie der moralischen Gefühle*? In der Tat formuliert Smith zu Beginn des Werkes ein solches Prinzip. Es steht zwar nicht im Gegensatz zur Annahme des Egoismus, aber es betont einen anderen Aspekt und besitzt auffällige strukturelle Ähnlichkeiten mit dem Prinzip der Sympathie: die natürliche Neigung der Menschen „Handel zu treiben, zu verhandeln und eine Sache gegen eine andere auszutauschen" (I.ii.1). Die Vermutung, dieses Prinzip sei letztlich Ausdruck „der menschlichen Fähigkeit, denken und sprechen zu können", wird im *Wohlstand* als plausibel bezeichnet, aber nicht weiter erörtert. In den *Lectures on Jurisprudence* dagegen vertritt er die These, daß Tauschen mit Überzeugen zu tun hat. Jemandem einen Schilling anzubieten, sei in Wirklichkeit ein Argument, um ihn zu überzeugen, das oder jenes zu tun, weil es in seinem Interesse liege (LJ vi.56). Der Vergleich mit der Sympathie liegt nahe. Das Prinzip, mit dessen Hilfe Smith die Welt der Nationalökonomie erklären will, ist ein Prinzip der Kommunikation, das die Fähigkeit impliziert, sich in andere zu versetzen, ihre Interessen mit den eigenen abzustimmen, Einverständnis herbeizuführen. Ebensowenig wie die Sympathie ist es ein altruistisches Prinzip, aber ebenso wie die Sympathie ist es ein Prinzip der interessengeleiteten Kommunikation.

Manche Interpreten meinen, diesem Prinzip keine besondere Aufmerksamkeit schenken zu müssen, riskieren dabei aber, zentrale Einsichten der Smithschen Ökonomie zu verfehlen. Robert Heilbronner etwa reduziert Smiths Analyse des freien Marktes auf die Elemente Egoismus und Konkurrenz: Der Wettbewerb verhindere, daß der Egoismus Amok läuft, und bewirke, daß aus der Absicht jedes einzelnen, den privaten Nutzen zu steigern, der größtmögliche Gesamtnutzen hervorgeht (Heilbronner 1969, 49–52). Diese Deutung vernachlässigt das Erklärungsprinzip, von dem Smith selbst ausgeht: das Handels- und Tauschprinzip. Nicht Egoismus und Konkurrenz sind die wesentlichen Elemente seiner Analyse des freien Marktes, sondern Kommunikation und Konkurrenz. Nicht allein der Wettbewerb zwischen Anbietern, sondern Information und Kommunikation zwischen Anbietern und Nachfragern (aber auch zwischen einzelnen Anbietern) konstituieren den Markt.

Wenn wir seine rhetorische Umschreibung des Tauschaktes ernst nehmen, können wir Smiths Kritik an den Nationalökonomien seiner Zeit so verstehen: Ihr Problem ist, daß sie keine Systeme der Kommunikation sind, in denen jeder von seinem Recht Gebrauch machen kann, die anderen vom Wert seiner Arbeit oder seiner Waren zu überzeugen. Statt dessen sind sie Systeme der beschränkten Kommunikation, in denen einzelne Gruppen – vor allem Kaufleute und Unternehmer – Absprachen über Löhne und Preise treffen und ihre Nähe zur Macht dazu benutzen, sich mit Hilfe von Importverboten, Zöllen und Abgaben vor freier Konkurrenz zu schützen. Smiths Kritik am Merkantilismus ist nicht nur eine Auseinandersetzung mit der kontraproduktiven Außenwirtschaftspolitik europäischer Regierungen, sondern Kritik am Unrecht, das die Oligopolisten den anderen Gruppen der Bevölkerung antun. Seine Theorie des freien Marktes ist vor diesem Hintergrund zu sehen: Er ist ein System der freien Kommunikation und der vollständigen Konkurrenz, in dem jeder versuchen kann, jeden anderen zu überzeugen, und das gleiche Recht der übrigen Anbieter zu respektieren hat.

Um Mißverständnisse zu vermeiden: Adam Smith geht in seiner Wirtschaftstheorie, ebenso wie in seiner Moralphilosophie, keineswegs von nicht-egoistischen oder altruistischen Subjekten aus. Für ihn ist Egoismus, genauer: die Absicht der privaten Nutzensteigerung, ein starkes Motiv, mit dem man in allen Bereichen des Lebens, besonders aber im wirtschaftlichen, zu rechnen hat. So erklärt er z.B. das Sparen durch den Wunsch, unsere Lebensbedingungen zu verbessern, ein Wunsch, der uns „vom Mutterschoß bis zum Grab begleitet" (II.iii.28). Dennoch spielt dieses Motiv im *Wohlstand* keine besondere Rolle, weil es keine spezifische Erklärungsfunktion hat. In der Tat ist es für die Erklärung wirtschaftlicher Zusammenhänge fast ohne Belang, ob jemand sein Geld investiert, um mit der Rendite eine Luxusvilla für sich selbst zu kaufen, seine alte Tante zu unterstützen oder – wie Don Camillo – einen Kindergarten zu bauen. Worauf es ankommt ist, daß er sein Geld investiert, um möglichst hohe Renditen zu erwirtschaften.

Die Betonung von Egoismus und Konkurrenz, das Übersehen des kommunikativen Charakters der Marktwirtschaft, mag eine Spätfolge der Marxschen Kritik der politischen Ökonomie sein. Denn für Marx sind die Tauschwerte produzierenden Subjekte der bürgerlichen Gesellschaft isolierte Monaden, deren Tätigkeiten durch objektive Gesetzmäßigkeiten hinter dem Rücken der Subjekte vermittelt werden. Diese Auffassung sieht er in den Theorien der bürgerlichen Klassiker der politischen Ökonomie, allen voran Adam Smith, vorformuliert – freilich naiv im Sinne einer prästabilierten Harmonie egoistischer Interessen, nicht kritisch im Sinne eines unvermeidlichen Klassenkampfes. Im Gegensatz zu dieser entfremdeten Form von Kooperation sieht er die kommunistische Gesellschaft der Zukunft, in der altruistische Menschen nach einem gemeinsamen Plan Gebrauchswerte produzieren. Die kommunistischen Experimente des 20. Jahrhunderts erlauben inzwischen einen genaueren Vergleich zwischen individualistischer Markt- und kollektivistischer Planwirtschaft: Während der einzelne Produzent oder auch Produktionsleiter in einer Planwirtschaft in der Regel nicht über den Tellerrand des eigenen Betriebes hinaussieht, weil seine Aufgabe nur darin besteht, aus angeliefertem Material eine bestimmte Menge von Produkten herzustellen, muß das typische Subjekt des freien Markts die Informationsfunktion der Preise berücksichtigen, d.h. jederzeit und weiträumig kommunikationsbereit sein, um sich über Angebot und Nachfrage, Kosten und Nutzen möglichst vollständig zu informieren und zu verständigen.

3. Laissez-faire?

War Adam Smith ein metaphysischer Optimist, der – trotz aller augenscheinlichen Konflikte in modernen Gesellschaften – an eine fundamentale Harmonie der Interessen glaubte und Staatsmännern den Rat gab, sich in wirtschaftspolitischer Abstinenz zu üben, weil er davon ausging, daß aus dem freien Spiel der Interessen spontan die bestmögliche soziale Ordnung hervorgehen würde? Auch zu dieser Frage gibt es einen zentralen Text, der immer wieder zitiert wird und – isoliert betrachtet – einen solchen Eindruck erwecken kann. Er findet sich im zweiten Kapitel des vierten Buches, in dem der Sinn von Einfuhrbeschränkungen diskutiert wird. Smiths These ist, daß der durchschnittliche Kapitaleigner aus Sicherheitsgründen in der Regel lieber im Inland als im Ausland investiert und dadurch, obwohl er nur an den eigenen Vorteil denkt, zur Vermehrung des Volkseinkommens beiträgt. „Und er wird in diesem wie in vielen anderen Fällen von einer unsichtbaren Hand geleitet, um einen Zweck zu fördern, den er in keiner Weise beabsichtigt hat. Auch für das Land selbst ist es keineswegs immer das schlechteste, daß der einzelne ein solches Ziel nicht bewußt anstrebt, ja, gerade dadurch, daß er das eigene Interesse verfolgt, fördert er häufig das der Gesellschaft nachhaltiger, als wenn er wirklich beabsichtigt, es zu tun. Meines Wissens ist niemals viel Gutes von denen geleistet worden, die vorgaben, ihre Geschäfte dienten dem öffentlichen Wohl" (IV.ii.9).

Der Grundgedanke dieses Textes ist uns bei der Kritik des ethischen Rationalismus bzw. Utilitarismus schon wiederholt begegnet: Die Natur oder die Vorsehung haben es so eingerichtet, daß die für das Zusammenleben der Menschen fundamentalen Regeln und Institutionen weder vom Wohlwollen noch von der Einsicht einzelner Subjekte abhängen. Sie entstehen und entwickeln sich, auch wenn keiner sie erkannt und gewollt hat. Das heißt freilich nicht, daß die

Menschen keinen Einfluß auf sie hätten. Durch falsche Theorien und partielle Interessen geleitet, können sie der Gesellschaft schweren Schaden zufügen und den Fortschritt verzögern, umgekehrt aber auch zu einer gerechten Ordnung beitragen und den Fortschritt fördern, wenn sie die richtigen Einsichten besitzen und sich von objektiven Gesichtspunkten leiten lassen.

Die Idee einer allgemeinen Harmonie der Interessen ist Smith nicht nur fremd, sie müßte ihm als absurd erscheinen. Die Theorie der Entwicklung von Löhnen, Profiten und Renten, die er im ersten Buch des *Wohlstands* (Kap. 8, 9 und 11) formuliert, zeigt immer wieder, daß der kapitalistische Markt zwar kein Nullsummenspiel ist, aber doch ein Spiel, bei dem die Gewinnchancen sehr ungleich verteilt und der Nutzen umgekehrt proportional ist: je höher die Einkünfte der einen, desto geringer die der anderen. Smith macht dies immer wieder am Verhältnis zwischen Kapitalisten und Lohnarbeitern, aber auch zwischen Kapitalisten und Konsumenten klar: Hier bestehen fundamentale Interessengegensätze zwischen verschiedenen ökonomisch definierten Klassen der Bevölkerung.

Wie geht man mit Interessengegensätzen um, die den Frieden in der Gesellschaft gefährden? Die Ideengeschichte bietet in dieser Hinsicht verschiedene Modelle: Die Gegensätze überwinden, sagen die einen; mit ihnen leben, sagen die anderen. Die Überwinder hoffen entweder auf eine Veränderung des Bewußtseins, etwa auf die Erziehung zum Staatsbürger (Rousseau an manchen Stellen), oder auf die Abschaffung der feindlichen Klassen (Marx). Wenn es keine Grundbesitzer und Kapitalisten mehr gibt, kann es auch keinen Klassenkampf geben, das Interesse der Lohnarbeiter deckt sich mit dem Gemeinwohl – eine klare und radikale Lösung, die die Logik für sich und die Erfahrung gegen sich hat. Smith gehört zu denen, die mit Interessengegensätzen leben wollen, sie für unvermeidlich und für produktiv halten, solange sie nach fairen Spielregeln ausgetragen werden.

Erinnern wir uns: Für Smith (wie für Hume) war nicht der Egoismus das Grundproblem von Moral und Politik. Denn dieser ist etwas Natürliches und in der richtigen Mischung mit sozialen Affekten etwas durchaus Nützliches. Für beide ist das Hauptproblem die Parteilichkeit, also nicht der Egoismus, sondern der soziale Partikularismus, die systematische Überschätzung und Bevorzugung der eigenen Gruppe, ob sie nun durch gemeinsame Interessen oder

Überzeugungen konstituiert wird. Denn wer sich mit der eigenen Gruppe identifiziert, tendiert dazu, die Rechte anderer zu verletzen und dabei auch noch ein gutes Gewissen zu haben, weil er das eigene Interesse einem höheren untergeordnet hat. Die ganze Moralphilosophie von Smith (und Hume) umkreist deshalb die Frage, wie sich Objektivität im Denken, Fühlen und Handeln erreichen läßt. Ganz ähnlich verhält es sich im Bereich des ökonomischen Handelns. Das Grundproblem ist auch hier der Partikularismus: Es entstehen Gruppen oder Klassen mit gegensätzlichen Interessen, die die Regeln zu ihren Gunsten gestalten wollen und dies teilweise – wegen ihrer Nähe zur Macht – auch können. Die Lösung dieses Problems besteht nicht darin, den Egoismus und Partikularismus zu überwinden, sondern durch den freien Markt annähernd gleiche Regeln für alle herzustellen und durchzusetzen.

Hier kommt der Staat ins Spiel. Das „System der natürlichen Freiheit", das Smith fordert, ist keine Spielwiese der Anarchie, sondern die politische Rahmenordnung, in der allein das freie Spiel der Kräfte seine das Gemeinwohl fördernde Wirkung erzeugen kann. „Solange der einzelne nicht die Gesetze verletzt, läßt man ihm vollständige Freiheit, damit er das eigene Interesse auf seine Weise verfolgen kann und seinen Arbeitseifer und sein Kapital im Wettbewerb mit jedem anderen oder einem anderen Stand entwickeln oder einsetzen kann" (IV.ix.51). Im Gegensatz zum Merkantilismus betont Smith zwar die wirtschaftspolitische Zurückhaltung des klugen Herrschers, doch in den – schon mehrfach erwähnten – drei notwendigen Aufgaben jeder Regierung wird kein schwacher, sondern ein aufs Wesentliche konzentrierter Staat sichtbar: „Erstens die Pflicht, das Land gegen Gewalttätigkeit und Angriff anderer unabhängiger Staaten zu schützen; zweitens die Pflicht, jedes Mitglied der Gesellschaft soweit wie möglich vor Ungerechtigkeit oder Unterdrückung durch einen Mitbürger in Schutz zu nehmen oder ein zuverlässiges Justizwesen einzurichten; und drittens die Pflicht, bestimmte öffentliche Werke und Institutionen einzurichten und zu erhalten, die ein einzelner oder eine kleine Gruppe aus eigenem Interesse nicht betreiben kann, weil der Gewinn ihre Kosten niemals decken könnte, obwohl er häufig höher sein mag als die Kosten für das ganze Gemeinwesen" (IV.ix.51).

Im Hinblick auf die hier diskutierten Fragen macht dieser Text dreierlei klar: 1. Die Vorstellung einer allgemeinen Harmonie der

Interessen ist Smith fremd. Er geht davon aus, daß Gesellschaften ebenso wie Individuen im Konflikt miteinander leben und durch die Autorität des Staates voreinander geschützt werden müssen. – 2. Nur im Rahmen des liberalen Rechtsstaats kann individuelle Freiheit sozialen Nutzen, kann egoistisch motiviertes Handeln Gemeinwohl erzeugen. – 3. Das Gemeinwohl stellt sich auch im liberalen Rechtsstaat nicht von allein her. Die „unsichtbare Hand" ist kein Automatismus, der immer und überall (um es mit den Worten von Mandevilles „Bienenfabel" zu sagen) private Laster in öffentlichen Nutzen verwandelt. Der Staat muß dafür sorgen, daß der freie Markt keine schädlichen Folgen für das Land hat. Er muß selbst tätig werden, um öffentliche Aufgaben zu erfüllen, die den Horizont und die Kapitaldecke einzelner Unternehmen übersteigen.

Im Gegensatz zu John Stuart Mill, der in seinen *Principles of Political Economy* (1848, Buch V, Kap. 11) eine Wirtschaftspolitik des „laissez-faire" zur allgemeinen Regel erklärt, um dann eine ganze Reihe weitgehender Ausnahmen zu begründen, erweckt Smith niemals den Eindruck, daß die Wirtschaft im Prinzip sich selbst überlassen werden könnte, Eingriffe deshalb eigens zu rechtfertigen seien. Vielmehr überlegt er im Einzelfall, wie die Rechte der Privatleute am besten geschützt, die dynamischen Kräfte des Marktes am besten genutzt und das öffentliche Interesse am besten gefördert werden können. Meist laufen seine Argumente darauf hinaus, daß der freie Markt sowohl den privaten als auch den öffentlichen Nutzen am besten fördert. Aber wenn er z. B. die Navigationsakte verteidigt, die für den Handel mit England und seinen Kolonien, um die Konkurrenz holländischer Transportunternehmen auszuschalten, ein weitgehendes Monopol englischer Schiffe errichtete, bringt er die Sicherheitsinteressen des Landes ohne weiteres ins Spiel (WN IV.ii.24–30). Ganz logisch findet er, wenn ausländische Waren in dem Maße mit Zöllen belegt werden, wie die gleichen einheimischen Waren besteuert werden (IV.ii.31). Und wenn er dafür plädiert, Handelskompanien zeitweilige Monopole einzuräumen, bis sie ihre anfänglichen Investitionen erwirtschaftet haben, scheint er sich nicht der Verletzung eines Prinzips bewußt zu sein (V.i.e.30).

Daß Militär, Justiz, öffentliche Verwaltung zu den eigentlichen Staatsaufgaben zählen; daß der Bau von Straßen, Brücken, Kanälen und Häfen, darüber hinaus die Einrichtung von Grundschulen, ja sogar die religiöse Erziehung des Volkes, grundsätzlich in die Verantwortung des Staates fallen, weist Smith im einzelnen nach. Sie sind für das öffentliche Wohl unverzichtbar, müssen deshalb von der Regierung wenn nicht in eigener Regie betrieben, so doch zumindest angeregt, gefördert und kontrolliert werden. Aus eben diesem Grunde, so Smith, sei es auch nicht ungerecht, sie aus allgemeinen Steuermitteln zu finanzieren. Freilich sei es oft gerechter und effizienter, sie wenigstens teilweise durch die Benutzer bezahlen zu lassen. Die Last würde von denen getragen, die das Angebot nutzen, und die Leistung werde in der Regel besser sein, wenn das Einkommen von der Qualität des Angebotenen abhängt (V.i.i.1–6).

Ein Beispiel sind die Volksschulen. Daß die Kinder des einfachen Volkes lesen, schreiben und rechnen lernen, gehört für Smith zu den unbedingten Erfordernissen des Gemeinwohls. Gerade in modernen Gesellschaften, in denen der typische Manufakturarbeiter von Jugend auf, wie das Rädchen einer Maschine, einfachste Handgriffe ausübt, tut Bildung Not, um der Verdummung und Verrohung der Arbeiterschaft entgegenzuwirken. Denn nur so können sie halbwegs vernünftige Staatsbürger werden, die nicht auf jeden Rattenfänger hereinfallen. Der Staat muß also Schulen einrichten, denn Privatschulen sind für die Armen unerschwinglich. Aber auch hier fordert Smith, daß die Eltern zumindest einen kleinen finanziellen Beitrag leisten. Das spornt die Lehrer zu besseren Leistungen an und gibt den Eltern ein Gefühl der Würde, für ihre Kinder sorgen zu können (V.i.f.50–61).

Wenn wir vom Beginn des 21. Jahrhunderts auf Smiths wirtschaftspolitische Ideen zurückblicken, drängt sich folgende Erkenntnis auf: Zur Lösung der Transformationsprobleme in den ehemals kommunistischen Staaten Osteuropas haben manche Regierungen – wenn auch oft halbherzig und nicht konsequent – auf die selbstheilenden Kräfte des Marktes gesetzt und dabei ihre Autorität verspielt. Die Frage, wer ihre Ratgeber waren, können wir offen lassen. Auf jeden Fall können sie sich nicht auf Adam Smith berufen. Denn dieser wußte, daß die Kräfte des Marktes, sich selbst überlassen, zu Oligopolen und Monopolen, zu Ausbeutung und Unterdrückung, zur Übermacht und Herrschaft einzelner Gruppen führen. Der Staat ist für das Gemeinwohl verantwortlich und muß es mit seiner Macht fördern und schützen. Smith war kein Laissez-faire-Liberaler im Sinne des 19., sondern ein Ordo-Liberaler im Sinne des 20. Jahrhunderts.

Neuer Reichtum und massenhafte Armut sind die zwei Seiten der Gesellschaftsordnung im Großbritannien des 17. und 18. Jahrhunderts. Nicht erst die Historiker des Agrar- oder Frühkapitalismus, schon die Zeitgenossen wurden auf das Problem gestoßen. Es zwang sie, nicht nur über die wachsende Produktion, sondern auch über die ungleiche Distribution des neuen Wohlstands nachzudenken. Verschiedene Traditionen, Sprachen oder Diskurse standen ihnen zur Verfügung, um über Verteilungsfragen zu diskutieren. Es gab die naturrechtliche Tradition, in der – ausgehend von der aristotelischen Unterscheidung zwischen kommutativer und distributiver Gerechtigkeit – folgende Probleme zur Sprache kamen: Hat jeder Bürger eines Staates Anspruch auf einen Teil der gemeinsamen Güter, der seiner Würde oder seiner Leistung oder seinen Bedürfnissen entspricht? Hat jeder wenigstens einen Anspruch auf Hilfe in Not, ein Notrecht, das die Eigentumsrechte der Mitbürger außer Kraft setzt oder relativiert? Hat der Staat die Pflicht, für den Fall der Not Vorsorge zu treffen (etwa Getreidespeicher anzulegen für Zeiten der Hungersnot)? Es gab die Sprache des klassischen Republikanismus oder „civic humanism" (J. Pocock), die als Voraussetzung für das entscheidende Kriterium der Bürgertugend wirtschaftliche Selbständigkeit propagierte, aber auch Einfachheit der Sitten predigte, vor Luxus und Korruption warnte, Fleiß und Sparsamkeit gerade der einfachen Bevölkerung einforderte. Es gab den wirtschaftspolitischen Diskurs des Merkantilismus, der seit den Zeiten Colberts darauf hinwies, daß hohe Löhne die Exportchancen der Volkswirtschaft gefährdeten. Nur mit Hilfe niedriger Löhne sei auf Dauer eine positive Handelsbilanz zu erreichen. Hinzu kam die Sprache der biblischen Theologie und der protestantischen Ethik, die die christlichen Maßstäbe für ein gottgefälliges Leben formulierte. Sie lieferte z. B. die Argumente für die Bewegung der Armenschulen (charity schools), die aus privaten Initiativen des Mittelstandes hervorging und überaus populär war.

Ein Autor, der zu keiner dieser Traditionen gehört, aber Begriffe und Argumente aus fast allen verwendet, ist Bernard de Mandeville. Er gehört zu den umstrittensten Schriftstellern des 18. Jahrhunderts, nicht weil er unplausible Thesen vertrat, sondern weil er die Prämissen offen aussprach, die dem tatsächlichen Handeln vieler Menschen insgeheim zugrunde lagen, und daraus Schlußfolgerungen zog, die keiner hören wollte. Wie die meisten seiner Zeitgenossen meinte er, daß es der einfachen Bevölkerung in zivilisierten Gesellschaften relativ gut ging und daß man denen, die in akute Not gerieten, aus privater Initiative, aber auch von Staats wegen, helfen solle. Eine Überwindung der Armut insgesamt, also allgemeine Prosperität, sei dagegen weder zu erwarten noch wünschenswert. Sie würde zu einer Auflösung der Gesellschaftsordnung, schließlich zu allgemeiner Verarmung führen. Die Armenschulen seien ein Schritt in diese falsche Richtung: Sie verminderten den Arbeitseifer der Kinder, weckten Interessen und Ansprüche, die später nicht zu befriedigen seien. Wir zitieren einen Text aus seinem *Essay on Charity and Charity Schools* (1723), weil er in fast jeder Hinsicht die genaue Gegenposition zu Adam Smith zum Ausdruck bringt: „Aus dem Gesagten erhellt, daß in einem freien Volke, wo die Sklaverei verboten ist, der sicherste Reichtum in einer großen Menge schwer arbeitender Armer besteht. Denn abgesehen davon, daß sie die nie versagende Quelle für Heer und Flotte sind, würde es ohne sie keinen Lebensgenuß geben, und kein Erzeugnis irgendeines Landes hätte noch einen Wert. Um die Gesellschaft glücklich und die Leute selbst unter den niedrigsten Verhältnissen zufrieden zu machen, ist es notwendig, daß ein beträchtlicher Teil davon sowohl unwissend als auch arm sei. Kenntnisse vergrößern und vervielfachen unsere Bedürfnisse, und je weniger Dinge ein Mensch begehrt, umso leichter kann er zufriedengestellt werden“ (Mandeville 1980, 319–320).

Für Mandeville besteht also der Wohlstand einer Nation darin, daß eine Masse armer, unwissender und bedürfnisloser Menschen für die Reichen arbeitet. Für Adam Smith dagegen kann man vom Wohlstand einer Nation nur dann sprechen, wenn es den einfachen Leuten gut geht. Ökonomisch formuliert, „besteht nationaler oder öffentlicher Reichtum in der Billigkeit der Waren im Verhältnis zur Höhe der Löhne“ (ED 32 in LJ 575). Denn „Dienstboten, Tagelöhner und Arbeiter verschiedener Art bilden den bei weitem größten Teil der Bevölkerung jedes großen Staates. Doch was die Lebensumstände des größeren Teils verbessert, kann niemals als Nachteil für das Ganze betrachtet werden. Mit Sicherheit kann keine Gesellschaft blühend und glücklich sein, wenn der bei weitem größere Teil ihrer Mitglieder arm und elend ist“ (WN I.viii.36).

Adam Smith verstand sich als Naturrechtstheoretiker in der Tradition von Hugo Grotius. Ausgehend von Rechten des Menschen als Menschen, von Handlungsfreiheit und Eigenverantwortung der Person, begreift er Gerechtigkeit vor allem als negative Tugend (niemanden verletzen!), darüber hinaus als die Bereitschaft, Versprechen und Verträge einzuhalten sowie Schaden wiedergutzumachen. Distributive Gerechtigkeit, also das rechte Maß beim Verteilen von Gütern, ist für ihn, wie für Grotius, eine Frage der Klugheit und Wohltätigkeit, nicht der geschuldeten Moral. Gerechtigkeit im engeren Sinne ist für ihn wesentliches *Fundament* jeder Gesellschaft, die sog. „distributive Gerechtigkeit" gehört demnach zu den *Ornamenten*. Oder anders gesagt: Ob Rechtssicherheit herrscht, ist eine Frage des Überlebens; ob Solidarität, eine Frage des guten Lebens in einer Gesellschaft. Sofern die Rechtssicherheit dadurch nicht gefährdet wird, fordert er – je nach Handlungszusammenhang – mehr Gleichheit, mehr Leistungsbezogenheit, mehr Berücksichtigung von Bedürfnissen bei der Verteilung von Gütern. Dementsprechend kritisiert er, wie wir gesehen haben, das feudale Erbrecht und fordert mehr Gleichheit in der Verteilung des familiären Vermögens. Ebenso empfindet er es offenbar als ungerecht, wenn Leistung und Einkommen in einer Gesellschaft umgekehrt proportional sind. Und dieses Unrecht ist typisch für alle zivilisierten Gesellschaften, denn dort „erhalten die am wenigsten, die am meisten arbeiten ... Der arme Tagelöhner, der sich mit Erde und Wetter herumschlagen muß und das Material für all den Luxus der anderen Mitglieder des Gemeinwesens liefert und gleichsam auf seinen Schultern das ganze Gebäude der menschlichen Gesellschaft trägt, scheint selbst von dieser Last unter die Erde gedrückt zu werden und in den tiefsten Fundamenten des Gebäudes unsichtbar begraben zu sein" (ED 5 in LJ 564). Dagegen sei es „nicht mehr als recht und billig, wenn diejenigen, die alle ernähren, kleiden und mit Wohnung versorgen, soviel vom Ertrag der eigenen Arbeit bekommen sollen, daß sie sich selbst richtig ernähren, ordentlich kleiden und anständig wohnen können" (WN I.viii.36).

Aber steht nicht in diesem Punkt die ökonomische Vernunft dem moralisch Wünschenswerten entgegen? Müssen nicht hohe Löhne in der Tat zur Verteuerung der Waren, zur Verminderung von Exportchancen, letztlich zur Verarmung einer Nation führen? David Hume hatte in seinen *Political Discourses* (1752) bereits Vorarbeit geleistet, um dieses merkantilistische Argument zu widerlegen. Er entwickelte ein Gleichgewichtsmodell, um zu zeigen, daß die reichen Staaten nicht fürchten müssen, auf Dauer von den ärmeren Staaten unterboten zu werden. Ganz abgesehen davon, daß gerade große Staaten einen im Prinzip unerschöpflichen Binnenmarkt besitzen, haben reiche Staaten auch im Außenhandel erhebliche Vorteile (z.B. wegen der Menge an Kapital die Möglichkeit, mit geringeren Profitraten auszukommen). Langfristig, so Hume, müssen Geld- und Warenmengen, Löhne und Preise zwischen zwei Handel treibenden Nationen – ähnlich wie der Wasserspiegel in kommunizierenden Röhren – zum Ausgleich kommen (*Of the balance of trade*, in Hume 1994, 138–139). Er vertritt die später sogenannte Quantitätstheorie des Geldes, also die These, daß das allgemeine Preisniveau eines Landes von der Geldmenge abhängt, genauer „vom Verhältnis zwischen Waren und Geld ... Vermehrt man die Waren, werden sie billiger, vermehrt man das Geld, werden sie teurer" (*Of Money*, in Hume 1994, 121–122). Davon ausgehend versucht er zu zeigen, daß das Anwachsen der Geldmenge in einem Land zwar zu einer Erhöhung der Löhne, Verteuerung der Waren und Verminderung der Exporte führe; daß zugleich das Geld verstärkt ins Ausland fließe, sei es, um dort die billigeren Waren zu kaufen, sei es, um wegen der billigeren Löhne und Materialpreise dort zu investieren; daß aber als Folge davon auch im Ausland die Löhne steigen und die Waren teurer werden müßten, wodurch eine Gegenbewegung zustande komme usw. Nur andeutungsweise stellt Hume fest, daß es hier nicht allein um einen quantitativen Ausgleich, sondern um Differenzierung im Sinne einer fortschreitenden internationalen Arbeitsteilung gehe: Bei den reichen Staaten würden sich vorwiegend kapitalintensive und technisch hoch entwickelte, bei den armen Staaten arbeitsintensive und technisch einfachere Wirtschaftszweige ansiedeln (vgl. Hont in Hont/Ignatieff, 271–276).

Smith lobt in seinen *Vorlesungen* Humes Position als „außergewöhnlich genial", wenngleich mit der Einschränkung, zuweilen schiene er von der falschen Idee angesteckt, „öffentlicher Reichtum bestünde in Geld" (LJB 252–253). Er selbst begegnet dem Einwand, hohe Löhne führten zum Ruin von Unternehmen und Nationen, mit einem anderen Argument, in dessen Mittelpunkt die Analyse der Arbeitsteilung steht. Gewöhnlich lesen wir die Abschnitte über die Arbeitsteilung, mit denen Smith bereits in den sechziger Jahren, wie später im *Wohlstand*, seine ökonomischen Überlegungen einleitet, als Lobgesang auf den technischen Fortschritt. Liest man sie im Kontext des hier erörterten Problems von neuem, so stellt man fest, daß die Verteilungsfrage ständig mitbedacht wird: Was bedeutet technischer Fortschritt für die Einkommen der einfachen, arbeitenden Bevölkerung?

Smith beginnt jeweils mit dem Hinweis auf ein Faktum, das er als bekannt und unbestreitbar voraussetzt: Dem Lohnarbeiter im England oder Holland seiner Zeit geht es in der Regel relativ gut, d.h. besser als einem mittelalterlichen Fronbauern, einem tartarischen Hirten oder – sein Lieblingsvergleich – einem Indianerhäuptling, dem „Herrn über tausend nackte Wilde" (LJA vi.21; ED 1 in LJ 562; vgl. WN I.i.11). Hier bietet sich ein Vergleich mit John Locke an, bei dem eine ähnliche Bemerkung in der *Zweiten Abhandlung über die Regierung* von 1690 (Kap. V, §41) nicht mehr als eine Redensart gewesen zu sein scheint, die eher kulturelle Überheblichkeit gegenüber „Wilden" als Interesse am Einkommen der Lohnarbeiter verrät. Zumal Locke an anderer Stelle davon ausgeht, daß Lohnarbeiter „gewöhnlich von der Hand in den Mund leben", und die Grundbesitzer bedauert, die auf Grund steigender Nachfrage nach Arbeitskräften durch Lohnforderungen unter Druck gesetzt werden (*Some considerations* ..., in Locke 1824, Bd. 4, 24–25).

Ganz anders stellt sich das Problem für Adam Smith. Ihn interessiert, worin die Vorzüge des Lohnarbeiters gegenüber dem bestgestellten Wilden bestehen und worauf sie zurückzuführen sind. Offenbar schätzt Smith den Nutzen, über tausend nackte Wilde zu herrschen, gering ein. Denn ohne weiteres geht er dazu über, die Vorteile des Lohnarbeiters mit seinen Gebrauchsgütern zu identifizieren, die – trotz ihrer Einfachheit im Vergleich mit den Konsumgütern der Reichen – die Kooperation und den Handel mit einer unendlichen Menge anderer Arbeiter voraussetzen. Daß sich die Reichen und Mächtigen, die über die Arbeit vieler verfügen, solche Güter leisten können, sei nicht verwunderlich. Erstaunlich sei, daß auch der Lohnarbeiter die Dienste vieler anderer für sich beanspruchen, d.h. ihre Waren kaufen kann, obwohl er – anders als der Wilde – den Erlös seiner Arbeit auf höchst ungleiche Weise mit anderen (Grundbesitzern, Unternehmern, Steuereintreibern) teilen muß. Obwohl er nur einen kleinen Teil seiner Arbeitsleistung als

Lohn erstattet bekommt, weil auch Rente, Profit, Steuern davon bezahlt werden müssen, kann er sich Waren kaufen, von denen der Wilde, der mit niemandem teilen muß, nur träumen kann (ED 3–4 in LJ 563).

Die Arbeitsteilung bietet nach Smith die Erklärung. Wenn der Produktionsprozeß auf verschiedene Arbeiter verteilt wird, die jeweils nur einige einfache Handgriffe verrichten; wenn Zeiten und Wege verkürzt, also Arbeiten koordiniert werden; wenn schließlich Maschinen die Arbeitsleistung vervielfachen; dann kann die gleiche Menge von Arbeitern das Vielfache produzieren, der Unternehmer – bei fallenden Stückkosten – das Vielfache verkaufen. Smith spielt dies am Beispiel einer Stecknadelmanufaktur durch: (1) Würde ein einzelner Mann Nadeln von Anfang bis Ende herstellen (d. h. zuerst das Erz suchen, es schmelzen usw.), bräuchte er vielleicht 1 Jahr für eine Nadel. Er müßte, um seinen Lebensunterhalt zu bestreiten, für diese eine Nadel 6 Pfund verlangen. (2) Würde dem Mann der Draht geliefert, könnte er etwa 6000 Nadeln im Jahr herstellen. Er könnte seine Lebenshaltungskosten etwas höher ansetzen und einen Penny pro Nadel verlangen. (3) 18 Arbeiter haben den Produktionsprozeß in einem Betrieb unter sich aufgeteilt. Zusammen stellen sie 10800000 Nadeln im Jahr, jeder von ihnen also 600000 Nadeln im Jahr, bei 300 Arbeitstagen jeder von ihnen 2000 Nadeln am Tag her. Wenn der Unternehmer für 100 Nadeln einen Penny verlangt, würde jeder Arbeiter täglich Waren im Wert von 20 Pence herstellen. Davon könnten 5 Pence abgezweigt werden, um den Draht, den Verschleiß der Geräte und den Profit zu zahlen, dann bleiben für jeden Arbeiter 15 Pence täglich als Lohn. (4) Durch weitere Arbeitsteilung wird die Produktion gesteigert. Jeder Arbeiter stellt nun täglich 4000 Nadeln her. Auch wenn der Wert der Nadeln um ein Viertel sinkt, würde er noch Nadeln im Wert von 30 Pence am Tag produzieren. Der Unternehmer könnte 10 Pence für seine Ausgaben und seinen Profit beanspruchen, dann blieben noch 20 Pence täglich für Lohn (ED 6–11, in LJ 564–566). „Der Unternehmer (master of the work) kann sich deshalb beides leisten: die Löhne der Arbeiter zu erhöhen und dennoch die Waren zu einem weit geringeren Preis verkaufen“ (ED 8 in LJ 565).

Was hier von einzelnen Betrieben gesagt wird, gilt im Prinzip auch für ganze Staaten oder Nationen: Produktivitätsgewinne eröffnen Verteilungsspielräume. Reiche, technisch hoch entwickelte

Staaten können mit relativ billigen Exporten hohe Löhne finanzieren. „Auf diese Weise wird in einer reichen und vom Handel geprägten Gesellschaft Arbeit teurer (labour dear) und das Arbeitsprodukt billig (work cheap) und diese beiden Tatsachen, obwohl vulgäres Vorurteil und oberflächliche Reflexion sie leicht als ganz unvereinbar betrachten, werden durch die Erfahrung als vollkommen kompatibel bestätigt... und wenn einige reiche Länder einen Teil ihrer Manufakturen und ihres Handels verloren haben, indem sie auf ausländischen Märkten von den Händlern und Handwerkern ärmerer Länder unterboten wurden, die mit weniger Profit und geringeren Löhnen vorlieb nahmen, so wird dies selten nur die Wirkung der Tatsache sein, daß das eine Land reich, das andere arm war. Wir können sicher sein, daß eine andere Ursache mitspielte. Das reiche Land muß einen großen Irrtum in seiner Wirtschaftspolitik begangen haben" (ED 12-13 in LJ 567).

Wir haben aus Smiths „Early Draft" zitiert (dem ersten Versuch von 1763, den ökonomischen Teil seiner Vorlesungen für den Druck vorzubereiten), weil hier der Zusammenhang von Produktivitätsgewinnen und Verteilungschancen besonders deutlich zum Ausdruck kommt. Aber die gleiche Position vertritt Smith auch im *Wohlstand der Nationen*: Arbeitsteilung, technischer Fortschritt und freie Konkurrenz machen möglich, was zunächst als unmöglich, ja als paradox erscheint: die Gleichzeitigkeit von hohen Löhnen und niedrigen Preisen und damit die Möglichkeit, in „commercial societies" ein relativ sicheres und hohes Auskommen für die einfache Bevölkerung zu garantieren (z.B. WN I.viii.57; I.xi.O; V.i.e.26). Die Arbeitsteilung ist auch der Grund, warum technisch entwickelte und reiche Länder die Konkurrenz reiner Agrarländer nicht zu fürchten brauchen: Mit einer relativ kleinen Menge technisch hoch entwickelter Produkte, die sie zu günstigen Preisen exportieren, können sie eine relativ große Menge von Rohstoffen und landwirtschaftlichen Erzeugnissen importieren (WN IV.ix.37). Nur wenn sie die Konkurrenz fürchten, ruinieren sie sich selbst.

Gerade bei Grundnahrungsmitteln waren im 18. Jahrhundert Gesetze, die die freie Konkurrenz einschränkten, überall in Europa üblich: Einfuhrzölle und Exportverbote; kommunale Kornspeicher, deren Inhalt in Zeiten der Knappheit zu mäßigen Preisen verkauft wurde; Vorschriften, die das Horten von Getreide verboten und die Abgabe auf lokalen Märkten zur Pflicht machten usw. Solche Maßnahmen schienen geeignet, Wucher zu verhindern, Hungersnöte zu vermeiden, den Armen zu dienen, das Gemeinwohl zu fördern, und hatten deshalb oft die Zustimmung sowohl der öffentlichen Meinung als auch der meisten Experten (vgl. Hont/Ignatieff 13–26). Aus Smiths Perspektive machten sie keinen Sinn. Sie widersprachen der ökonomischen Vernunft und der Gerechtigkeit. Wenn freie Konkurrenz und Wachstum langfristig die besten Voraussetzungen für hohe Löhne und niedrige Preise bieten, warum Maßnahmen unterstützen, die allenfalls kurzfristige Lösungen versprachen und hinter denen sich oft genug die Sonderinteressen der Kaufleute verbargen? „Einen Landwirt daran zu hindern, seine Erzeugnisse jederzeit auf den günstigsten Markt zu bringen, heißt augenscheinlich ..., die normalen Gesetze der Gerechtigkeit einer Idee des öffentlichen Nutzens, einer Art Staatsräson zu opfern; ein Akt gesetzgeberischer Autorität, der nur in äußersten Notfällen ausgeübt werden sollte und nur dann entschuldbar ist" (WN IV.v.b.39). Mit anderen Worten: Nur wenn das Leben von Menschen unmittelbar in Gefahr ist, sollten im Handel mit Grundnahrungsmitteln die Gesetze des Marktes vorübergehend außer Kraft gesetzt werden.

Smith will die Regierungen nicht aus der Verantwortung für Gemeinwohl und distributive Gerechtigkeit entlassen. Er will, daß sie sich in ihrer Wirtschaftspolitik von objektiven und vernünftigen Gesichtspunkten leiten lassen. Zur ökonomischen Vernunft gehört das Wissen, daß Natur oder Vorsehung nicht darauf warten, bis Machthaber oder Bürger sich die Tugend der Gerechtigkeit zu eigen gemacht haben. Wir finden Handlungsstrukturen und Institutionen vor, die – unabhängig vom Willen der Akteure – bestimmte Verteilungsmuster zur Folge haben. Nur zweimal gebraucht Smith das Bild der „unsichtbaren Hand", die aus egoistisch motivierten Handlungen gemeinwohlfördernde Konsequenzen hervorbringt. Die eine Stelle, im *Wohlstand der Nationen*, haben wir bereits kennengelernt. Die andere findet sich in der *Theorie der moralischen Gefühle*. Hier geht es um die Verteilung des Einkommens in modernen Gesellschaften. Smiths These lautet: Auch wenn Privatleute nur ihren eigenen Vorteil suchen, verteilt sich in einer durch Arbeitsteilung, Tausch und freie Verträge charakterisierten Gesellschaft das Einkommen auf alle – auch die niedrigsten – Stände der Bevölkerung. Was keiner beabsichtigt hat, wird durch eine „unsichtbare

Hand" bewirkt: ein gewisses Maß an Gleichheit, zumindest bei der Befriedigung der Grundbedürfnisse (TMS IV.i.10).

Angesichts massenhafter Armut könnte man diese Aussage für zynisch oder naiv halten. Beides ist offenbar nicht der Fall. Smiths Texte zeigen deutlich, daß er die Armut, mangelnde Bildung, Trunksucht, Anfälligkeit für Kriminalität bei der einfachen Bevölkerung nur allzu gut kennt. Hinzu kommt eine pessimistische Theorie des Bevölkerungswachstums: Höhere Löhne ermöglichen es, mehr Kinder aufzuziehen, und bewirken langfristig – durch ein Überangebot von Arbeitskräften – ein Sinken der Löhne bis zur niedrigsten Stufe des gerade noch Lebensnotwendigen (I.viii.38–40). Aber im Gegensatz zu vielen seiner Zeitgenossen plädiert er nicht dafür, die Armen durch harte Arbeit, strenge Gesetze, Predigten über die Gefahren des Luxus und die Vorzüge der Bescheidenheit, das Vorenthalten von Bildung usw. in ihrem niedrigen Stand zu halten und notfalls zu ernähren. Er will, daß sie sich selber helfen. Der Staat soll dazu die Voraussetzungen schaffen: Rechtssicherheit für jeden, Schulen für alle, Abschaffung von Hindernissen (z.B. Niederlassungsbestimmungen), die dem fleißigen Armen, der seine Arbeitskraft dem Meistbietenden verkaufen will, im Wege stehen. Das Bild der „unsichtbaren Hand" besagt hier nicht, daß distributive Gerechtigkeit (im Sinne einer Berücksichtigung der Interessen der Armen) sich von selbst einstellt, sondern daß sie nicht an den Gesetzen des Marktes vorbei, also ohne Berücksichtigung der Marktgesetze, hergestellt werden kann.

Daß Arbeitsteilung und technischer Fortschritt Handelsvorteile und damit Verteilungsspielräume eröffnen, war für Smith eine intuitiv plausible und empirisch nachgewiesene Tatsache. Fraglich ist, ob er dafür im Rahmen seines ökonomischen Systems eine schlüssige Erklärung geben kann. Um diese Frage zu klären, müssen wir an einige Grundgedanken seiner Theorie erinnern und auf eine alte Kontroverse eingehen.

5. Der Wert der Waren

Wenn Dinge einen Gebrauchswert haben und relativ knapp sind, werden sie zu Waren. Deren Tauschwert oder Preis erklärt Smith auf verschiedene Weise. Erstens durch die Arbeitswerttheorie: Waren werden nach dem Maß der in ihnen verkörperten notwendigen Arbeitszeit getauscht. Zweitens durch die Produktionskostentheorie: Der Wert der Waren richtet sich nach den zu ihrer Produktion erforderlichen Investitionen. Drittens durch die Markttheorie: Der Preis der Waren entspricht dem Verhältnis zwischen Angebot (Knappheit) und effektiver Nachfrage (Kaufkraft). Nach Smith schließen sich diese drei Theorien nicht aus, vielmehr ergänzen sie einander. Die Arbeitswerttheorie erklärt den einfachen Warentausch zwischen zwei Arbeitern, die zugleich Eigentümer ihrer Produktionsmittel sind (Smiths Beispiel sind zwei Jäger, die ihre Beute tauschen). Die Produktionskostentheorie erklärt den langfristigen oder „natürlichen" Preis von Gütern, in deren Produktion, neben der Arbeit von Lohnarbeitern, auch die Investitionen von Grundbesitzern und Kapitalisten einfließen (für Smith der Normalfall in entwickelten Gesellschaften). Durch Angebot und Nachfrage dagegen erklärt sich der kurzfristige oder „Marktpreis" der Güter, der über oder unter dem natürlichen Preis liegen kann, aber auf Dauer zum natürlichen Preis tendiert.

Smith war sich der Tatsache bewußt, daß seine Darstellung der Werttheorien an Klarheit zu wünschen übrig läßt (WN.I.iv.18). Die Frage nach ihrem genauen Sinn, vor allem aber nach ihrer Vereinbarkeit, hat die Interpreten schon bald beschäftigt. Für Ricardo und Marx war Smith ein inkonsequenter Arbeitswerttheoretiker. Auf der Suche nach einem festen Maßstab für das Verhältnis, in dem Waren getauscht oder gehandelt werden, sei er ganz richtig auf das Kriterium der in ihnen verkörperten notwendigen Arbeitszeit gekommen. Leider habe er diesen Standpunkt aber nicht konsequent durchgehalten, sondern angenommen, dieses allgemeine Wertgesetz gelte nur in einfachen Gesellschaften, während in entwickelten Gesellschaften, in denen gewöhnlich Grundbesitzer, Kapitalisten und Lohnarbeiter an einem (z.B. landwirtschaftlichen) Produktionsprozeß beteiligt sind, die Produktionskosten (Rente, Profit und Lohn) den „natürlichen Preis" bestimmen. Dabei werde deutlich – so vor allem die Marxsche Kritik –, daß Smith Wert- und Verteilungsfragen ständig verwechselt. Also die Frage, wieviel eine Ware wert ist (gemessen in anderen Waren oder in Geld), mit der Frage, wie der Erlös zwischen Grundbesitzer, Unternehmer und Arbeiter aufgeteilt wird. Diese Verwechslung zeige sich in der Unsicherheit, mit der Smith den Profit manchmal (richtig) als Abzug vom Wert, manchmal (falsch) als Aufschlag zum Wert beschreibe: Als könne man eine Ware teurer verkaufen, weil an ihrem Erlös nicht nur die Arbeiter, sondern auch der Unternehmer und der Grundbesitzer partizipieren wollen (vgl. MEW 26.1, 40–74; 26.2, 214–234). In der Tat unterscheidet Smith nicht immer deutlich genug zwischen Wert- und Verteilungsfragen. Beide Fragen stehen für ihn aber auch in engem Zusammenhang: Die Unternehmer versuchen sowohl durch das Drücken von Löhnen (Verteilungsfrage) als auch durch überhöhte Preise (Wertfrage) ihren Gewinn zu steigern. Verteilungskämpfe haben Auswirkungen auf die Preise: Je weniger die Unternehmer (in Zeiten der Expansion) Löhne drücken können, desto mehr werden sie (auf dem Weg über Absprachen) die Preise zu erhöhen suchen.

Die Marxsche Kritik an Smiths Verwechslung von Wert- und Verteilungsproblemen beruht ihrerseits auf einer Annahme, die Smith nicht teilt. Wertschaffend ist für Marx nur Lohnarbeit, nicht der Einsatz von Land und Kapital. Grundbesitzer und Kapitalisten stellen als Eigentümer Produktionsmittel zur Verfügung, aber den Mehrwert, der die Akkumulation von Kapital ermöglicht, schaffen die Lohnarbeiter. Smith geht von anderen Voraussetzungen aus. Seine Unterscheidung zwischen produktiver und unproduktiver Arbeit (II.iii.1–3), zwischen dem Konsum von Reichtum und der Investition von Kapital (II.iii.4–42), zwischen vier verschiedenen Arten, Kapital zu investieren (II.v), dient gerade dazu, den kapitalistischen Unternehmer als Wertschaffenden darzustellen. „Wer sein Kapital auf eine dieser vier Arten anlegt, ist selbst ein produktiver Arbeiter. Denn seine Arbeit, vernünftig eingesetzt, schlägt sich in dem Objekt oder der Ware nieder und fügt gewöhnlich zu deren Preis mindestens noch den Gegenwert seines Unterhaltes und Verbrauchs hinzu" (II.v.8). Damit ist nicht gemeint, daß der Unternehmer für seine spezifische Arbeit einen Teil des Lohns beansprucht. Vielmehr kann er, wenn er sein Kapital vernünftig einsetzt, einen Gewinn erwarten, der in keinem Verhältnis zu seiner Arbeitszeit, wohl aber zur Menge des investierten Kapitals und zur derzeit üblichen Profitrate steht (I.vi.6). Und das kann er nur deshalb, weil das investierte Kapital den Dingen einen Wert hinzufügt, der auf dem Markt realisiert werden kann. „Die Gewinne der Landwirte, Gewerbetreibenden sowie der Groß- und Kleinhändler stammen alle vom Preis der Güter, welche die beiden ersten erzeugen und die beiden letzten kaufen und verkaufen" (II.v.8).

Smiths Analyse von Kapitalinvestitionen steht im Kontext seiner Wachstumstheorie. Wenn Kapital investiert wird, dient es in der Regel nicht allein dazu, Material- und Lohnkosten auf einem gegebenen Niveau abzudecken. Die Konkurrenz zwingt dazu, das Kapital effektiver einzusetzen, d.h. pro Kapitaleinheit eine größere Menge – womöglich neuartiger und besserer – Produkte herzustellen. Hier kehren wir zur Frage des letzten Abschnitts zurück, ob Smith erklären kann, daß bzw. wie Produktivitätsgewinne Handelsvorteile bringen und Verteilungsspielräume eröffnen. Mit Blick auf seine umstrittenen Werttheorien kann die Antwort nur lauten: Mit Hilfe der Arbeitswerttheorie läßt sich dieser Sachverhalt überhaupt nicht erklären, mit der Produktionskosten- und der Markttheorie ist er zumindest vereinbar. Wenn Waren nach ihrem Wert getauscht würden und dabei die in den Waren verkörperte Arbeitszeit als Maßstab diente, so würde der Tauschwert der Waren in dem Maße abnehmen, wie die Produktivität der Arbeit zunimmt. Ein Produkt, das in der halben Arbeitszeit hergestellt werden kann, wäre nur mehr die Hälfte wert. Ein Betrieb, der bei gleicher Menge an Arbeit und Kapital seine Produktion verzehnfachte, hätte keinen Zuwachs an Wert oder Erlös, sondern um ein Zehntel verminderte Stückpreise. Nehmen wir als einfaches Beispiel an, ein Schuster benötigte einen Tag, um ein Paar Schuhe, ein Schneider einen Tag, um eine Hose herzustellen. Eine Hose wäre so viel wert wie ein Paar Schuhe. Nehmen wir zum Vergleich andere Produktionsbedingungen an: Technische Fortschritte im Schneiderhandwerk (bessere Nähmaschinen) machen es einem Schneider möglich, zehn Hosen am Tag zu produzieren, während – wegen geringerer Fortschritte bei der Bearbeitung von Leder – ein durchschnittlicher Schuster nur zwei Paar Schuhe täglich herstellen kann. Für den Preis von einem Paar Schuhen könnte man nun fünf Hosen erwerben. Das ist gewiß kein Handelsvorteil für den Schneider, auch wenn man – wie Smith – darauf hinweisen kann, „in Wirklichkeit" (d.h. gemessen an der notwendigen Arbeitszeit) sei der Preis von Schuhen nicht um das Fünffache gestiegen, sondern um die Hälfte gefallen (vgl. das kompliziertere Beispiel in WN I.viii.4). Würde die Produktivität des Schneiderhandwerks um das Zehnfache steigen, während die des Schusterhandwerks auf dem ursprünglichen Punkt stagnierte, wäre ein Paar Schuhe so viel wert wie zehn Hosen. Wenn aber das Ergebnis zehnfacher Produktivität nur zehnfacher Preisverfall ist, so ergeben sich weder Handelsvorteile noch Verteilungsspielräume.

Dagegen läßt sich aus der Perspektive einer kombinierten Produktionskosten- und Markttheorie der Handelsvorteil von Betrieben oder Staaten mit Produktivitätsgewinnen so darstellen: Geringere Stückkostenpreise machen es möglich, die Warenpreise herabzusetzen, Konkurrenten auszuschalten und die Nachfrage auf sich zu konzentrieren. Solange das Angebot nicht die effektive Nachfrage übersteigt, kann die Mehrproduktion zu Preisen abgesetzt werden, die erheblich über dem Stückkostenpreis liegen. Das ermöglicht ein Ansteigen der Löhne und Profite, damit aber auch der Produktionskosten. Genau diese Situation schildert Smith im Beispiel der Stecknadelmanufaktur: Bei einer Verdoppelung der Produktion pro Arbeiter und Kapitaleinheit fallen die Warenpreise, aber keineswegs um die Hälfte. Deshalb können zugleich die Arbeitsprodukte verbilligt (work cheap) und Löhne erhöht (labour dear) werden. Allgemein gesagt: Ein Betrieb oder ein Land, welches Produktivitätsvorteile gegenüber seinen Handelspartnern hat, kann mit immer weniger Arbeit und Kapital, die in einer Wareneinheit enthalten sind, immer mehr fremde Waren erwerben. Oder in Smiths Terminologie: *labour embodied in a commodity* und *labour commanded by a commodity* sind umgekehrt proportional. Mit immer weniger immer mehr erwerben, ist der Zweck technischer Innovation.

Daß die Arbeitswerttheorie den Sinn von Arbeitsteilung und Innovation nicht erklären kann, ist ein starkes Argument dafür, sie nicht als grundlegend für Smiths System der politischen Ökonomie anzusehen. Dennoch bleiben sperrige Texte, z. B. die klare Aussage, die Arbeit sei „das wahre oder tatsächliche Maß für den Tauschwert aller Güter“ (WN I.v.1). Marc Blaug hat eine interessante Auflösung dieser Schwierigkeit vorgeschlagen. Nachdem der eigentliche Zweck von Arbeitsteilung und Handel für Smith darin besteht, eigene Arbeit (= Mühe) zu sparen, sei sein Hinweis auf die Arbeit als das wahre Maß aller Werte als Wohlfahrtsindex zu verstehen. Nicht Geld oder Getreide oder sonst eine Ware, deren Wert auf dem Markt schwankt, ist geeignet, einen unveränderlichen Maßstab für den Wohlstand von Individuen oder Staaten anzugeben, sondern nur die Menge fremder Arbeit, über die ich verfüge, bzw. der eigenen Mühe, die ich mir erspare. Ein Vorzug dieser Interpretation ist, daß sie auch für entwickelte Gesellschaften davon ausgeht, daß die Menge fremder Waren, über die wir verfügen, den Maßstab unseres Wohlstands bildet, ohne behaupten zu müssen, daß die Menge notwendiger Arbeitszeit, die in unseren Waren verkörpert ist, der Menge fremder Arbeitszeit, über die wir dadurch verfügen, gleich sei (vgl. die Interpretation von WN I.v in Blaug 1971, Bd. 1, 110–113).

6. Die Kritik am Merkantilismus

Von den rund 1000 Seiten, die der *Wohlstand der Nationen* in der *Glasgow Edition* der Werke von Adam Smith einnimmt, behandeln nur knappe zehn Seiten die Funktionsweise eines freien Marktes. Dagegen wird auf Hunderten von Seiten erklärt, warum bestimmte Märkte nicht frei sind und ihre das Gemeinwohl fördernden Wirkungen nicht entfalten können. Besonders ausführlich geschieht das in der Auseinandersetzung mit dem „Handels- oder Merkantilsystem", die den größten Teil des vierten Buches – insgesamt über 230 Seiten – ausmacht (IV.i–viii). Smith scheint in seiner Zeit als Zollkommissar (seit 1778) dieses System noch besser kennen- und noch weniger schätzengelernt zu haben. Die Zusätze, die er für die dritte Ausgabe des *Wohlstands* (1784) geschrieben hat, sind fast ausschließlich der Kritik am Merkantilismus gewidmet (z. B. Kap. IV.viii).

Manche Interpreten können mit dieser Seite der Smithschen Ökonomie wenig anfangen. Entweder ignorieren sie das Thema weitgehend (z.B. Hollander 1973; Raphael 1985), oder sie zeigen sich irritiert (z.B. Coats in Skinner/Wilson 1975, 222–224). In der Tat wirft Smiths Umgang mit dem Merkantilismus einige Fragen auf. Warum begrüßt er die „commercial society", ja setzt sie mit Fortschritt und Zivilisation gleich, läßt aber keine Gelegenheit aus, um über Händler und Manufakturbesitzer zu schimpfen? Warum nimmt er als einen Wesenszug der Menschen an, daß sie ihren Vorteil suchen und ihre Lebensumstände verbessern wollen, verfällt jedoch in laute Kritik, wenn er diese Verhaltensweise bei Kapitalbesitzern findet, die ihren Gewinn steigern wollen? Warum vertritt er eine Interessentheorie der Politik, will es aber nicht hinnehmen, wenn Kaufleute Einfluß auf die Außenhandelspolitik ihrer Regierung nehmen? Hier scheint Smith aus emotionalen Gründen Widersprüche im eigenen System zu übersehen (so Viner 1972, 230–232).

Tatsächlich durchzieht die Kritik an Händlern und Manufakturbesitzern den *Wohlstand* wie ein roter Faden. Aber diese Kritik zielt nicht auf die Unmoral des Handels als solchen. Anders als z.B. Mandeville, für den die Absicht des Betrügens konstitutives Merkmal des Handels ist (Mandeville 1980, 110–111), betont Smith – ebenso wie Hume – die moralisierende und ordnungstiftende Wirkung des Handels: Er lebe von der Ehrlichkeit und dem gegenseitigen Vertrauen der Vertragspartner (z.B. LJB 326–328). Während Rousseau die Beobachtungen Mandevilles zu einer umfassenden Kulturkritik der modernen Gesellschaft ausbaut (vgl. Smiths frühe Besprechung in EPS 250–254), gehört Smith zu den Vertretern der Aufklärung, für die die Vorteile der modernen Gesellschaft ihre Nachteile mehr als ausgleichen. Seine Geschichtsauffassung läßt keine Zweifel daran, daß die „commercial society" einen Fortschritt gegenüber der Feudalgesellschaft in Europa darstellt, auch wenn dieser Fortschritt in mancher Hinsicht teuer erkauft ist. Und seine Analyse der Klassenstruktur der modernen Gesellschaft zeigt eindeutig, daß die Besitzer von Kapital, die in Handel und Manufakturen investieren, zu den produktiven Klassen der Gesellschaft gehören, ja die moderne Klasse par excellence darstellen. Ihre Investitionsbereitschaft, ihre ökonomische Weitsicht und ihre Organisationsfähigkeit sind entscheidende Voraussetzungen für den wachsenden Wohlstand einer Nation (WN I.xi.p.10).

Worauf also zielt Smiths Kritik? Offenbar darauf, daß die Mitglieder dieser Klasse stets mehr haben wollen, als ihnen fairerweise zusteht. Erinnern wir uns an das Bild des Wettrennens, mit dessen Hilfe Smith seine Vorstellung von Gerechtigkeit als Fairneß erklärt (TMS II.ii.2.1). Möglichst schnell zu rennen ist normal; aber die Konkurrenten zu behindern ist unfair und fordert die Kritik der Zuschauer bzw. das Einschreiten des Schiedsrichters heraus. Überträgt man das Bild auf die Ökonomie, so fällt auf, daß die Motivation der Teilnehmer unterschiedlich ist: Manche rennen um den Gewinn, andere ums Überleben. Problematisch ist, wenn diejenigen, die um den Gewinn rennen, ihren Konkurrenten – darunter denen, die ums Überleben kämpfen – durch alle möglichen Hindernisse das Rennen erschweren. Manche werden von vornherein ausgeschlossen, anderen werden Lasten aufgebürdet, wieder anderen Hürden auf die Bahn gestellt, oder sie müssen länger laufen. Bei alledem wird durch eine geschickte Propaganda den Zuschauern nahegelegt, daß diese Maßnahmen den Regeln entsprechen und dem Wettkampf dienen. Dabei werden die Regeln von denen gemacht, die um den Gewinn rennen – und oft genug stellen sie auch die Schiedsrichter. Dieses Bild gibt Smiths Kritik am Merkantilismus ziemlich genau wieder.

Die Nationalökonomie ist ein Wettkampf, bei dem es um die Produktion und Verteilung wertvoller Güter geht. Produziert wird, solange effektive Nachfrage nach Gütern besteht und die Rendite den Einsatz von Land, Kapital und Arbeit lohnt. Wer am Produktionsprozeß beteiligt ist, will einen möglichst großen Anteil der Rendite für sich haben. Dieser Verteilungskampf findet auf verschiedenen Ebenen statt: Auf der innerbetrieblichen Ebene, z.B. einem Gutshof, zwischen Grundbesitzer, Pächter und Lohnarbeiter; auf der zwischenbetrieblichen Ebene zwischen konkurrierenden Unternehmen; auf der internationalen Ebene zwischen Nationalökonomien; und überall zwischen Produzenten und Konsumenten. Dabei ergeben sich unterschiedliche Interessenkonstellationen. In seiner Analyse betont Smith jedoch die gegensätzlichen Interessen von Unternehmern und Lohnarbeitern, sowie die Fähigkeit der Unternehmer, ihre gemeinsamen Interessen wahrzunehmen, sei es gegen die Lohnarbeiter, sei es gegen ausländische Konkurrenten, sei es allgemein gegen die Konsumenten. Der einzelne Unternehmer ist seinen Arbeitern schon deshalb überlegen, weil es ihm um den Gewinn, ihnen ums Überleben geht. Er könnte für längere Zeit, auch ohne zu investieren, von seinem Vermögen gut leben, sie keine zwei Wochen ohne Lohn überleben. Für die Unternehmer als Gruppe gilt das erst recht. In England haben sie erreicht, daß Absprachen und Zusammenschlüsse von Arbeitern verboten werden, unter ihnen jedoch „besteht immer und überall eine Art stillschweigendes... Einvernehmen, die Löhne nicht zu erhöhen..." (WN I.viii.13; vgl. I.x.c.61). Auch gegenüber den Konsumenten erweisen sie sich in der Regel als die Stärkeren. Ihre Gewinne erhöhen sie nicht nur auf Kosten der Löhne, sondern auch mit Hilfe überhöhter Preise. „Geschäftsleute des gleichen Gewerbes kommen selten – selbst zu Festen oder zur Zerstreuung – zusammen, ohne daß das Gespräch in einer Verschwörung gegen die Öffentlichkeit endet oder irgendein Plan ausgeheckt wird, wie man die Preise erhöhen kann" (WN I.x.c.27).

Überhöhte Preise kann man freilich nur verlangen, wenn die

Konkurrenz ausgeschaltet oder stark eingeschränkt ist. Der Traum jedes Produzenten ist das Monopol, das etwa auf Grund eines Patents oder eines Produktionsgeheimnisses aufrecht erhalten werden kann. „Der Monopolist versorgt nämlich den Markt ständig mangelhaft und befriedigt die effektive Nachfrage niemals ganz, so daß er seine Ware weit über dem natürlichen Preis verkaufen kann" (WN I.vii.26). Gut lebt es sich aber auch mit beschränktem Wettbewerb, etwa unter dem Schutz von Gesetzen, die möglichen Konkurrenten den Zuzug erschweren (Niederlassungsbestimmungen), die Ausbildung künstlich verlängern (Lehrlingsgesetze) oder nur eine bestimmte Zahl von Vertretern eines Gewerbes zulassen (Zunftordnungen). Dem gleichen Zweck dienen Gesetze, die den freien Handel einschränken. Dazu gehören Einfuhrverbote und Zölle auf ausländischen Waren, die den heimischen Gütern Konkurrenz machen könnten; ebenso aber auch Ausfuhrverbote von heimischen Rohstoffen, z.B. von englischer Wolle, die dadurch den englischen Tuchmanufakturen und Tuchhändlern zu einem billigeren Preis zur Verfügung stehen, als wenn sie auf dem Weltmarkt gehandelt werden könnten (WN IV.viii.17).

Die englische Kolonialpolitik ist für Smith Resultat einer langfristigen Verschwörung der Händler und Manufakturbesitzer auf Kosten der Konsumenten. Deutlich wird dies, wenn ein großer Subkontinent der Verwaltung einer Handelsgesellschaft unterstellt wird, wie im Falle Indiens der „East India Company" (WN IV.vii.c.91,101-108). Aber auch der Umgang des Mutterlandes mit den nordamerikanischen Kolonien zeugt von Händlermentalität in der Politik. Wenn die Kolonien die Waren, die sie benötigen, nur aus England importieren und ihre eigenen Produkte, sofern sie für die englischen Kaufleute von Interesse sind, nur über England exportieren dürfen, so zeigt sich, daß hier ein großes Reich ausschließlich zu dem Zweck gegründet wurde, um sich ein Volk von Kunden heranzuziehen (WN IV.vii.c.63). Dabei richtet sich die Kritik keineswegs gegen Kolonien als solche. Nach Smiths Auffassung können sie viel zum Wohlstand einer Nation beitragen, weil sie neue Märkte eröffnen, zur Entwicklung der heimischen Produktion beitragen und den vorteilhaften Austausch zwischen technisch hochentwickelten Gütern und Rohstoffen oder Agrarprodukten ermöglichen. Gerade die nordamerikanischen Kolonien brachten England, trotz erheblicher Kosten für den Steuerzahler, auch zur Zeit Smiths noch mehr Vor- als Nachteile – dies aber nicht wegen, sondern trotz der Kolonialpolitik der Regierung. Mit anderen Worten: Hätten die Amerikaner die freie Wahl gehabt, woher sie ihre Waren beziehen und wohin sie sie ausführen wollten, so wären die Vorteile für den durchschnittlichen Engländer und Amerikaner noch viel größer gewesen. So aber lagen die Preise der amerikanischen Exporte weit unter, die ihrer Importe weit über dem natürlichen Preis. Die Gewinnspannen der britischen Manufakturbesitzer und Fernhändler waren überhöht, mit der Folge, daß viel Kapital aus den übrigen Erwerbszweigen abgezogen und in die Produktion von bzw. den Handel mit Exportgütern investiert wurde. Dieses Kapital fehlte dort, wo die meisten Arbeiter produktiv eingesetzt werden könnten: in der Landwirtschaft, in den meisten Handwerken und im Binnenhandel (WN IV.vii.c.20–43).

Smiths Analyse der britischen Kolonialpolitik hat den Vorzug, die Frage nach Nutzen und Schaden nicht nur in bezug auf Völker oder Staaten, sondern vor allem in bezug auf Gruppen oder Klassen zu stellen. Für ihn ist es deshalb kein Widerspruch, vielmehr der Normalfall, wenn politische Entscheidungen zum Schaden des Staates und zugleich zum Vorteil einer Gruppe im Staat gereichen. Zum Schaden des Staates oder gegen das öffentliche Interesse – das bedeutet bei Smith so viel wie: zum Schaden der großen Mehrheit oder des Normalbürgers, d.h. – je nach Kontext – zum Schaden des gewöhnlichen Steuerzahlers oder des Konsumenten oder des Lohnarbeiters. Eine in diesem Sinne schädliche Politik kann zugleich große Vorteile für bestimmte Gruppen von Händlern und Manufakturbesitzern bringen.

Die britische Politik gegenüber den nordamerikanischen Kolonien widersprach nach Smiths Auffassung in mehr als einer Hinsicht dem öffentlichen Interesse. *Erstens* widersprach sie dem Interesse des britischen *Steuerzahlers*, denn die Staatsausgaben übertrafen bei weitem die Einnahmen. Das galt auch in Friedens-, insbesondere aber in Kriegszeiten. Die Verteidigung der nordamerikanischen Siedler vor französischen Überfällen in den Kriegen von 1744–47 und 1755–63 kostete den britischen Staat über 200 Millionen Pfund an Ausgaben und eine Neuverschuldung von über 170 Millionen Pfund. Diesen Ausgaben standen, solange sich die Amerikaner jeder Besteuerung verweigerten, fast keine Staatseinnahmen gegenüber. Selbst der Profit der britischen Händler und Manufakturbesitzer war im Verhältnis dazu minimal. „Allein die Zinsen für die Schuld sind höher als der ganze überdurchschnittliche Gewinn, den man dem Monopol im Kolonialhandel jemals zuschreiben könnte, ja sie sind sogar höher als der gesamte Wert dieses Handels oder jener Waren, die im Durchschnitt Jahr für Jahr in die Kolonien exportiert worden sind" (WN IV.viii.53). *Zweitens* widerspricht die britische Kolonialpolitik dem Interesse der *Konsumenten.* Da die heimischen Produzenten ein Quasi-Monopol innehatten, konnten diese Preise verlangen, die weit über dem natürlichen Preis lagen. „Der Verbrauch allein ist Ziel und Zweck jeder Produktion. Daher sollte man die Interessen des Produzenten eigentlich nur soweit beachten, wie es erforderlich sein mag, um das Wohl des Konsumenten zu fördern... Aber im Merkantilsystem wird das Wohl des Verbrauchers beinahe ständig dem Interesse des Produzenten geopfert..." (WN IV.viii.49). *Drittens* widersprach die britische Kolonialpolitik dem Interesse der *Lohnarbeiter.* Denn sie lenkte das Kapital in die Produktion von Exportgütern und in den Fernhandel, obwohl es sich dort weniger rasch umschlägt und ingesamt weniger produktive Arbeit beschäftigt als in der Landwirtschaft, dem Binnenhandel und der Produktion von Gütern für den heimischen Markt (WN IV.vii.c.86–87).

Smiths Auseinandersetzung mit dem Merkantilsystem gipfelt in dem großen Kapitel über Kolonien (WN IV.vii). Diesem Text ist anzusehen, daß er unter dem Eindruck der aktuellen Auseinandersetzungen mit den nordamerikanischen Kolonien geschrieben wurde. Smith war nur eine Stimme im damaligen Streit der Meinungen. Der als Freund der Amerikaner bekannte Edmund Burke plädierte für eine politische Lösung im Rahmen eines föderal organisierten britischen Empire. Die Siedler sollten im Parlament in London vertreten sein, das Parlament sollte auf die Besteuerung der Kolonien verzichten, aber am Handelsmonopol festhalten. Dagegen trat der Reverend Josiah Tucker, Dekan von Gloucester, schon 1774 dafür ein, die undankbaren Kolonien, die viel zu viel kosteten, in die Unabhängigkeit zu entlassen (vgl. Stevens in Skinner/Wilson 1975, 204–205). Smiths Position lag zwischen diesen Extremen. Grundsätzlich meinte er, daß Kolonien – erst recht wirtschaftlich blühende, wie die nordamerikanischen – für Kosten aufkommen sollten, die dem Mutterland bei der Verteidigung ihrer Interessen entstehen. Schließlich konnte kein Zweifel daran bestehen, daß es im Interesse der vorwiegend aus England stammenden Siedler lag, keine französische Kolonie zu werden. Sie sollten deshalb Steuern zahlen, mit denen England wenigstens einen Teil der Staatsschulden tilgen könnte, die wegen der englisch-französischen Kolonialkriege entstanden waren. Andererseits war Smith – wie wir gesehen haben – ein entschiedener Gegner aller Gesetze und Maßnahmen, die die wirtschaftliche Autonomie der Kolonien einschränkte. Denn er war überzeugt davon, daß die Siedler, wenn sie mit aller Welt unbegrenzt Handel treiben könnten, die Vorteile geschäftlicher Beziehungen mit Großbritannien erst recht erkennen würden. Auch die politische Selbständigkeit der Kolonien brächte England im Grunde mehr Vor- als Nachteile. Die Kosten für Verwaltung und Verteidigung der Kolonien entfielen, und sofern man sich friedlich von den Amerikanern trennte, würde man gewiß treue Alliierte in ihnen gewinnen. Allerdings sei es unwahrscheinlich, daß England freiwillig auf diese Kolonien verzichte. Zwar könnte ein solches Opfer im Interesse Englands liegen, aber es widerspräche dem Stolz der Bevölkerung in England und mehr noch dem „privaten Interesse ihres herrschenden Teils", der dadurch die Verfügung über viele Ämter verlöre, die mit Ansehen, Macht und Reichtum verbunden waren (WN IV.vii.c.66). Deshalb laufen Smiths konkrete Reformvorschläge darauf hinaus, einerseits die Befugnisse der Kolonialparlamente – gerade in Steuersachen – zu stärken, andererseits Repräsentanten der Kolonien ins britische Parlament aufzunehmen. Wie andere Provinzen des Königreichs sollten auch die Kolonien nach Maßgabe ihrer Bevölkerung und ihres Steueraufkommens im britischen Parlament vertreten sein (WN IV.vii.c.78). Dem Einwand, der Sitz der Regierung sei zu weit von Amerika entfernt, um Einfluß auf die Politik zu nehmen, begegnet er mit dem Hinweis, wenn sich Bevölkerung und Reichtum der Kolonien so wie bisher weiterentwickelten, sei in wenig mehr als einem Jahrhundert damit zu rechnen, daß sich das Zentrum der Macht von England nach Amerika verlagere (WN IV.vii.c.79).

Abschließend läßt sich somit folgendes sagen: Für Smith ist der Merkantilismus eine Strategie der Händler und Manufakturbesitzer, ihre partikularen Interessen in der Außenhandelspolitik durchzusetzen. Diese Strategie kann nur gelingen, wenn sie Einfluß auf die Regierung nehmen und die Öffentlichkeit davon überzeugen können, daß ihre Interessen mit dem Gemeinwohl übereinstimmen. Zu diesem Zweck werden Ideen propagiert, die dem Durchschnittsbürger auf den ersten Blick durchaus einleuchten: Der Wohlstand einer Nation bestehe in der Menge des im Lande vorhandenen Geldes, und deshalb käme es im Außenhandel vor allem darauf an, eine positive Handelsbilanz zu erzielen. Möglichst teuer verkaufen und möglichst billig einkaufen scheint von daher für die Volkswirtschaft, wie für den einzelnen Haushalt, die vernünftigste Strategie zu sein. Indem er immer wieder fragt: Cui bono? Wem nützt es?, stellt Smith diese Strategie in Frage und betreibt das, was wir heute Ideologiekritik nennen. Schon im ersten Buch des *Wohlstands* lüftet er den Schleier merkantiler Propaganda, wenn er – im Anschluß an seine Analyse der Löhne, Profite und Renten in expandierenden, stagnierenden und rückläufigen Märkten – die Interessen der einzelnen Klassen der Gesellschaft in ihrem Verhältnis zum öffentlichen Interesse untersucht. Nachdem er Grundbesitzern und Lohnarbeitern bestätigt hat, daß sich ihre Interessen mit dem Allgemeininteresse weitgehend decken, kommt er auf die Kapitalisten zu sprechen. Wer sich unter dem Einfluß von Marx daran gewöhnt hat, die Klassiker der Nationalökonomie als bürgerliche Theoretiker zu verstehen, dem sollte das folgende Zitat zu denken geben: „Die Arbeitgeber (employers) bilden den dritten Stand (order), den Stand derer, die vom Profit leben ... Doch im Gegensatz zu Lohn und Rente steigt die Profitrate ebensowenig im wirtschaftlichen Aufschwung, wie sie in der Depression sinkt. Im Gegenteil ist sie normalerweise in reichen Ländern niedrig, in armen hoch, und stets am höchsten in Ländern, deren Niedergang (ruin) sich am raschesten vollzieht. Das Interesse dieses Standes hat daher nicht den gleichen Bezug zum Allgemeinwohl (general interest) wie das der beiden anderen ... Kaufleute sind immer daran interessiert, den Markt zu erweitern und den Wettbewerb einzuschränken. Eine Erweiterung des Marktes mag häufig genug auch im öffentlichen Interesse liegen, doch muß eine Beschränkung der Konkurrenz ihm stets schaden, da diese lediglich dazu dienen kann, daß die Geschäftsleute ihren Gewinn über die natürliche Spanne hinaus erhöhen und gleichsam den Mitbürgern eine absurde Steuer zum eigenen Vorteil auferlegen. Jedem Vorschlag zu einem neuen Gesetz oder einer neuen Regulierung des Handels, der von dieser Gruppe kommt, sollte man immer mit großer Vorsicht begegnen. Man sollte ihn auch niemals übernehmen, ohne ihn vorher lange und sorgfältig, ja mißtrauisch und argwöhnisch geprüft zu haben. Denn er stammt von einer Gruppe von Menschen, deren Interesse mit dem der Öffentlichkeit niemals genau übereinstimmt, deren Interesse vielmehr in der Regel darin besteht, die Öffentlichkeit zu täuschen und sogar zu unterdrücken, und die sie dem entsprechend oft getäuscht und unterdrückt haben“ (WN I.xi.p.10).

VI. Wirkungsgeschichte

Es gibt Bücher, die eine Bewegung des Denkens in einer großen Synthese zu Ende führen, es gibt andere, die die Weichen neu stellen und das Denken in neue Bahnen lenken. Werke der ersten Art können sehr erfolgreich sein, weil sie das, was viele denken und fühlen, zum Ausdruck bringen; eine langfristige und tiefgehende Wirkung geht gewöhnlich nicht von ihnen aus. Werke der zweiten Art finden oft wenig Beachtung oder stoßen auf Ablehnung unter den Zeitgenossen, obwohl sie dem Denken für Jahrhunderte Impulse geben. Zuweilen aber finden auch bahnbrechende Werke die Zustimmung der Zeitgenossen. Obwohl sie dem Leser Neuartiges zumuten, werden sie in ihrer Bedeutung früh erkannt. Es sind Bücher, die schon bald zu Klassikern werden.

Smiths *Theorie der moralischen Gefühle* gehört zu den Werken der ersten Art. In einer den Zeitgenossen vertrauten Sprache, mit vielen Beispielen aus dem alltäglichen Leben garniert, behandelte sie Themen, die seit über hundert Jahren im Mittelpunkt der britischen Moralphilosophie standen: Fragen nach der Motivation des Handelns, nach der Erkenntnis von Gut und Böse, nach dem Verhältnis von Moral und Religion. Und auf diese Fragen gab sie Antworten, die zwischen Egoisten und Altruisten, Gefühlsmoralisten und Rationalisten, Deisten und Christen vermitteln sollten. Der Überblick über Systeme der Moralphilosophie, den Smith im letzten Kapitel seines Buches gibt, verstärkt den Eindruck einer abschließenden Synthese. Die Wirkungsgeschichte dieses Werkes war daher lebhaft, aber kurz. Wie ein Strohfeuer erregte es die Gemüter der Zeitgenossen, unter den nachfolgenden Generationen war es nur noch Spezialisten bekannt. Die Ethik des 19. Jahrhunderts bewegte sich auf anderen Bahnen. Benthams Utilitarismus und Kants Kritik der praktischen Vernunft sind aus einer Auseinandersetzung mit der britischen Moralphilosophie hervorgegangen. Aber an die Stelle der vorwiegend deskriptiven, sozialpsychologischen Analysen des moralischen Bewußtseins, wie sie noch bei Hume und Smith zu finden sind, setzen sie eindeutig normative Ethiken, die von der Frage nach den Gründen des eigenen Handelns ausgehen.

Humes *Traktat über die menschliche Natur* zählt zu den unpopulären Werken der zweiten Art. Durch die Radikalität, mit der er die Ansprüche des Rationalismus zurückwies und die skeptischen Konsequenzen des Empirismus hervorhob, verstörte er die Zeitgenossen, die nicht erkannten, daß sein eigentliches Anliegen keineswegs die Zerstörung aller Grundlagen des Denkens, sondern die Konstruktion einer empirischen Wissenschaft vom Menschen war. Der *Traktat* blieb zunächst unbeachtet, später rief er immer wieder heftige Kritik hervor, aber noch heute fordert er die Philosophen heraus – ein Text, der nicht zu altern scheint.

Smiths *Wohlstand der Nationen* gehört zu den Büchern, die schon bald zu Klassikern werden. Den Zeitgenossen erschien es als originell und bedeutsam, den nachfolgenden Forschergenerationen als Bezugspunkt, an dem sich Fortschritt messen läßt. Bücher dieser Art haben jedoch ein eigenes Schicksal, ihre Wirkungsgeschichte läßt sich mit den Begriffen Interpretation, Diskussion und Erkenntnisfortschritt allein nicht erklären. Ihr Inhalt führt bald ein seltsames Eigenleben, das mit dem ursprünglich Gemeinten wenig zu tun hat. Gerade weil sich jeder auf sie bezieht, reduziert sich ihr Inhalt – außerhalb des engen Kreises der Spezialisten – auf einige wenige Thesen, die zustimmend oder ablehnend zitiert werden. Gibt der Autor praktische Ratschläge, die gegensätzliche Interessen berühren, so dient sein Werk der Identifikation von Freunden und Feinden. Parteien schmücken sich mit dem Namen eines Denkers oder verteufeln damit ihre Gegner. Von Zeit zu Zeit erinnert ein Spezialist daran, was der Autor wirklich meinte. Der Text wird wieder in seinen Kontext gestellt, Interpretationsprobleme rücken für einige Zeit in den Mittelpunkt des öffentlichen Interesses, bevor die Wirkungsgeschichte wieder ihren freien Lauf nimmt. Wie wir sehen werden, ist es dem *Wohlstand* ebenso ergangen. Seine Wirkungsgeschichte hat mit der Geschichte der Nationalökonomie als Wissenschaft relativ wenig, mit der Geschichte politischer Ideologien, genauer: mit dem Kampf um den Liberalismus relativ viel zu tun. Darüber ist das, was Smith selbst dachte und wollte, oft in Vergessenheit geraten.

Was im folgenden über die Rezeption der Werke von Adam Smith gesagt wird, kann nur einen kleinen Ausschnitt aus einer weltweiten Wirkungsgeschichte sichtbar machen (vgl. dazu H. Mizuta/C. Sugiyama 1993). Daß unsere Auswahl stark auf Deutschland konzentriert ist, hängt einerseits mit den Interessen eines deutschen Autors, andererseits damit zusammen, daß die Smith-Rezeption in Deutschland auch in anderen Ländern Wirkung zeigte. Das gilt besonders für die Marxsche Kritik der politischen Ökonomie, die aus einer Auseinandersetzung mit den Klassikern der Nationalökonomie – allen voran Adam Smith – hervorgegangen ist; aber auch für das sogenannte Adam-Smith-Problem, dessen Diskussion zunächst in Deutschland, später auch in anderen Ländern zu einer Neubesinnung auf den ganzen Adam Smith in seinem historischen Kontext geführt hat.

1. Die Rezeption der Zeitgenossen

Adressat und soziale Basis der Aufklärung war das lesende Publikum. Es gibt deshalb kaum einen besseren Weg, sich vom Leben der Aufklärung ein konkretes Bild zu machen, als das Schicksal einzelner Bücher zu verfolgen. Nehmen wir das Beispiel eines noch unbekannten schottischen Professors, der einen Teil seines Moralphilosophiekurses als Buch herausbringen wollte. Bei seinen jungen Studenten hatte er damit Erfolg, einige Kollegen haben ihn ermutigt, aber wie wird das Publikum reagieren? Mit Hilfe eines berühmten Freundes konnte er einen der bekanntesten Verleger Londons, Andrew Millar, für sein Manuskript interessieren. Nun blickte er ängstlich auf die Hauptstadt, um zu erfahren, ob das Buch beachtet und wie es aufgenommen wird.

Am 12. April 1759, kurz nach Erscheinen der *Theorie*, schrieb David Hume aus London an Adam Smith in Glasgow. Er wußte natürlich genau, wie gespannt sein Freund auf diese erste Nachricht wartete. Er erwähnte, daß es erste Reaktionen gäbe, unterbrach aber seinen Bericht mehrmals an der entscheidenden Stelle, um langatmig von anderen Ereignissen zu erzählen. Schließlich bat er Smith, sich innerlich zu wappnen und zu bedenken, daß nur oberflächliche Bücher bei der Menge Erfolg haben. Dann endlich die Nachricht, daß das Buch großen Erfolg hatte, von einflußreichen Leuten gelobt wurde, die Ausgabe bereits zu zwei Dritteln verkauft war. „In that view (d. h. als Verkaufsschlager) I believe it may prove a very good book“ (Corr. Nr. 31).

Der Brief wird häufig als Beispiel für Humes Humor und für seine Fähigkeit zur Freundschaft zitiert. Bedenkt man aber, daß Humes erstes Buch keinerlei Erfolg hatte, daß er seither im Visier geistlicher Kritik stand, daß Smith ihn in der *Theorie* einer grundsätzlichen Kritik unterzog, so erscheint der Brief in einem etwas anderen Licht. Er ist noch um eine Dimension witziger, als er zunächst erscheint, denn er enthält das Körnchen bittere Wahrheit, das den starken Humor würzt. Zu den Dingen, die Hume beiläufig erzählt, gehört das Erscheinen des *Candide* von Voltaire, der Satire auf den teleologischen Optimismus. Natürlich wußte Hume, daß Smith ein Verehrer Voltaires war und sich gleichwohl eben dieses Optimismus schuldig gemacht hatte. Später berichtet er, wer sich lobend über das Buch geäußert hat: Drei Bischöfe! „You may conclude what opinion true philosophers will entertain of it, when these retainers of superstition praise it so highly". Die Frommen und Großen, Bischöfe und Hochadel, schienen besonderen Gefallen an dem Buch zu finden. In Humes Augen hatte sein Freund ein frommes und gefälliges Buch geschrieben, im Gegensatz zu seiner eigenen, vom Publikum verkannten Philosophie.

Um so bemerkenswerter ist, daß Hume sich für den Erfolg des Buches aktiv einsetzte. Kurz nach seiner Veröffentlichung erschien in der *Critical Review* des Schotten Tobias Smollet ein „Abstract", also eine zusammenfassende Darstellung und Beurteilung, als deren Autor inzwischen ziemlich einwandfrei David Hume identifiziert werden konnte. Die Darstellung ist fair, das Urteil lobend, auch in der Kritik an „Mr. Hume, who founded a great part of his moral system on the consideration of public utility" wird Smith recht gegeben (vgl. Ross 1995, 179–180). Diese Form der Ironie findet sich auch in Humes *Dialogues concerning Natural Religion*, wo Hume dem Deisten Cleanthes (der auffallend an Smith erinnert) gegenüber dem Skeptiker Philo (der ihn selbst verkörpert) recht gibt, dieses Urteil allerdings dem ungebildeten Pamphilius in den Mund legt (vgl. Ballestrem 1997, 883–885).

Die *Theorie* wurde in der Tat ein Erfolg. Lobende Besprechungen erschienen in der *Monthly Review* (Juli 1759) und im *Annual Register* (1759, 484 ff.). Die erste Auflage mußte mehrmals neu gedruckt werden; fünf weitere Auflagen erschienen zu Smiths Lebzeiten (1761, 1767, 1774, 1781, 1790). Die Übersetzungen von M.A. Edious (1764), Abbé Blavet (1774) und Madame de Grouchy, der Witwe

Condorcets (1798), machten das Buch in Frankreich bekannt, die Übersetzungen von Chr. G. Rautenberg (1770) und L. Th. Kosegarten (1791) trugen seine Ideen nach Deutschland. Smith war nun ein bekannter Schriftsteller, dessen Moralphilosophie in englischen und französischen Salons, in schottischen und deutschen Universitäten besprochen wurde. Die Vorteile, die er daraus zog, die Veränderungen, die dadurch in seinem Leben eintraten, sind oben (in Kap. II) geschildert worden.

Um auf den Inhalt der Diskussion einzugehen, die durch das Erscheinen der *Theorie* ausgelöst wurde, soll ein Beispiel genügen, um uns von der Art des Lobes eine Vorstellung zu geben. Edmund Burke, Herausgeber des *Annual Register*, hat nicht nur in einer Rezension Inhalt und Stil der *Theorie* gepriesen, sondern in einem Brief an den Autor folgendes Bild entworfen. Bei allen bisherigen Systemen der Moralphilosophie – so schrieb er am 10. September 1759 – habe man den Eindruck, die Verfasser gründeten – ähnlich wie die Architekten der Gotik – ihre gewaltigen Gewölbe auf einen einzigen schmalen Pfeiler. Dies sei zwar kunstvoll, aber unvernünftig „and cannot long be pleasing". Smith dagegen habe seinem System ein solides Fundament gegeben, nämlich die Natur des Menschen, die überall gleich ist und Bestand hat (Corr. Nr. 38). Bedenkt man, seit wie langer Zeit die gotischen Kathedralen nicht nur stehen, sondern auch gefallen, und ferner, daß Smith selbst sein ganzes System bewußt auf einen einzigen Pfeiler, die Sympathie, stellt, so kann das Bild nicht sonderlich einleuchten. Smith wird das Lob dennoch gefallen haben. Jedenfalls datiert von jener Zeit eine lebenslange Freundschaft mit Burke, der ihm erst kurz zuvor, in Humes Brief vom 12. April 1759, als „an Irish Gentleman, who wrote lately a very pretty Treatise on the Sublime" vorgestellt worden war (Corr. Nr. 31).

Natürlich ist die *Theorie* auch auf Kritik gestoßen. Bereits erwähnt wurden die Einwände von Hume und Gilbert Elliot, die Smith in der zweiten Auflage berücksichtigt hat (vgl. oben Kap. III, 2 und 4). Hume wollte nicht akzeptieren, daß die Erfahrung der Sympathie immer angenehm sei. Elliot fürchtete, daß die sozialpsychologische Erklärung der Entstehung moralischer Gefühle aus wechselseitiger Sympathie auf eine rein konventionelle Moral hinauslaufe. Smith hob daraufhin die Rolle des unparteiischen Zuschauers stärker hervor. Noch fundamentaler war die Kritik anderer

Mitglieder der schottischen Aufklärung wie Lord Kames, Adam Ferguson und Thomas Reid, deren intuitionistische Ethik vom ursprünglichen und unverwechselbaren Charakter moralischer Gefühle ausging. In Smiths Versuch, moralische Gefühle durch das Prinzip der Sympathie zu erklären, witterten sie Relativismus (Reid: Was moralisch richtig ist, bestimmt die Meinung der Mehrheit) bzw. eine petitio principii (Ferguson: Um moralische Gefühle zu erklären, muß die Sympathie ein moralisches Subjekt voraussetzen, den „impartial spectator"). Ob Smith diese grundsätzliche Kritik kannte und auf sie reagierte, ist nicht mehr eindeutig zu klären (vgl. Ross 1995, Kap. 12).

Außerhalb Großbritanniens wurde Smith in den 60er und 70er Jahren des 18. Jahrhunderts übersetzt, gekauft und meist lobend besprochen, in den französischen Salons ist die *Theorie* eine Zeitlang fast ein Modebuch, aber von einer ernsthaften Auseinandersetzung, gar von Anhängern oder Schülern unter den Philosophen, kann kaum die Rede sein. Für Helvetius und Holbach, die Ethiker der französischen Aufklärung, mit ihrer Kombination von privatem Egoismus und öffentlichem Utilitarismus, fehlte es der Smithschen Moralphilosophie an Radikalität und Eindeutigkeit, während für Smith – wie auch für Hume – die Philosophie der französischen Kollegen als grob geschnitzt erscheinen mußte. Man schätzte sich persönlich, philosophisch ging man sich eher aus dem Weg (vgl. Humes herablassendes Urteil über Helvetius' *De l'esprit* in Corr. Nr. 31). In den USA scheint Smiths Nähe zum Deismus einer positiven Rezeption im Wege gestanden zu haben. An den christlich geprägten amerikanischen Universitäten war zwar der Einfluß der schottischen Moralphilosophie groß, aber es waren Hutcheson und Reid, die Anklang fanden, nicht Smith (vgl. Fechner in Mizuta/Sugiyama 1993, 186-194).

In Deutschland fand die *Theorie* zwar auch keine Anhänger, aber doch bedeutende Kommentatoren. Lessing erwähnte und zitierte die Schrift in seinem *Laokoon* (1763). Christian Garve, der große Vermittler zwischen schottischer und preußischer Aufklärung (er hat Ferguson, Smith und Lord Kames übersetzt), besprach sie in seiner Geschichte der Ethik (1798). Zwar nennt er das Prinzip, auf das Smith seine Theorie aufbaut, „ungereimt", aber er gibt zu, aus den Erklärungen und Anwendungen, die Smith daraus ableitet, „mehr gelernt zu haben, als aus den Werken vieler anderer, in ihren Prinzipien untadelhafter und in ihren Beweisen weit strengerer Moralisten" (vgl. Eckstein 1926, XXXII). Daß Kant die *Theorie* – in Rautenbergs Übersetzung von 1770 – kannte, ist schon seit längerem vermutet (Oncken 1877; Eckstein 1926), aber erst kürzlich nachgewiesen worden (Fleischacker 1991). Welche Bedeutung sie für die Herausbildung der Kantschen Ethik hatte, schält sich erst langsam heraus.

Bekanntlich hat Kant, ähnlich wie in der Erkenntnistheorie, auch in der Ethik einen Weg der Reflexion durchschritten, der ihn – sehr vereinfacht gesagt – vom Rationalismus über den Empirismus zur Transzendentalphilosophie führte. Einige Schriften der 1760er Jahre zeigen den Einfluß der „Gefühlsmoralisten", insbesondere von Shaftesbury, Hutcheson und Hume. Aber den Schriften dieser Zeit merkt man auch zunehmend eine Unzufriedenheit darüber an, keine allgemeinen Gesetze der Moral und kein sicheres Fundament des eigenen Handelns begründen zu können. In den 70er Jahren kam Kant zu der Einsicht, daß dieses Fundament kein subjektives, sondern ein objektives, kein inhaltliches, sondern ein formales sein muß; also auch nicht im Bereich der Gefühle, sondern in dem der Vernunft zu suchen ist (vgl. Ward 1972, Kap. 2). In diese Zeit fällt die Bekanntschaft mit Smiths *Theorie*. Wie hoch Kant das Werk schätzte, geht nur aus beiläufigen Bemerkungen hervor. Markus Herz erwähnt in einem Brief an Kant aus dem Jahr 1771 dessen „Liebling" Smith. Kant selbst notierte in einer seiner *Reflexionen* (1355), kein deutscher Schriftsteller habe es in der „moralischen Kenntnis des Menschen" so weit gebracht wie Smith. Was Kant an Smith schätzte, läßt sich zum Teil vermuten, zum Teil erkennen. Vermutlich war es vor allem die Analyse des moralischen Selbstbewußtseins, in der der unparteiische Zuschauer als Korrektiv des mit sich selbst sympathisierenden, sich selbst allzu leicht betrügenden Subjekts eingeführt wird, eine Analyse, die zur Bedeutung allgemeiner Regeln und des Handelns aus Pflicht vordringt (vgl. oben Kap. III.4). In jedem Fall war es der „impartial spectator", der Kants Aufmerksamkeit erregte (vgl. *Reflexionen* 767, 6628, 6864).

Interessant ist, daß Kant in der *Grundlegung zur Metaphysik der Sitten* (1785) im zweiten Abschnitt eine Einteilung aller möglichen *heteronomen* Prinzipien der Sittlichkeit vornimmt, wobei er empirische Prinzipien – wie Glückseligkeit oder „moral sense" – einer Kritik unterzieht, aber Smiths Analyse der Sympathie nicht erwähnt.

Dagegen führt er gleich auf der ersten Seite des ersten Abschnitts im selben Werk selbst die Figur des „vernünftigen unparteiischen Zuschauers“ ein, der „am Anblicke eines ununterbrochenen Wohlergehens eines Wesens, das kein Zug eines reinen und guten Willens zieret, nimmermehr ein Wohlgefallen haben kann“. Offenbar hat auch Kant im „unparteiischen Zuschauer“ ein Prinzip der Objektivität gesehen, das aus der subjektiven Welt der moralischen Gefühle herausführt. Es ist deshalb nicht abwegig zu vermuten, daß „the categorical imperative seems to have occured to Kant as, among other things, a solution to the problems posed by Smith's (impartial spectator)“ (Susan Meld Shell 1980, 102; zit. bei Fleischacker 1991, 250).

So viel zur Rezeption der *Theorie* durch die Zeitgenossen. Ganz anders war die Situation nach Erscheinen des *Wohlstands* im März 1776. Inzwischen war Smith ein bekannter Schriftsteller, dessen zweites großes Werk von vielen neugierig erwartet bzw. nach so vielen Jahren schon fast nicht mehr erwartet wurde. Den Freunden, allen voran dem sterbenskranken David Hume, war die Erleichterung anzumerken, als es endlich erschien. Allen war klar, daß hier ein neues System, ein zukunftweisendes Werk vorlag. Sie sparten deshalb auch nicht mit Lob. Hugh Blair, Professor für Rhetorik und Schöne Literatur an der Universität Edinburgh, hob den Stil und die logische Anordnung des Stoffes hervor und gab seiner Überzeugung Ausdruck, „that since Montesquieu's *Esprit des lois*, Europe has not received any Publication which tends so much to Enlarge and Rectify the ideas of mankind“ (Corr. Nr. 151). Der Historiker William Robertson zeigte sich vor allem durch die Systematik des Werks beeindruckt: „You have formed into a regular and consistent system one of the most intricate and important parts of political science“ (Corr. Nr. 153). Auch andere Bewunderer, wie Joseph Black und Edward Gibbon, hoben die wissenschaftliche Leistung des Systembauers hervor (Corr. Nr. 152 und 187). Zugleich äußerten einige von ihnen – z.B. Ferguson (Corr. Nr 154) – Zweifel, daß einem Werk dieser Art, das wegen der Trockenheit des Stoffes und der Neuartigkeit der Darstellung konzentrierte Lektüre erfordert, ein schneller Erfolg zuteil würde. Doch auf die Dauer, so lautete ihr Trost, würde man einer solchen Leistung die Anerkennung nicht versagen. „... it has Depth and Solidity and Acuteness“, schrieb Hume am 1. April 1776, „and is so much illustrated by curious Facts, that it must at last take the public Attention“ (Corr. Nr. 150). Blair sagt voraus, der *Wohlstand* werde als „Handelskodex der Nationen" in die Geschichte eingehen (Corr. Nr. 151).

Zur Überraschung vieler, auch des Verlegers William Strahan, war der *Wohlstand* ein unmittelbarer Erfolg. Die erste Auflage war in sechs Monaten verkauft. Weitere vier Auflagen erschienen zu Smiths Lebenszeit (1778, 1784, 1786, 1789), der Abbé Blavet brachte eine französische Übersetzung heraus (1778), noch zu Lebzeiten des Autors erschienen Übersetzungen ins Dänische (1779–80) und Italienische (1779–80). Respektvolle Besprechungen waren die Regel. Smith selbst scheint durch die positive Rezeption überrascht gewesen zu sein. Er verstand sein Werk als scharfen Angriff auf das ganze britische Handelssystem und war deshalb verwundert darüber, daß er insgesamt viel weniger beschimpft wurde als erwartet (Corr. Nr. 208).

Gründe für den Erfolg sind wohl in zwei Richtungen zu suchen. In *theoretischer* Hinsicht ist das Werk originell, ohne revolutionär zu sein. Es lebt auch von vielen Erkenntnissen anderer Autoren, die es neu begründet, ordnet und anwendet (so bereits Stewart 1795, in EPS 322–323; vgl. auch Meek 1973). Selbst grundlegende Kategorien und Prinzipien wie die Arbeitsteilung und ihre Entwicklung im Verhältnis zur Ausdehnung des Marktes die Unterscheidung von drei Produktionsfaktoren und Einkommensarten, die Erklärung der Funktionsweise eines freien Marktes oder die Analyse der gesamtwirtschaftlichen Warenzirkulation lassen sich – zumindest in Ansätzen – auf Autoren wie Hutcheson und Hume, Quesnay und Turgot zurückführen (vgl. Campbell/Skinner in WN 21–24). Sogar in seiner Kritik am Merkantilismus konnte Smith, wie Schumpeter gezeigt hat (1965, 455–472), an Zweifel anknüpfen, die innerhalb der merkantilistischen Literatur (z.B. bei Cantillon) an den eigenen Grundsätzen geäußert wurden. In *praktischer* Hinsicht ist das Werk zwar kritisch gegenüber einzelnen Gruppen und ihrer Interessenpolitik, widerspricht aber keineswegs dem Zeitgeist. Die Kritik an Kaufleuten und Manufakturbesitzern richtet sich gegen deren Versuche, den Wettbewerb zu umgehen, nicht gegen ihre Interessen als solche. Bekanntlich rechnet Smith – im Gegensatz zu den Physiokraten – den Einsatz von Kapital durch Händler und Unternehmer zu den produktiven Tätigkeiten. Seine Sympathien für reformorientierte Grundbesitzer machten ihn nicht blind gegenüber neuen Formen des Kapitals und ihre Bedeutung für die Entwicklung der bürgerlichen Gesellschaft. Vor allem aber entspricht sein Plädoyer für Handelsfreiheit und die Kritik an der Irrationalität vieler Staatsinterventionen dem Geist der Freiheit, der damals fast überall in Europa in allen Bereichen des geistigen, ökonomischen und politischen Lebens zum Niedergang des Absolutismus beigetragen hat (vgl. Dippel 1981).

Inwiefern die praktischen Ratschläge, die Smith im *Wohlstand* erteilt, einen unmittelbaren Einfluß auf die Wirtschaftspolitik Großbritanniens hatten, ist nicht leicht zu klären. Tatsache ist, daß William Pitt (der Jüngere) und William Grenville, die seit 1782 führenden Politiker Englands, den *Wohlstand* kannten, Smith schätzten und sich immer wieder auf seine Ideen beriefen (Ross 1995, 374–376). Die ersten Jahre des Kabinetts Pitt lassen eine Reihe von Maßnahmen erkennen, die ganz in Smiths Sinne waren: die Herabsetzung von Teezöllen, um das Schmuggeln unrentabel zu machen (1784); der (gescheiterte) Versuch einer Wirtschaftsunion mit Irland, von dem insbesondere die irische Leinenindustrie profitiert hätte (1785); der Handelsvertrag mit Frankreich (1786), der durch die gezielte Herabsetzung bestimmter Zölle den Handel mit Wein und Textilien erleichterte. Allerdings erschwerten die politischen Umstände die Einführung einer konsequenten Freihandelspolitik: zunächst die noch schwelenden Konflikte mit den amerikanischen Ex-Kolonien, später die Auseinandersetzung mit dem revolutionären Frankreich. Erst in den 20er Jahren des 19. Jahrhunderts wurde der Freihandel in England zum zentralen Thema liberaler Wirtschaftspolitik.

2. Adam Smith in Deutschland (1790–1840)

Die Wirkungsgeschichte der ökonomisch-politischen Ideen von Adam Smith in Deutschland war nur ein Faden in einem komplexen Gewebe, zu dem die Auseinandersetzungen zwischen Aufklärung und Romantik, zwischen Befürwortern und Gegnern der Französischen Revolution, zwischen liberalen Reformern und konservativen Restauratoren gehörten. Sie war nur eine Stimme in der öffentlichen Diskussion, die zwischen dem Bedauern darüber, daß Deutschland an den politischen und ökonomischen Fortschritten in Frankreich und England keinen Anteil hatte, und der trotzigen These, Deutschland werde die Fehler der Franzosen und Engländer nicht nachmachen, hin und her pendelte. Sie war nur ein Aspekt der Entwicklung, die vom Universalismus der Aufklärung zu einem Nationalismus führte, der auch vor der Philosophie nicht haltmachte, ja an der deutschen Philosophie den verletzten Nationalstolz befriedigte: „Die Philosophie hat in Deutschland ihre eigentliche Heimat gefunden und breitet ihre segensreiche Wirksamkeit nach allen Weltgegenden aus; dessen ist der stolze Brite, der eitle Franzose, der selbstsüchtige Italiener geständig...". Einen solchen – 1790 noch undenkbaren – Unsinn konnte man 1839 in der „Bibel des Vormärzliberalismus" lesen (Rotteck/Welcker, Bd. 7, 609).

Erst um das Jahr 1795 wurde Smith als Ökonom einem breiteren Publikum in Deutschland bekannt. Daß die Rezeption mit einiger Verzögerung einsetzte, mag einerseits damit zusammenhängen, daß die erste Übersetzung von 1776/78 an Präzision und Lesbarkeit zu wünschen übrigließ; andererseits damit, daß die deutsche „Kameralistik" (Verwaltungswissenschaft) im 18. Jahrhundert zunächst merkantilistischen, später auch physiokratischen Grundsätzen folgte. Christian Garve brachte 1794 bis 1796 eine neue, wirklich befriedigende Übersetzung des *Wohlstands* heraus. Den Professoren Georg Sartorius (1766–1828) in Göttingen und Christian Jakob Kraus (1753-1807) in Königsberg kommt das Verdienst zu, Smiths politische Ökonomie in das Studium der Kameralwissenschaften eingeführt zu haben.

Smiths politische Ökonomie ist in Deutschland auf verschiedenen Ebenen rezipiert worden. Eine Ebene ist die der großen Philosophen: Kant, Fichte und Hegel haben den *Wohlstand* gekannt. Ähnlichkeiten zwischen dem Denken von Smith und Kant – auch im Bereich der Rechts- und Staatsphilosophie – herauszuarbeiten, ist schon früh versucht worden (Oncken 1877). Neuerdings ist eine sorgfältige Studie den Spuren Smiths – aber auch anderer schottischer Denker, wie Adam Ferguson und James Steuart – in Hegels Rechtsphilosophie nachgegangen (Waszek 1988). Lohnend wäre sicher auch, Fichte unter diesem Aspekt zu untersuchen: *Der geschlossene Handelsstaat* (1800) läßt sich Schritt für Schritt als Gegenposition zum *Wohlstand der Nationen* interpretieren. Eine zweite Ebene ist die der Nationalökonomie als Wissenschaft. Ähnlich wie in England Lord Lauderdale und Thomas Malthus, David Ricardo und James Mill gab es auch in Deutschland Ökonomen, die man als eigenständige Smithianer bezeichnen könnte. Für sie blieb der *Wohlstand* Ausgangs- und Referenzpunkt, aber sie haben auch wesentliche Teile des Systems kritisiert oder selbständig weiterentwickelt. Auch wenn sie weniger bedeutend waren als ihre englischen Kollegen und heute fast vergessen sind, sollen hier wenigstens ihre Namen und die Erscheinungsdaten ihrer „staatswirthschaftlichen" Hauptwerke angeführt werden: Gottfried Hufeland (1807ff.), Johann F. E. Lotz (1811ff.), Karl H. Rau (1826ff.), Friedrich B.W. von Hermann (1832). Ausführlich und immer noch lesenswert berichtet über die fachökonomische Rezeption Smiths in Deutschland Wilhelm Roscher (1874).

Smiths politische Ökonomie wäre aber nicht zu einem Politikum in Deutschland geworden, hätte sie nur in einigen philosophischen Systemen und Lehrbüchern der Nationalökonomie ihre Spuren hinterlassen. Ihre politische Bedeutung erlangte sie dadurch, daß sie in der Krisenzeit um 1800 den – in den Augen der meisten Zeitgenossen längst überfälligen – Reformen den Weg wies. Für die im Geiste der Aufklärung erzogene Führungsschicht eines geschwächten preußischen Staates und einer durch die Ideen der Französischen Revolution verwirrten Gesellschaft erschien der Grundgedanke vom sozialen Nutzen individueller Freiheit wie eine Offenbarung. Nicht von gewaltigen Anstrengungen des Staates – zu denen die Mittel ohnehin fehlten – hingen Ordnung und Wohlstand ab, sondern von der Freiheit des Einzelnen, seine Interessen frei zu verfolgen, solange er die gleiche Freiheit der anderen respektierte. Dieser Gedanke war natürlich nicht neu, er ist der Grundgedanke des liberalen Rechtsstaats, wie er von Kant und den Physiokraten vertreten wurde. Aber Smith zeigte, welche positiven Folgen dieses Prinzip auch für eine moderne, von Großgrundbesitz, Industrie und Handel geprägte Gesellschaft haben konnte. Nur in diesem Kontext sind Einschätzungen des *Wohlstands*, wie die des Königsberger Freundes und Kollegen von Kant, Christian Jakob Kraus, zu verstehen: „... ein wichtigeres Buch als das von Adam Smith hat die Welt noch nicht gesehen; gewiß hat seit den Zeiten des Neuen Testaments keine Schrift wohltätigere Folgen gehabt, als diese haben wird, wenn sie erst in Aller Köpfe, die mit Staatswirtschaftssachen zu tun haben, mehr verbreitet und tiefer eingedrungen seyn wird" (Brief an Auerswald vom Januar 1796, in Kraus 1819, Bd. 8, 373).

Kraus selbst hat wohl am meisten dafür getan, daß Smiths Ideen in die Köpfe der preußischen Elite Eingang fanden. Seinen staatswirtschaftlichen Vorlesungen der 1790er Jahre, die von jungen Adeligen der Region und künftigen preußischen Spitzenbeamten gehört wurden, hat er den *Wohlstand* zugrunde gelegt. Als er 1795 den Auftrag erhielt, Vorschläge zur Reform des Studiums zu machen, konnte er dafür sorgen, daß niemand in Ostpreußen Beamter wurde, der mit den Ideen von Adam Smith nicht vertraut war (Treue 1951, 114–115). Seine posthum erschienene *Staatswirthschaft* (1808, 1811) ist größtenteils eine freie Übersetzung wichtiger Passagen aus Smith. Ähnlich einflußreich war der Göttinger Professor Sartorius, der seine Vorlesung 1796 als *Handbuch der Staatswirthschaft* herausbrachte. Auch sie besteht über vier Bände hinweg aus Smith-Texten, erst im fünften Band bringt er eigene Kommentare. Daß die beiden Professoren in ihrer wissenschaftlichen Propaganda nicht allein standen, geht daraus hervor, daß zwischen 1800 und 1805 noch drei weitere, popularisierende Darstellungen der Smithschen Lehre erschienen (Waszek 1988, 73–75).

Für oder gegen Smith zu sein, das war im Deutschland – und besonders im Preußen – des frühen 19. Jahrhunderts keineswegs nur eine Frage persönlicher Vorliebe oder wissenschaftlicher Einsicht, sondern in erster Linie eine Machtfrage. Vermutlich hätte Smith, der Freund Burkes und Kritiker politischer Doktrinäre (men of system), sich nicht wenig gewundert, als Aushängeschild einer Revolution von oben zu dienen. Aber im deutschen Kontext stand sein Name für Freiheit und Gleichheit, für freien Markt und gleichen Zugang zum Eigentum, für Fortschritt und Überwindung der altständischen Ordnung. Die Durchsetzung dieser Ideen war umstritten, auch an der Universität. Als Wilhelm von Humboldt 1806 vom König den Auftrag erhielt, die Neugründung der Berliner Universität zu Ende zu führen, lagen ihm verschiedene Gutachten vor, wie der Lehrstuhl für Kameralistik besetzt werden sollte. Kraus plädierte für eine Ausbildung künftiger Beamter im Geiste von Smith, andere waren dagegen. Adam Müller, Vordenker der konservativen Opposition, empfahl sich selbst für den Lehrstuhl, indem er 1808–1809 in Berlin Vorlesungen über *Elemente der Staatskunst* hielt. Mit Smith selbst, vor allem seiner Unterscheidung von produktiven und unproduktiven Tätigkeiten, setzt er sich kritisch, aber relativ respektvoll auseinander (Müller 1936, 231–233). Schärfstens jedoch polemisiert er gegen „die Freiheitssekte des Adam Smith“, d.h.

seine deutschen Nachahmer und „ohnmächtigen Widerbeller" (296), deren vereinfachende Kompendien alles Lebendige des Originals verloren hätten (13). Nebenbei wird deutscher Nationalstolz mobilisiert: „Indes ist die deutsche Nachbeterei des Adam Smith, welche wie so vieles andre Unnationale Mode geworden, vornehmlich unpassend und zeigt, daß sich alle eigentümliche Tüchtigkeit deutscher Denkungsart und Wissenschaft verliert" (230).

Humboldt stand auf Seiten der Modernisten und ließ sich 1810 durch den Kraus-Schüler Johann Gottfried Hoffmann ein weiteres Gutachten anfertigen. Dieser plädierte für einen Smithianer und warnte ausdrücklich vor Adam Müller. Als im Herbst 1810 die Berliner Universität ihren Lehrbetrieb aufnahm, hatte Hoffmann selbst den Lehrstuhl für Kameralistik erhalten. Daraufhin entfachte Adam Müller am 12. Oktober 1810 in den „Berliner Abendblättern" eine bittere Polemik gegen Kraus und seine Schule, die über Wochen von verschiedenen Seiten weitergeführt und zuletzt vom Herausgeber Heinrich von Kleist beendet wurde. Bedenkt man, worum es damals in Preußen ging, so war der Streit um die Berliner Professur ein Nebenschauplatz, allerdings ein bezeichnender, denn es ging auch dort um die Gesamtrichtung der Politik. So ergriff z.B. Achim von Arnim für Müller Partei, nützte aber die Gelegenheit zu einem Angriff auf Hardenberg, der sich in seiner Rigaer Denkschrift von 1807 seinerseits zu den Ideen Adam Smiths bekannt hatte (Treue 1951, 127–129).

Die Preußischen Reformen der Jahre 1807/08 und 1810/11: Abschaffung der Erbuntertänigkeit und des Zunftzwangs, Einführung des freien Güterverkehrs und der Gewerbefreiheit, Selbstverwaltung der Gemeinden usw. – gewiß lassen sie sich nicht ausschließlich auf Gedanken von Adam Smith zurückführen, sondern haben ihre theoretischen Quellen bei vielen Denkern des modernen Naturrechts und der europäischen Aufklärung. Tatsache ist jedoch, daß viele der führenden preußischen Reformer – allen voran Hardenberg und Stein sowie der Kraus-Schüler Theodor von Schön – die Bedeutung von Adam Smith für ihre Reformideen betont haben und daß durch die Propaganda der akademischen Smithianer der Boden für die Annahme der Reformen in der Beamtenschaft bereitet war. Deshalb ließen die Gegner der Reformen – wie F. A. von der Marwitz oder D. L. von Yorck – auch keine Gelegenheit aus, um darauf hinzuweisen, daß hier Erfahrungen und Theorien im Spiel waren, die vielleicht zu Großbritannien, nicht aber zu Deutschland paßten. So schrieb Yorck, der spätere Feldherr der Freiheitskriege, 1807 als Antwort auf die ersten Steinschen Reformen: „Der Mann ist zu unserem Unglück in England gewesen und hat von dort seine Staatsweisheit hergeholt; und nun sollen die in Jahrhunderten begründeten Institutionen des auf Seemacht, Handel und Fabrikwesen beruhenden reichen Großbritanniens unserem armen, ackerbautreibenden Preußen angewöhnt werden... Doch läuft es eigentlich darauf hinaus, daß ein Grundbesitz sein soll wie ein Taler Geld, der durch die Zirkulation sich vervielfältigt... So etwas kann nur in der Kanzlei eines Bankiers oder von einem Professor, der einen schlecht verdauten Adam Smith vom Katheder doziert, ausgeheckt werden. Leider hat sich dergleichen Geschmeiß des genialen Ministers bemächtigt" (zit. bei Schnabel 1948, 356–357).

Als Friedrich List 1841 sein *Nationales System der Politischen Oekonomie* veröffentlichte, war der Name Adam Smith bereits zu einem Schlachtruf geworden, an dem sich Freund und Feind erkannten. Während Liberale den *Wohlstand* als „unsterbliches Werk" priesen, „dessen Licht nie untergehen kann" (so der Autor des Artikels „Politische Oekonomie", Bülau, im *Staatslexikon* von Rotteck und Welcker, Bd. 12, 615), polemisierte List selbst gegen den Individualismus und Materialismus der „herrschenden Theorie" (List 1841, 6, 207). Ähnlich wie Adam Müller warf er Smith zweierlei vor: einmal die Bedeutung des Vaterlands und seiner Grenzen zu verkennen, seine Theorie auf eine Anthropologie heimatloser und egoistischer Subjekte zu gründen. Seine Lehre könnte deshalb als Individualökonomie oder Weltökonomie, nicht als Nationalökonomie bezeichnet werden. Der zweite Vorwurf: Ihn interessiere nur Arbeitsteilung und der Tauschwert von Sachen, nicht die eigentlichen Produktivkräfte des Menschen und das „geistige Kapital der lebenden Menschheit" (210). „Diese völlige Nullifizierung der Nationalität und der Staatsgewalt, diese Erhebung der Individualität zum Urheber aller schaffenden Kraft konnte nur plausibel gemacht werden, indem man nicht die schaffende Kraft, sondern das Geschaffene, den materiellen Reichtum, oder vielmehr nur den Wert, den das Geschaffene im Tausch hat, zum Hauptgegenstand der Forschung machte. Dem Individualismus mußte der Materialismus zur Seite gestellt werden" (477).

Was List für Deutschland wollte, war von den wirtschaftspolitischen Ideen Smiths gar nicht so weit entfernt. Er erkannte die Bedeutung großer und freier Märkte, die Zollunion sollte die Handelsgrenzen nach innen öffnen, nach außen vorläufig schützen, solange die wichtigsten Wirtschaftszweige in Deutschland der ausländischen Konkurrenz nicht gewachsen waren. Hätte List etwas genauer gelesen, hätte er leicht entdecken können, welche Bedeutung der Rechtssicherheit im inneren, der Verteidigung des Staates nach außen, der staatlichen Förderung der Erziehung und anderen Gemeinwohlaufgaben bei Smith zukommt. Er hätte bemerken müssen, daß das Verhältnis zwischen reichen und armen, entwickelten und unterentwickelten Staaten, zwischen Mutterland und Kolonien für den Schotten eine Reihe großer Probleme darstellt, die sich keineswegs durch einfaches Herabsetzen aller Zölle oder gar Ignorieren der Grenzen lösen lassen. Er untersucht die Probleme im einzelnen und empfiehlt z.B. vorläufige Schutzzölle für unterentwickelte Wirtschaftszweige. Smith bleibt allerdings nicht bei der Analyse nationaler Interessen stehen, sondern untersucht die Interessen einzelner Gruppen oder Klassen in verschiedenen Staaten. Ihm fehlt sowohl die romantische Überhöhung der Nation und ihrer geistigen Kräfte als auch die Naivität, die Interessen bestimmter Gruppen, die Schutzzölle für sich beanspruchen, mit dem öffentlichen Interesse zu verwechseln. In diesem Sinne ist Smith tatsächlich Materialist und steht Marx näher als den deutschen Romantikern.

3. Smith und Marx

Der alles lesende Marx hat auch die schottische Aufklärung rezipiert. Neben Smiths *Wealth of Nations*, den er erstmals 1844 in Paris in französischer Übersetzung las, kannte er auch Humes *Essays*, Fergusons *Essay on the History of Civil Society* und Millars *Origin of the Distinction of Ranks* (vgl. Meek 1967, 48). Daß er Smith fälschlich für einen Schüler Fergusons hielt – und zwar ausgerechnet in der Frage der Arbeitsteilung (MEW 23, 383) –, zeigt immerhin, daß ihm der historische Kontext nicht ganz unbekannt war. Dennoch tritt Smith bei Marx nicht als schottischer Denker des 18. Jahrhunderts, sondern als „Klassiker der politischen Ökonomie" und „wissenschaftlicher Vertreter der Bourgeoisklasse" auf (4, 143). Gewöhnlich nennt Marx ihn in einem Atemzug mit David Ricardo (1772–1823), obwohl – was den sozialen und theoretischen Kontext betrifft – kaum ein größerer Gegensatz zwischen dem Glasgower Professor für Moralphilosophie und dem Londoner Börsenmakler und Abgeordneten zu denken ist. Marx' Auseinandersetzung mit Smith und Ricardo beginnt in den *Ökonomisch-Philosophischen Manuskripten* (1844) und findet ihren Höhepunkt in den Vorarbeiten zum *Kapital*, den sogenannten *Grundrissen* und den *Theorien über den Mehrwert*.

Um zu verstehen, in welcher Gestalt Smith im Rahmen der Marxschen Theorie auftritt, muß man sich klarmachen, welche Bedeutung den „Klassikern“ bei Marx zukommt. Seine Theorie der bürgerlichen Gesellschaft hat die Form einer „Kritik der politischen Ökonomie“. In der Auseinandersetzung mit den Theorien der bürgerlichen Ökonomen gewinnt er die Kategorien seiner eigenen Kritik der bürgerlichen Gesellschaft. Denn diese Theorien beschreiben die Verhältnisse in der bürgerlichen Gesellschaft, sind aber auch Ausdruck des falschen, ideologischen Bewußtseins, das die Durchschnittsbürger von sich selbst und ihrer Gesellschaft haben. In ihnen wird die Realität der bürgerlichen Gesellschaft z.T. in aller Deutlichkeit enthüllt (das gilt vor allem für die frühen Klassiker – Smith und Ricardo), z.T. schamhaft verhüllt (das gilt für spätere Apologeten und Romantiker, wie Say oder List), in keinem Fall jedoch widerspruchsfrei erklärt. Deshalb lassen sich an diesen Theorien, insbesondere denen der Klassiker, die Widersprüche der bürgerlichen Gesellschaft selbst erklären.

Nach Marx täuschen sich die Herrschenden aller Epochen über die historische Bedingtheit und Endlichkeit ihrer sozialen Verhältnisse. Die herrschenden Ideen halten sie für wahr, die geltenden Normen für naturgemäß, die bestehende Ordnung für ewig. So auch die Bourgoisie und ihre wissenschaftlichen Vertreter. Statt den Individualismus der bürgerlichen Gesellschaft als Resultat historischer Prozesse, etwa der Auflösung feudaler Verhältnisse zu verstehen, halten sie ihn für naturgemäß und projizieren ihn an den Anfang der Geschichte zurück. Deshalb – so Marx – beginnen Smith und Ricardo mit einzelnen und vereinzelten Jägern und Fischern, die ihre Beute tauschen. Das bürgerliche Subjekt, Privateigentümer und Händler, erscheint hier als Normalfall der Frühgeschichte (*Grundrisse*, 5–6).

Zu den herrschenden Ideen des Bürgertums gehört auch die Überzeugung, daß es bei der Aneignung von Besitz, bei der Beschaffung von Gütern, normalerweise moralisch und rechtmäßig zugeht. Die Grundnormen der bürgerlichen – im Gegensatz zur feudalen – Gesellschaft besagen, daß Aneignung in der Regel durch eigene Arbeit oder durch den Tausch gleichwertiger Güter (Äquivalententausch) zustande kommt. „In der Zirkulation selbst, dem Austauschprozeß, wie er an der Oberfläche der bürgerlichen Gesellschaft heraustritt, gibt jeder nur, indem er nimmt, und nimmt nur, indem er gibt. Um das eine oder andere zu tun muß er *Haben* ... Von allen modernen Ökonomen ist daher die eigene Arbeit als der ursprüngliche Eigentumstitel ausgesprochen ... und das Eigentum an dem Resultat der eigenen Arbeit als die Grundvoraussetzung der bürgerlichen Gesellschaft (... Siehe auch A. Smith)" (*Grundrisse*, 903). Nach Marx besteht das Problem der bürgerlichen Ökonomen darin, daß sie von diesem Ansatz aus nicht erklären können, warum in der bürgerlichen Gesellschaft diejenigen, die die Arbeit leisten und den Wert schaffen, in der Regel arm, diejenigen aber, die wenig arbeiten und viel verbrauchen, in der Regel reich sind. Sie winden sich um dieses Problem herum, z. T. durch Gesundbeten und Ignorieren, z. T. indem sie Ausnahmen zur Regel machen (Gewalt und Trug der Reichen bzw. Faulheit und Unfähigkeit der Armen). Der methodisch entscheidende Schritt der Marxschen Kritik der politischen Ökonomie besteht nun darin zu zeigen, daß „an der Oberfläche der bürgerlichen Gesellschaft", wo Waren getauscht und Verträge geschlossen werden, diese Ungleichheit und Abhängigkeit gar nicht erklärt werden kann. Vielmehr muß dazu die Zirkulationssphäre verlassen und in die Produktionssphäre hinabgestiegen werden. Dort läßt sich erkennen, wie durch den Gebrauch der Arbeitskraft im kapitalistischen Produktionsprozeß mehr Wert geschaffen wird, als die Arbeit auf dem freien Markt wert ist und auf Grund des Arbeitsvertrags bezahlt wird (MEW 23, 189–191).

Den Klassikern Smith und Ricardo hält Marx zugute, daß sie an den Verhältnissen in der bürgerlichen Gesellschaft fast nichts verschleiern – nicht die Gier der Reichen und nicht die Not der Armen. Um so mehr aber geraten sie in Schwierigkeiten, diese Tatsachen mit dem allgemeinen Wertgesetz in Übereinstimmung zu bringen. Das allemeine Wertgesetz besagt, daß Waren nach ihrem Wert getauscht werden, wobei die in jeder Ware verkörperte notwendige Arbeitszeit als Maßstab dient. Auch Smith gehe davon aus, daß normale Kauf- oder Handelsbeziehungen darin bestehen, den Austausch gleichwertiger Waren oder Leistungen zu vereinbaren. Aber er sehe, daß Arbeitsverträge zwischen Kapitalisten und Lohnarbeitern offenbar anderen Gesetzen folgen. „Es ist das große Verdienst A. Smiths, daß er ... fühlt, daß hier ein Riß eintritt, daß ... das Gesetz im Resultat faktisch aufgehoben wird, und daß er hervorhebt und ihn förmlich irre macht, daß mit der Akkumulation des Kapitals ... ein Umschlag des Gesetzes des Werts in sein Gegenteil stattfindet. Es ist ebenso seine theoretische Stärke, daß er diesen Widerspruch fühlt und betont, wie es seine theoretische Schwäche ist, daß es ihn an dem allgemeinen Gesetz, selbst für den bloßen Warenaustausch, irr macht, daß er nicht einsieht, wie dieser Widerspruch dadurch eintritt, daß das Arbeitsvermögen selbst zur Ware wird und daß bei dieser spezifischen Ware ihr Gebrauchswert, der also mit ihrem Tauschwert nichts zu tun, selbst die den Tauschwert schaffende Energie ist" (MEW 26.1, 58–59).

Marx versucht nun zu zeigen, wie Smith – statt der Ausbeutung konsequent nach- und auf den Grund zu gehen – sich in immer weitere Widersprüche und Unklarheiten verwickelt. Vor allem kritisiert er, daß Smith bei der Erklärung von Profiten Fragen des Werts mit Fragen der Distribution verwechselt, genauer (1) die Frage, ob beim Verkauf einer Ware mehr Wert erlöst werden kann, als in ihr selbst verkörpert ist, mit (2) der Frage, ob der Arbeiter den ganzen Wert der von ihm geleisteten Arbeit als Lohn zurückbekommt oder diesen Wert mit dem Besitzer eines Grundstücks (der Rente verlangt) und dem Besitzer des Betriebskapitals (der Profit erwartet) teilen muß. „Aber die Verteilung oder Aneignung von Wert ist doch keine Quelle des Werts, der angeeignet wird. Fände diese Aneignung nicht statt und erhielte der Arbeiter das ganze Produkt seiner Arbeit zum Lohn, so bliebe der Wert der produzierten Ware nach wie vor derselbe, obgleich er nicht mit Grundeigentümer und Kapitalist geteilt würde" (ebd. 65). Nach Marx irrt Smith, wenn er Profite aus der Warenzirkulation erklären will (als Aufpreise auf Waren, die über ihrem Wert verkauft werden); er hat recht – und nimmt Marx' Mehrwerttheorie vorweg –, wenn er sie als Abzug vom Wert erklärt, den der Arbeiter geschaffen hat (ebd. 50–51).

Selbst diese kurze Zusammenfassung läßt erkennen, daß Marx sich viel gründlicher mit Smith auseinandergesetzt hat als dessen konservative deutsche Kritiker. Dennoch ist es schwer, im Bild, das seine Kritik der politischen Ökonomie vom *Wohlstand der Nationen* zeichnet, den historischen Smith überhaupt wiederzuerkennen. Das beginnt mit der falschen Annahme, Smith denke unhistorisch, sei sich der historischen Bedingtheit der bürgerlichen Gesellschaft und ihrer Normen nicht bewußt. Genau das Gegenteil ist natürlich der Fall. Entsprechend irrtümlich ist auch die Deutung der warentauschenden Jäger und Fischer als Normalfall der bürgerlichen Gesellschaft, der auf die Frühgeschichte übertragen wird. Auch hier ist das genaue Gegenteil der Fall: Eigentümer, die die Produkte eigener Arbeit tauschen, sind die Ausnahme, nicht die Regel in der bürgerlichen Gesellschaft; das Gesetz des einfachen Warentausches gilt dort nicht bzw. nicht in Reinform. Marx hat Schwächen der Smithschen Wert- und Verteilungstheorie genau erkannt (vgl. oben V.5). Aber er täuscht sich, wenn er diese Schwächen als Folge eines Grundwiderspruchs deutet: Die Verhältnisse in der bürgerlichen Gesellschaft folgten einerseits dem allgemeinen Wertgesetz, andererseits nicht; genauer: einerseits würde Eigentum in der bürgerlichen Gesellschaft nur durch eigene Arbeit oder Äquivalententausch angeeignet, andererseits aber auch durch Gewalt und Betrug. Denn weder dachte Smith, daß das allgemeine Wertgesetz für moderne Ökonomien konstitutiv sei, noch hat er jemals die Position vertreten, die Verteilung von Einkommen und Vermögen in der bürgerlichen Gesellschaft habe etwas mit eigener Arbeit und Äquivalententausch zu tun. Seine Distributionstheorie hat viel mit der Analyse der ökonomischen Folgen von Macht, Einfluß und Organisationsfähigkeit von Gruppen zu tun, wenig oder gar nichts mit der Fiktion freier und gleicher Warenbesitzer. Wenn er bei der Erklärung von Profiten schwankt, dann nicht wegen des genannten Widerspruchs, sondern weil ihre Höhe sowohl eine Funktion der Löhne wie der Preise ist. Die Besitzer von Kapital können sowohl die Arbeiter unter Druck setzen als auch – durch Preisabsprachen, Zölle etc. – den Markt beeinflussen. Dies alles und vieles mehr, wovon bisher die Rede war, macht es schwer, Adam Smith als einen „wissenschaftlichen Vertreter des Bürgertums" zu verstehen (vgl. Ballestrem 1984).

4. Das Adam-Smith-Problem

Im Mittelpunkt wirtschaftspolitischer Diskussionen des 19. Jahrhunderts stand die Alternative Freihandel oder Schutzzölle. Großbritannien, das industriell am meisten entwickelte Land, beherrschte mit seinen Waren die europäischen Märkte, schützte sich selbst jedoch seit 1815 durch hohe Kornzölle gegen billige Getreideimporte. Auf dem Kontinent verlangten Großgrundbesitzer und Industrielle, je nach Interessenlage, von ihren Regierungen höhere Zölle oder konsequenten Freihandel. In England wurde 1839, an der Handelskammer von Manchester, die Anti-Corn-Law Liga gegründet, eine politische Bewegung von Kaufleuten und Industriellen, die 1846 die Abschaffung der Kornzölle erreichte. Ihre Argumente waren plausibel: Billige landwirtschaftliche Importe würden zu einer Senkung der Preise von Grundnahrungsmitteln und zu einem höheren Lebensstandard der Arbeiter führen, während die Kornzölle nur den Interessen der Grundbesitzer dienten. Die Angegriffenen versuchten dagegen zu zeigen, daß Kornzölle dem Interesse des Landes dienten, daß die Händler und Industriellen nur darauf warteten, die Löhne zu drücken und ihre Profite zu erhöhen, sobald niedrigere Lebensmittelpreise es ermöglichten. Obwohl Richard Cobden und John Bright, die Führer der Liga, alles andere als skrupellose Ausbeuter, vielmehr religiös motivierte, arbeiterfreundliche Reformer waren, gelang es der konservativen Propaganda, das „Manchestertum" als gruppenegoistische und staatsfeindliche Händlerideologie darzustellen – übrigens mit so nachhaltigem Erfolg, daß Liberale bis heute formelhaft nachbeten, sie verträten keinen „Manchester-Liberalismus".

Wir haben gesehen, wie nüchtern Adam Smith solche Debatten zu analysieren pflegte und daß sein Mißtrauen gegenüber Händlern und Manufakturbesitzern, die den Wettbewerb umgehen wollten, in der Regel das gegenüber Grundbesitzern bei weitem übertraf. Nun aber waren es die Kapitalisten, die in ihrer Überlegenheit den freien Markt nicht scheuten und sich bei ihren Plädoyers für Freihandel auf ihn beriefen. So konnte es nicht ausbleiben, daß Smith zur Zielscheibe konservativer und sozialistischer Kritik wurde: Er sei ein Vorläufer des Manchestertums, habe ein „Arbeitgeber-Evangelium" geschrieben, das vom rücksichtslosen Verfolger egoistischer Interessen den größten Nutzen für die Gesellschaft erwartete (vgl. Rothschild 1992, 74–96). Obwohl die Interessenlage in Deutschland anders war, festigte sich auch hier sein Ruf als Apostel des Freihandels, dessen Theorie „auf die Voraussetzung eines allwaltenden Privategoismus" gegründet sei, der „immer mit Notwendigkeit zum Gemeinwohle" führe (Hildebrandt 1848, 33).

Je mehr Smith in den Strudel wirtschaftspolitischer Diskussionen um den Liberalismus hineingezogen wurde, desto blasser wurde das Bild des Originals. Der schottische Professor für Moralphilosophie verschwand hinter dem „englischen" Ökonomen Smith. Es war freilich nur eine Frage der Zeit, bis ein Historiker an den ursprünglichen Kontext erinnern würde. Einflußreich war in dieser Hinsicht das Werk von Henry Thomas Buckle: *History of Civilisation in England* (1857–61; dt. von Arnold Ruge 1859–61), dessen zweiter Band vor allem Schottland gewidmet ist. Er kennt nicht nur den „Nationalreichthum" („vielleicht das bedeutendste Buch, das jemals geschrieben wurde"), sondern auch die „Theorie der sittlichen Gefühle". Ihm fällt auf, daß beide Werke von unterschiedlichen anthropologischen und motivationstheoretischen Voraussetzungen ausgehen: Der homo oeconomicus ist konsequenter Egoist, der stets seinen privaten Nutzen zu vergrößern sucht; der homo moralis ein geselliges Wesen, das den Mitmenschen durch Mitgefühl und Wohlwollen verbunden ist (dt. II, 426, 438). Buckle sieht darin keinen Widerspruch, sondern eine bewußte Methodologie. Angesichts einer überaus komplexen sozialen Wirklichkeit gehe Smith nicht induktiv, sondern deduktiv vor. Statt aus einer unendlichen Menge von Beobachtungen (gezielte Experimente sind meist nicht möglich) zu allgemeinen Gesetzen zu kommen, setze er bestimmte, isolierte Motive und Verhaltensregeln voraus und leite daraus Verhaltensweisen und Gesetzmäßigkeiten ab. „Eine solche hypothetische Argumentation gründet sich offenbar auf einer absichtlichen Unterdrückung von Tatsachen" (II, 423) und erkläre allenfalls Teile des sozialen Lebens, die in Wirklichkeit nicht zu trennen sind. Aber ähnlich wie in der Geometrie und in der mathematischen Physik ließe sich auch in den Sozialwissenschaften nur durch abstraktiv-isolierende Verfahren Erkenntnisfortschritt erzielen.

Buckles Deutung, die auf wissenschaftstheoretische Überlegungen J. St. Mills (1844) zurückgeht und in Deutschland von F. A. Lange (1865, II, 453ff.) und H. Vaihinger (1911, 29ff.) vertieft wurde, ist als sogenannte „Fiktionstheorie" in die Smith-Forschung eingegangen (vgl. Eckstein 1928, LVII). Demnach habe Smith in seinen beiden veröffentlichten Werken die Konsequenzen zweier fiktiver Annahmen entwickeln wollen: zum einen, daß die Menschen konsequente Altruisten, zum anderen, daß sie konsequente Egoisten seien (in Wirklichkeit sind sie weder das eine noch das andere). Eine andere Deutung geht ebenfalls von den Unterschieden zwischen den Prämissen der *Theorie* und des *Wohlstands* aus und versucht, eine biographische Erklärung dafür zu finden: Smith sei zunächst ein Gefühlsmoralist in der Tradition von Shaftesbury und Hutcheson gewesen, habe während seines Aufenthalts in Frankreich unter dem Einfluß der französischen Materialisten (Helvetius, Holbach) sein Menschenbild verändert und nach seiner Rückkehr die Konsequenzen des homo oeconomicus entwickelt. Diese sog. „Umschwungtheorie", die vor allem in Deutschland – von K. Knies (1853), L. Brentano (1877) und W. von Skarzynski (1878) – vertreten wurde, hatte nur kurze Konjunktur. Bereits die einfache Überlegung, daß Smith die *Theorie* mehrmals neu herausgab, am Ende seines Lebens noch einmal stark ergänzte, ohne irgendwelche Spuren des „Materialismus" zu hinterlassen, hätte dazu führen müssen, von dieser Hypothese Abstand zu nehmen. Endgültig widerlegt wurde sie durch Cannans Ausgabe einer Nachschrift der *Lectures on Jurisprudence* (1898), aus der hervorging, daß Smith bereits in seiner Zeit als Professor in Glasgow die Grundgedanken seiner Ökonomie formuliert hatte (vgl. Laufer 1902).

Dennoch blieb die Frage nach dem Verhältnis zweier Werke, dessen eines von der Sympathie, das andere vom konsequenten Egoismus als Grundmotiv menschlichen Fühlens und Handelns auszugehen schien. August Oncken, der diese Frage zum „Adam Smith-Problem" erhob (so der Titel seines Aufsatzes in: Zeitschrift für Sozialwissenschaft, Bd. I, 1898), betonte die Einheit des Smithschen Gesamtwerks, dessen Teile aus einem Moralphilosophiekurs hervorgegangen sind. Eckstein hat das Adam-Smith-Problem als doppeltes Mißverständnis erklärt: Zum einen beruhe es auf der Verwechslung von Sympathie und Altruismus, zum anderen auf einer Fehldeutung der Prämissen der Smithschen Ökonomie (Eckstein 1926, LVI–LXII). Wie auch hier wiederholt gezeigt wurde, hat Sympathie bei Smith nichts mit Altruismus oder Wohlwollen zu tun und gehört auch die Sympathie des unparteiischen Zuschauers keineswegs nur den altruistisch motivierten Handlungen (wie er gegen

Hutcheson betont). Andererseits beschränkt sich der *Wohlstand* nicht darauf, die Konsequenzen egoistischen Handelns konkurrierender Subjekte abzuleiten. Fundamental ist vielmehr das Tauschprinzip, dessen strukturelle Ähnlichkeit mit der Sympathie bereits deutlich wurde. Nachdem Smith nur wenig über das Funktionieren eines freien Marktes, aber viel über die Gründe des Nicht-Funktionierens der meisten Märkte schreibt, kommen neben dem konsequenten Nutzenmaximierer auch der Ehrgeizige, der Machthungrige, der Verschwender und andere Typen in den Blick, die eben nicht ökonomisch rational handeln. Was beide Werke verbindet, ist die Bedeutung der negativen Tugend der Gerechtigkeit, d.h. des Respekts vor den Rechten anderer, ohne die weder Moral noch Volkswirtschaft möglich sind. Gerechtigkeit des Einzelnen und Garantie der Rechtsordnung durch den Staat erscheinen als das gemeinsame Fundament des sozialen Lebens.

Das Adam-Smith-Problem, wie es in der zweiten Hälfte des 19. Jahrhunderts diskutiert wurde, gilt heute als gelöst. Zwar gibt es gelegentliche Hinweise auf einen angeblichen Dualismus im Denken von Smith (z.B. im Rahmen der Kommunitarismusdebatte bei Etzioni 1996, 79–80), aber für die meisten Smith-Kenner handelt es sich bei der Gegenüberstellung von Egoismus und Materialismus des homo oeconomicus bzw. Sympathie und Wohlwollen des homo moralis um ein Pseudo-Problem (vgl. Raphael und Macfie 1976, *Introduction* 20–25). Das heißt aber nicht, daß zwischen *Theorie* und *Wohlstand* keine Unterschiede bestünden, die zu Diskussionen Anlaß geben könnten. So hat Jacob Viner in einer einflußreichen Studie darauf hingewiesen, daß die Spuren des teleologischen Optimismus, die in Smiths Moralphilosophie offensichtlich sind, in seiner Ökonomie stark zurücktreten oder verschwinden. Smith habe sich von einem liberalen Idealisten zu einem ökonomischen Realisten entwickelt, der die Konflikte in der bürgerlichen Gesellschaft genau beschreibt und Kritik auf eine Weise übt, die „Munition für verschiedene sozialistische Reden zu liefern" imstande wäre (Viner 1926, dt. 1985, 90). Wie immer man diese Interpretation beurteilt, sie zeigt auf jeden Fall deutlich, wie das Adam-Smith-Problem die Aufmerksamkeit auf den Moralphilosophen Smith zurückgelenkt und in der Folge dazu geführt hat, den ganzen Smith im Kontext seiner Zeit zu deuten.

5. Adam Smith im 20. Jahrhundert

In der kulturellen Atmosphäre liberaler Demokratien sind Gedanken von Adam Smith bis heute lebendig. Allerdings findet man sie in verschiedenen Aggregatzuständen: in konzentrierter Form in der eigentlichen Smith-Forschung; in verdünnter, aber noch klar erkennbarer Form bei den liberalen Sozialphilosophen und Wirtschaftstheoretikern, die sich zu Smith als einer Quelle ihrer Einsichten bekennen; als Spurenelemente überall dort, wo strukturelle Ähnlichkeiten des Denkens zutage treten, obwohl ein direkter Einfluß schwer oder gar nicht nachzuweisen ist.

Die *Theorie der moralischen Gefühle* ist von der Ethik und Moralpsychologie des 20. Jahrhunderts kaum zur Kenntnis genommen worden. Selbst Philosophen, die den Begriff der Sympathie zum Gegenstand ethischer Analysen machten, haben Smith erstaunlich oberflächlich rezipiert (Scheler 1923, Mercer 1972; vgl. dazu oben III, 4). Andererseits sind manche Ähnlichkeiten unübersehbar. So erinnert der Begriff „Empathie", wie er heute in der Psychologie – z.B. im Anschluß an Carl Rogers – verwendet wird, an Smiths „Sympathie", und der „impartial spectator" taucht, wenn auch mit anderen Worten, in Sigmund Freuds „Über-Ich", in George Herbert Meads idealer Rollentheorie (als Standpunkt des „generalized other") oder in Hannah Arendts Theorie der politischen Urteilskraft (als „erweiterte Denkungsart") wieder auf. Von manchen vergleichbaren Versuchen, den moralischen Standpunkt als objektiv-allgemeinen zu beschreiben – wie etwa der „ideal observer theory" (R. Firth, F.C. Sharp) – unterscheidet sich Smiths Ansatz allerdings dadurch, daß nicht der Grad an Wissen (well-informed) und Distanziertheit (a view from nowhere) des Beobachters entscheidend sind, sondern die Zustimmungsfähigkeit eines zugleich unparteiischen und mitfühlenden Subjekts. Von daher ergeben sich sogar Ähnlichkeiten zu diskursethischen Versuchen, moralische Grundsätze aus idealen Kommunikationsbedingungen abzuleiten (K. O. Apel, J. Habermas). Die *Theorie* nicht nur als ideengeschichtliches Dokument, sondern aus systematischem Interesse wiederzulesen, wird Ethikern daher neuerdings zu Recht empfohlen (Griswold 1999).

Von den großen liberalen Philosophen und Ökonomen des 20. Jahrhunderts haben viele Adam Smith nicht nur als ehrwürdigen Vorfahren ihrer politischen Weltanschauung, sondern als direkte Inspiration bezeichnet. Am meisten gilt dies für Friedrich August von Hayek, der in seinen Werken immer wieder auf Smith als den Meister einer Theorie der spontanen Ordnung verweist. Im Gegensatz zu anderen Autoren der wirtschaftsliberalen Tradition, die sich mit einigen Zitaten aus dem *Wohlstand* begnügen (mit besonderer Vorliebe: „Nicht vom Wohlwollen des Metzgers, Brauers und Bäckers erwarten wir das, was wir zum Essen brauchen ...“), kennt er die beiden Hauptwerke Smiths offenbar ganz genau. Darüber hinaus zeigen seine Bemerkungen über die Einheit von Recht, Ökonomie und Politik bei den Vordenkern des liberalen Konstitutionalismus im 18. Jahrhundert (Hayek 1980, Bd. I, 17 und 97) oder seine Hinweise auf die geistige Nähe von Smith, Hume und Burke (ebd. 39), daß ihm der ideengeschichtliche Kontext vertraut ist. Auch Milton und Rose Friedman weisen immer wieder auf Adam Smith hin und verstehen es, seine Ideen produktiv anzuwenden. Ein Beispiel ist der ironische Hinweis, daß die „unsichtbare Hand“ in zwei Richtungen deutet: Zum einen bewirke sie, daß egoistisch motivierte Handlungen dem öffentlichen Interesse dienen; zum anderen, daß gemeinwohlorientierte Interventionen einer Regierung gewöhnlich privaten Interessen zugute kommen (M. u. R. Friedman 1980, 5f.). Bei manchen liberalen Denkern des 20. Jahrhunderts fällt Smith allerdings durch Abwesenheit auf. Das gilt z.B. für Karl R. Popper, der den großen Schotten zwar vermutlich gelesen hat, aber in seinen Werken scheint diese Lektüre so gut wie keine Spuren hinterlassen zu haben. Insgesamt sind es unter den Liberalen eher die Ökonomen als die Philosophen, die sich auf Smith beziehen und für eine Aktualisierung seines Denkens eintreten (vgl. Recktenwald 1985; Meyer-Faje/Ulrich 1991).

Was die eigentliche Smith-Forschung betrifft, so könnte man bei oberflächlicher Betrachtung davon ausgehen, daß mit dem zeitlichen Abstand das Bild des Originals immer mehr verblaßt. Das Gegenteil ist natürlich der Fall. Dank einer – vor allem in den letzten 30 Jahren verstärkten – ideen- und kulturgeschichtlichen Forschung wissen wir heute mehr über sein Leben und Denken, als die meisten seiner Zeitgenossen oder einzelne Interpreten des 19. Jahrhunderts ahnen konnten. Dabei hat der neuere englische Historismus, der stark von den methodologischen Vorstellungen des in Cambridge lehrenden Quentin Skinner geprägt ist (vgl. Tully, 1988), auch die Smith-Forschung beeinflußt. Während noch in den sechziger und frühen siebziger Jahren wirkungsgeschichtliche Deutungen dominierten, die in Smith entweder – wie üblich – den Begründer der modernen Nationalökonomie als Wissenschaft und Verteidiger einer liberalen Wirtschaftspolitik (z.B. Grampp 1965) oder aber einen Vorläufer der materialistischen Geschichtsauffassung (Meek 1967) bzw. einer historisch-kritischen Sozialwissenschaft sahen (Medick 1973), überwiegen seither Interpretationen, die Smith im historischen Kontext sehen. In erster Linie heißt das, ihn im Rahmen der schottischen Aufklärung zu verstehen, d.h. als bedeutendes Mitglied der „Gelehrtenrepublik“, die in einer Reihe von Untersuchungen der 70er und 80er Jahre zunehmend Gestalt angenommen hat (vgl. oben Kap. 1). Die große Biographie von Ian Simpson Ross (1995) knüpft die Fäden dieser Forschung zu einem sehr anschaulichen Gesamtbild zusammen.

Die Fragen, die die neueren Interpreten im einzelnen beschäftigen, zielen auf die Diskurse, die im damaligen Schottland geführt wurden. Welcher Begriffe, Argumente und Methoden bediente sich Smith, um in die moralphilosophischen, politischen und ökonomischen Diskussionen seiner Zeit einzugreifen? War es die Sprache der neuen Wissenschaft oder die der traditionellen Ethik und Rhetorik? Weht der Geist Boyles und Newtons oder der von Aristoteles bzw. Cicero in seinen Schriften? Sieht er sich als Naturrechtstheoretiker in der Nachfolge des Grotius, oder sympathisiert er mit Gedanken des staatsbürgerlichen Republikanismus? Sind die stoisch-deistischen Gedanken, die eine göttliche Ordnung im physischen und moralischen Kosmos sehen, schmückendes Beiwerk, Konzessionen an den Lesergeschmack, oder konstitutiv für Smiths Sozialpsychologie und Gesellschaftstheorie?

Unübersehbar ist der Geist der neuen Naturwissenschaft in der *Theorie* wie auch im *Wohlstand*. Wenn Kritiker darauf hinweisen, daß von einer Übertragung Newtonscher Methoden allenfalls in einem unspezifischen Sinne die Rede sein kann (z.B. Griswold 1999, Kap. 1), so ist doch unverkennbar, daß Smith zu denen gehört, die eine empirische Wissenschaft vom Menschen nach Newtons Vorbild entwickeln wollten. Das geht nicht nur aus seinen eigenen Erörterungen zu Methodenfragen, sondern auch aus der Rezeption der Zeitgenossen hervor, die durchgehend den Systemcharakter seiner Werke betonen (vgl. oben III.6 und VI.1). Allerdings haben die Interpreten, die den empirisch-wissenschaftlichen Charakter seiner

Werke betonen (z.B. Campbell 1971), das Problem, wie sie die normative Seite seines Denkens einordnen sollen. Schließlich hat Smith nicht nur moralische Gefühle analysiert, sondern auch eine Tugendlehre formuliert; nicht nur die Entwicklung von Rechtsverhältnissen erklärt, sondern natürliche Rechte begründet und gefordert. Es gibt daher eine ganze Reihe von Autoren, die Smith in der aristotelisch-stoischen Tradition praktischer Philosophie und Rhetorik (z.B. Griswold 1999) oder als Naturrechtstheoretiker in der Tradition von Grotius (z.B. Haakonssen 1981, ders. 1996) deuten. Smith in der Tradition des modernen Naturrechts zu sehen bedeutet allerdings auch, ihn in die Reihe der Vordenker des modernen Liberalismus zu stellen. Dieser seit langem üblichen Deutung treten die entgegen, die Smith in die – von John Pocock (1975) herausgearbeitete – Tradition des „civic humanism" einordnen wollen, einer aristokratisch-republikanischen Tradition, die eng mit den Interessen freier Grundbesitzer und Aktivbürger verbunden ist. Sie weisen darauf hin, daß Smith den Individualismus und Materialismus der aufkommenden bürgerlichen Gesellschaft keineswegs eindeutig begrüßt, vielmehr den Egoismus der Besitzenden, die Staatsverschuldung und den Kolonialismus, das Elend und die Unbildung der Arbeiter als Korruption der Sitten und Verlust des Gemeinsinns anprangert (z.B. Winch 1978). Dem wiederum lassen sich die optimistischen Seiten in Smiths Denken entgegenhalten: Geschichte als Fortschritt (der natürliche Lauf der Dinge); der soziale Nutzen individueller Freiheit und privater Nutzenmaximierung (der freie Markt); eine von menschlichen Zwecken und Plänen unabhängige, höhere Ordnung (die unsichtbare Hand). Wie man diesen Optimismus zu deuten hat, ist wiederum kontrovers. Die meisten neueren Interpreten sehen Smith in der Nähe Humes, des Anti-Metaphysikers und Kritikers alles teleologischen Denkens. Aus dieser Sicht ist Smiths Stoizismus und Deismus nur schmückendes Beiwerk ohne Erklärungsfunktion (Raphael 1985, Haakonssen 1997).

Der neuere Historismus steht in Gefahr, ein Opfer seiner eigenen Differenziertheit zu werden. Indem er aus den Sprachmustern und Handlungskontexten der Zeit verschiedene Diskurse herauspräpariert, unterscheidet er Denkarten als Alternativen, die von den Autoren des 18. Jahrhunderts nicht unbedingt als solche verstanden wurden. Wie wir im Laufe unserer Darstellung und Interpretation gesehen haben, überschreitet Smith ständig die hier gezogenen

Grenzen, ohne sich eines Widerspruchs bewußt zu sein: Zwar unterscheidet er zwischen Tugendethik und Theorie der moralischen Gefühle, aber mit dem unparteiischen Beobachter gewinnt seine empirische Analyse nicht nur ein Kriterium zur Erklärung dessen, was die Menschen für objektiv gut halten, sondern auch zur Begründung dessen, was in seinen eigenen Augen objektiv gut ist und getan werden sollte. Eine naturalistische Erklärung der Entstehung moderner Rechtsverhältnisse und eine naturrechtliche Begründung des freiheitlichen Rechtsstaats sind für ihn zwar nicht dasselbe, widersprechen einander aber auch nicht. Wenn Smith einerseits die Vorzüge einer modernen „commercial society" preist, andererseits aber ihre Probleme auch nicht verschweigt, wenn er Geschichte als Fortschritt deutet, aber auch die Kosten nennt, die dafür zu zahlen sind – warum sollte man dann zwischen einer bürgerlich-liberalen und einer staatsbürgerlich-humanistischen Deutung zu wählen haben? Wenn Smith sich immer wieder beeindruckt zeigt von der Ordnung der Gesellschaft, die ebensowenig wie die Ordnung des Universums auf den planenden Verstand des Menschen zurückgeht, warum sollten wir ihn dann entweder als vormodernen Teleologen oder als versteckten Humeaner interpretieren? Ist es nicht weit plausibler, ihn zwischen Newton und Kant anzusiedeln als einen Denker, für den einzelne Phänomene und Prozesse zwar nur kausal zu erklären, das Ganze eines Systems und seiner Geschichte aber nur teleologisch zu deuten sind?

Anhang

1. Zeittafel

1723	Adam Smith wird am 5. Juni in Kirkaldy (in der Nähe von Edinburgh) getauft. Sein wenige Monate zuvor verstorbener Vater war Notar und Zollbeamter. Seine Mutter, Margaret Douglas, gehört zur lokalen Gentry.
1732–37	Grundschule in Kirkaldy.
1737–40	Studium der Artes Liberales in Glasgow. Abschluß als Master of Arts mit Auszeichnung.
1740–46	Studium am Balliol College in Oxford.
1746–48	Lebt im Haus seiner Mutter in Kirkaldy.
1748–51	Adam Smith hält in Edinburgh Vorträge über Rhetorik und Literatur, Philosophie und Jurisprudenz. Erste Bekanntschaft mit Hume.
1751–63	Professor an der Universität Glasgow, zunächst für Logik (1751–52), dann für Moralphilosophie (1752–63).
1759	„The Theory of Moral Sentiments“ erscheint Ende März in London.
1761	„Considerations Concerning the First Formation of Languages and the Different Genius of original and compounded Languages“ erscheinen – als Beitrag zu einem Sammelband – in London.
1764–66	Reisebegleiter und Tutor des jungen Herzogs von Buccleuch. Aufenthalte in Toulouse, Genf und Paris.
1767–73	Ökonomische Studien in Kirkaldy.
1773–76	Smith hält sich vorwiegend in London auf, um Informationen für sein ökonomisches Hauptwerk zu sammeln und den Druck zu überwachen.
1776	„An Inquiry into the Nature and Causes of the Wealth of Nations“ erscheint am 9. März. Tod David Humes am 25. August.
1777	Zum Mitglied der Zollkommission für Schottland ernannt.
1778	Umzug nach Edinburgh.
1787	Letzter Aufenthalt in London.
1787–88	Lord Rector der Universität Glasgow (Ehrentitel ohne Aufgaben).
1790	Tod am 17. Juli.
1795	„Essays on Philosophical Subjects“ erscheinen, herausgegeben von Smiths Freunden Black und Hutton.

2. Literatur

A Werke von Adam Smith

A.1 Zu Lebzeiten veröffentlichte Werke

Review of: A Dictionary of the English Language, by Samuel Johnson, in: Edinburgh Review Nr. 1 (1755), 61–73.

A Letter to the Authors of the Edinburgh Review, in: Edinburgh Review Nr. 2 (1756), 63–79.

The Theory of Moral Sentiments, London 1759; deutsch: Theorie der ethischen Gefühle, übersetzt und hrg. von Walther Eckstein (1926), Hamburg 1977.

Considerations Concerning the First Formation of Languages, in: Philological Miscellany vol. 1, London 1761, 440–479; später als Appendix zur 3. (1767) bis 6. (1790) Ausgabe der TMS.

An Inquiry into the Nature and Causes of the Wealth of Nations, London 1776; deutsch: Der Wohlstand der Nationen. Eine Untersuchung seiner Natur und seiner Ursachen, übersetzt und hrg. von Horst Claus Recktenwald, München 1974.

A. 2 Posthum veröffentlichte Werke

Essays on Philosophical Subjects, by the late Adam Smith, to which is prefixed An Account of the Life and Writings of the Author, by Dugald Stewart, London 1795.

Lectures on Justice, Police, Revenue and Arms, delivered in the University of Glasgow by Adam Smith, hrg. von Edwin Cannan, Oxford 1896; neben dieser Nachschrift, die sich vermutlich auf Smiths Vorlesung von 1763–64 bezieht (LJB), wurde eine detailliertere Nachschrift der Vorlesung von 1762–63 gefunden (LJA), die erstmals 1978 in Band 5 der Glasgow Edition veröffentlicht wurde. Wesentliche Teile beider Nachschriften hat Daniel Brühlmeier ins Deutsche übersetzt und herausgegeben: Adam Smith, Vorlesungen über Rechts- und Staatswissenschaften, St. Augustin 1996.

Lectures on Rhetoric and Belles Lettres, Delivered in the University of Glagow by Adam Smith, Reported by a Student in 1762–63, hrg. von John M. Lothian, London 1963.

A. 3 Gesammelte Werke

The Glasgow Edition of the Works and Correspondence of Adam Smith, 6 Bände, Oxford 1976–1983. Eine Paperback-Version dieser Ausgabe erschien in Indianapolis 1982.

B Werke des 17. und 18. Jahrhunderts

(Die Liste enthält nur die im Text genannten Werke, nach den benützten bzw. zitierten Ausgaben)

Burke, E. 1958: A Philosophical Enquiry into the Origin of our Ideas of the Sublime and Beautiful, hrg. von I. T. Boulton, London/New York 1958.

– 1967: Betrachtungen über die Französische Revolution, übers. von Friedrich Gentz, eingel. von D. Henrich, Frankfurt.

Ferguson, A. 1966: An Essay on the History of Civil Society, hrg. und eingel. von D. Forbes, Edinburgh.

– 1988: Versuch über die Geschichte der bürgerlichen Gesellschaft, übers. von H. Medick, hrg. und eingel. von Z. Batscha und H. Medick, Frankfurt.

Grotius, H. 1735: De iure belli ac pacis, hrg. von J. Barbeyrac, Amsterdam.

Harrington, J. 1992: The Commonwealth of Oceana and A System of Politics, hrg. von J.G.A. Pocock, Cambridge.

Hobbes, T. 1966: Vom Menschen, Vom Bürger, eingel. und hrg. von G.Gawlick, Hamburg.

– 1984: Leviathan oder Stoff, Form und Gewalt eines kirchlichen und bürgerlichen Staates, hrg. und eingeleitet von Iring Fetscher, Frankfurt.

Hume, D. 1932: The Letters of David Hume, hrg. von J. Y. Greig, 2 Bde., Oxford; Nachdruck: New York/London 1983.

– 1967: Eine Untersuchung über den menschlichen Verstand, übers. und hrg. von Herbert Herring, Stuttgart.

– 1973: Ein Traktat über die menschliche Natur. Mit einer Einf. neu hrg. von R. Brandt, Hamburg.

– 1981: Dialoge über natürliche Religion, übers. und hrg. von Norbert Hoerster, Stuttgart.

– 1984: Eine Untersuchung über die Prinzipien der Moral, übers. und hrg. von Gerhard Streminger, Stuttgart..

– 1994: Political Essays, hrg. von Knud Haakonssen, Cambridge.

Hutcheson, F. 1747: A Short Introduction to Moral Philosophy, Glasgow.

– 1968: A System of Moral Philosophy, New York.

Kames, H. Home, Lord 1751: Essays on the Principles of Morality and Natural Religion, Edinburgh.

– 1758: Historical Law-Tracts, London u. Edinburgh.

– 1774: Sketches of the History of Man, 2 Bände, London u. Edinburgh.

Locke, J. 1824: Some Considerations of the Consequences of lowering the Interest, and raising the Value of Money, in: The Works of John Locke in 9 Volumes, London, Band 4, 1–130.

– 1967: Zwei Abhandlungen über die Regierung, übers. von H.J. Hoffmann, hrg. von W. Euchner, Frankfurt.

Mandeville, B. 1980: Die Bienenfabel oder Private Laster, öffentliche Vorteile, mit einer Einl. von W. Euchner, Frankfurt.

Millar, J. 1967: Vom Ursprung des Unterschieds in den Rangordnungen und Ständen der Gesellschaft, übers. von H. Zirker, eingel von W.C. Lehmann, Frankfurt.

Montesquieu, C.L. de Secondat 1951: Vom Geist der Gesetze, hrg. von E. Forsthoff, 2 Bände, Tübingen.

Pufendorf, S. 1724: De Officio Hominis et Civis, supplemented by G. Carmichael, Edinburgh.
Reid, T. 1990: Practical Ethics, Being Lectures and Papers on Natural Religion, Self-Government, Natural Jurisprudence, and the Law of Nations, hrg. von Knud Haakonssen, Princeton.
Robertson, W. 1818: Works, 12 Bände, Edinburgh.
Rousseau, J.J. 1971: Schriften zur Kulturkritik (Die zwei Diskurse von 1750 und 1755), übers. und hrg. von K. Weigand, Hamburg.
Steuart, Sir James 1966: An Inquiry into the Principles of Political Oeconomy, hrg. und eingel. von A. Skinner, 2 Bände, Edinburgh.
Stewart, Dugald 1854–60: Collected Works, hrg. von Sir W. Hamilton, 11 Bände, Edinburgh.
Voltaire 1986: Abhandlung über die Toleranz, in: Voltaire, Recht und Politik, übers. von G. Mensching, Frankfurt.

C *Werke zur schottischen Aufklärung*

Becker, Carl L. 1932: The Heavenly City of the 18th Century Philosophers, New Haven. Dt. 1942 als Der Gottesstaat der Philosophen des 18. Jahrhunderts, Würzburg.
Broadie, A. 1990: The Tradition of Scottish Philosophy. Edinburgh.
Brown, S.C. (Hrsg.) 1979: Philosophers of the Enlightenment, Sussex.
Bryson, G. 1945: Man and Society. The Scottish Inquiry of the 18th Century, New York.
Camic, C. 1983: Experience and Enlightenment. Socialization for Cultural Change in 18th Century Scotland, Chicago.
Campbell, R.H./Skinner, A.S. 1982: The Origins and Nature of the Scottish Enlightenment, Edinburgh.
Carlyle of Inveresk, A. 1910: The Autobiography of Dr. Alexander Carlyle of Inveresk, ed. John Hill Burton, London.
Cassirer, E. (1932) 1973: Die Philosophie der Aufklärung, Tübingen.
Daiches, D. 1964: The Paradox of Scottish Culture. The 18th Century Experience, London.
– 1986: The Scottish Enlightenment. An Introduction, Edinburgh.
– */Jones, P./Jones, J.* (Hrsg.) 1986: A Hotbed of Genius. The Scottish Enlightenment 1730–1790, Edinburgh.
Davie, G.E. 1981: The Scottish Enlightenment, Edinburgh.
Dwyer, J. 1987: Virtuous Discourse: Sensibility and Community in Late Eighteenth-Century Scotland, Edinburgh.
Fletcher of Saltoun, A. 1749: The Political Works, Glasgow.
Fritz, P./Williams, D. (Hrsg.) 1973: City and Society in the 18th Century. Toronto.
Graham, H.G. 1899: Social Life of Scotland in the Eighteenth Century, 2 vols. London.
– 1908: Scottish Men of Letters in the Eighteenth Century, London.
Hamowy, R. 1987: The Scottish Enlightenment and the Theory of Spontaneous Order, Carbondale.

Hont, I./Ignatieff, M. (Hrsg.) 1983: Wealth and Virtue. The Shaping of Political Economy in the Scottish Enlightenment, Cambridge.
Hope, V. (Hrsg.) 1984: Philosophers of the Scottish Enlightenment, Edinburgh.
Jones, P. (Hrsg.) 1989: Philosophy and Science in the Scottish Enlightenment, Edinburgh.
MacCormick, N./Bankowski, Z. (Hrsg.) 1989: Enlightenment, Rights and Revolution. Essays in Legal and Social Philosophy, Aberdeen.
Mullan, J. 1990: Sentiment and Society. The Language of Feeling in the Eighteenth Century, Oxford.
Porter, R./Teich, M. (Hrsg.) 1981: The Enlightenment in National Context, Cambridge.
Raphael, D.D. (Hrsg.) 1969: British Moralists, 1650–1800, Oxford.
Rendall, J. 1978: The Origins of the Scottish Enlightenment 1707–1776, London.
Robertson, J. 1985: The Scottish Enlightenment and the Militia Issue, Edinburgh.
Ross, I.S. 1972: Lord Kames and the Scotland of His Day, Oxford.
Sher, R.B. 1985: Church and University in the Scottish Enlightenment. The moderate literati of Edinburgh, Edinburgh.
Smellie, W. 1800: Literary and Characteristical Lives of J. Gregory, Home of Kames, Hume and Smith, Edinburgh.
Smout, T.C. 1969: A History of the Scottish People 1560–1830, London.
Stewart, M.A. (Hrsg.) 1990: Studies in the Philosophy of the Scottish Enlightenment, Oxford.
Trevor-Roper, H. 1967: The Scottish Enlightenment, in: Studies on Voltaire and the Eighteenth Century Bd. 58, 1635–1658.

D *Sekundärliteratur zu Adam Smith*

D.1 *Biographien und Gesamtdarstellungen*

Bonar, J. 1932: A Catalogue of the Library of Adam Smith, London (2. Aufl.).
Brühlmeier, D. 1992: Adam Smith, St. Augustin.
Campbell, R.H. 1982: Adam Smith, London.
Campbell, T.D./Skinner, A.S. 1985: Adam Smith. London.
Fay, C.R. 1956: Adam Smith and the Scotland of His Day, Cambridge.
Jones, P./Skinner, A.S. (Hrsg.): Adam Smith Reviewed, Edinburgh.
Mossner, E.C. 1969: Adam Smith. The Biographical Approach, Glasgow.
Rae, J. 1895/1965: Life of Adam Smith, London/New York.
Raphael, D.D. 1985: Adam Smith, Oxford (deutsche Ausg. 1991 Frankfurt).
Recktenwald, H.C. 1976: Adam Smith. Sein Leben und sein Werk, München.
Ross, I.S. 1995: The Life of Adam Smith, Oxford. Dt. Düsseldorf 1998.
Scott, W.R. 1937: Adam Smith as Student and Professor, Glasgow.
Skinner, A.S. 1979: A System of Social Science. Papers Relating to Adam Smith, Oxford.
Skinner, A./Wilson, T. (Hrsg.) 1975: Essays on Adam Smith. Oxford.
Stewart, D. (1793) 1858: Memoir of Adam Smith. In: Collected Works of Dugald Stewart, Edinburgh, Bd. X, 5–98.

Streminger, G. 1989: Adam Smith, mit Selbstzeugnissen und Bilddokumenten, Reinbek.
– 1995: Der natürliche Lauf der Dinge. Essays zu Adam Smith und David Hume. Marburg.

D.2 Ethik

Beck, L.W. 1977: The Actor and the Spectator, New Haven.
Campbell, T.D. 1971: Adam Smith's Science of Morals, London.
Duncan, E.H./Baird, R.M. 1977: Thomas Reid's Criticism of Adam Smiths Theory of Moral Sentiments, in: Journal of the History of Ideas 38, 509–521.
Eckstein, W. 1926: Einleitung des Herausgebers, In: Adam Smith, Theorie der ethischen Gefühle, Hamburg XI–LXXI.
Eisenberg, N./Strayer, J. (Hrsg.) 1987: Empathy and Its Development. Cambridge.
Griswold, C.L. Jr. 1999: Adam Smith and the Virtues of Enlightenment, Cambridge.
Harman, G. 1986: Moral Agent and Impartial Spectator, Lawrence Kansas.
Hope, V. 1989: Virtue by Consensus. The Moral Philosophy of Hutcheson, Hume and Adam Smith, Oxford.
Jones, P. 1982: Hume's Sentiments: Their Ciceronian and French Context, Edinburgh.
Leidhold, W. 1985: Ethik und Politik bei Francis Hutcheson, Freiburg.
Lindgren, J.R. 1973: The Social Philosophy of Adam Smith. The Hague.
Mackie, J.L. 1980: Hume's Moral Theory, London.
Mercer, P. 1972: Sympathy and Ethics, Oxford.
Miller, R.D. 1990: An Interpretation of Adam Smith's „Theory of Moral Sentiments", Harrogate.
Morrow, G.R. 1969: The Ethical and Economic Theories of Adam Smith, New York.
Norton, D.F./Stewart-Robertson, J.C. 1980/1984: Thomas Reid on Adam Smith's Theory of Morals, in: Journal of the History of Ideas 41, 381–398 und 45, 309–321.
Norton, D.F. 1982: David Hume. Common-Sense Moralist, Sceptical Metaphysician, Princeton.
Raphael, D.D./Macfie, A.L. 1976: Introduction, in: Adam Smith, The Theory of Moral Sentiments, Oxford.
Schneider, H.W. 1948: Adam Smith's Moral and Political Philosophy, New York.
Waszek, N. 1984: Two Concepts of Morality: Adam Smith's Ethics and its Stoic Origin, in: Journal of the History of Ideas 45, 591–606.
Ward, K. 1972: The Development of Kant's View of Ethics, Oxford.

D.3 Rechts- und Staatsphilosophie

Brühlmeier, D. 1988: Die Rechts- und Staatslehre von Adam Smith und die Interessentheorie der Verfassung, Berlin.
Dippel, H. 1981: Individuum und Gesellschaft, Göttingen.

Forbes, D. 1982: Natural Law and the Scottish Enlightenment, in: Campbell/Skinner 1982, 186–204.
Haakonssen, K. 1981: The Science of a Legislator. The Natural Jurisprudence of David Hume and Adam Smith, Cambridge.
– 1996: Natural Law and Moral Philosophy: From Grotius to the Scottish Enlightenment, Cambridge.
Krammick, I. 1990: Republicanism and Bourgeois Radicalism, Ithaca, N.Y.
Moore, J./Silverthorne, M. 1983: Gershom Carmichael and the Natural Jurisprudence Tradition in Eighteenth-Century Scotland, in: Hont/Ignatieff 1983, 73–87.
Ottow, R. 1996: Markt-Republik-Tugend. Probleme gesellschaftlicher Modernisierung im britischen politischen Denken 1670–1790, Berlin.
Skinner, A.S. 1974: Adam Smith and the Role of the State, Glasgow.
Tuck, R. 1979: Natural Rights Theories. Their origin and development, Cambridge.
Winch, D. 1978: Adam Smith's Politics. An Essay in Historiographic Revision, Cambridge.

D.4 Politische Ökonomie

Blaug, M. 1968: Economic Theory in Retrospect, Bd. 1 (From Mercantilism to Ricardo), Homewood; dt. 1972 München.
Cropsey, J. 1957: Polity and Economy. An Interpretation of the Principles of Adam Smith, Den Haag.
Deane, P. 1978: The Evolution of Economic Ideas, Cambridge.
Foley, V. 1976: The Social Physics of Adam Smith, Purdue.
Grampp, W.D. 1965: Economic Liberalism, 2 Bde., New York.
Heilbroner, R. 1967: The Worldly Philosophers, New York (3. Aufl.)
Hirschman, A.O. 1977: The Passions and the Interests. Political Arguments for Capitalism Before Its Triumph, Princeton.
Lamb, R.B. 1974: „Adam Smith's System: Sympathie Not Self-Interest", Journal of the History of Ideas, 35.
Hollander, S. 1973: The Economics of Adam Smith, Toronto.
Macfie, A.L. 1967: The Individual in Society. London.
Meek, R.L. 1967: Economics and Ideology, London.
– (Hrsg.) 1973: Precursors of Adam Smith, London.
– 1977: Smith, Marx and After. Ten Essays in the Development of Economic Thought, London.
Meyer-Faje, A./Ulrich, P. 1991: Der andere Adam Smith. Beiträge zur Neubestimmung von Ökonomie als Politischer Ökonomie, Bern-Stuttgart.
Myers, M.L. 1983: The Soul of Modern Economic Man, Chicago.
Recktenwald, H.C. (Hrsg.) 1985: Ethik, Wirtschaft und Staat: Adam Smiths politische Ökonomie heute, Darmstadt.
Steuart, Sir James 1767/1966: An Inquiry into the Principles of Political Economy. Being an Essay on the Science of Domestic Policy in Free Nations, hrsg. u. eingel. von A.S. Skinner, Edinburgh.

Teichgraeber, R.F. III 1986: „Free Trade" and Moral Philosophy: Rethinking the Sources of Adam Smith's „Wealth of Nations". Durham.

Trapp, M. 1987: Adam Smith – Politische Philosophie und politische Ökonomie, Göttingen.

Viner, J. 1926: Adam Smith and Laissez-Faire, in: Adam Smith 1776–1926, Lectures ... Chicago, 116–155 (dt. in Recktenwald Hrsg. 1985, 72–109).

– 1966: „Adam Smith and Laissez Faire", in: J.M. Clark et al., Adam Smith, 1776–1926. 1928, New York.

– 1972: The Role of Providence in the Social Order. An Essay in Intellectual History. American Philosophical Society.

Winch, D. 1996: Riches and Poverty: An Intellectual History of Political Economy in Britain, 1750–1834, Cambridge.

D.5 Wirkungsgeschichte

Ballestrem, K.G. 1984: Karl Marx and Adam Smith: Critical Remarks about the Critique of Political Economy, in: O'Rourke, J.J. u.a. (Hrsg.), Contemporary Marxism, Dordrecht, 21–38.

– 1997: David Hume und Adam Smith: Zur philosophischen Dimension einer Freundschaft, in: Ziemske, B. u.a. (Hrsg.): Staatsphilosophie und Rechtspolitik. Festschrift für Martin Kriele zum 65. Geburtstag, München, 873–887.

Brentano, L. 1877: Das Arbeitsverhältnis gemäß dem heutigen Recht, Leipzig.

Buckle, H.T. 1859–61: Geschichte der Civilisation in England, dt. von Arnold Ruge, 3 Bände, Leipzig und Heidelberg

Etzioni, A. 1996: Die faire Gesellschaft. Jenseits von Sozialismus und Kapitalismus, Frankfurt.

Fechner, R.J. 1993: Adam Smith and American Academic Moral Philosophers and Philosophy in the Age of Enlightenment and Revolution, in: Mizuta, H./Sugiyama, C. (Hrsg.), 181–197.

Fleischacker, S. 1991: Philosophy in Moral Practice: Kant and Adam Smith, in: Kant-Studien, Bd. 82, 249–269.

Friedmann, M. u. R. 1980: Free to chose. A Personal Statement, New York.

Haakonssen, K. 1997: The New Adam Smith, in: K. Grunert (Hrg.): Aufklärung als politische Philosophie, Festschrift für W. Schneiders, Basel.

Hayek, F.A. 1978: New Studies in Philosophy, Politics, Economics and the History of Ideas. Chicago.

– 1980: Recht, Gesetzgebung und Freiheit, 3 Bände, Landsberg

von Hermann, F.B.W. 1832: Staatswirthschaftliche Untersuchungen über Vermögen, Wirthschaft, Produktivität der Arbeiten, Capital, Preis, Gewinn, Einkommen und Verbrauch, München.

Hildebrand, B. 1848: Die Nationalökonomie der Gegenwart und Zukunft. Bd. I, Frankfurt.

Knies, K. 1853: Die politische Ökonomie vom Standpunkt der geschichtlichen Methode, Braunschweig.

Kraus, C.J. 1808–1811: Die Staatswirthschaft, Königsberg.

– 1908–1819: Vermischte Schriften über staatswirthschaftliche, philosophische und andre wissenschaftliche Gegenstände, 8 Bände, Königsberg.

Lange, F.A. 1865: Geschichte des Materialismus und Kritik seiner Bedeutung in der Gegenwart, Leipzig.
Laufer, S. 1902: Smith und Helvetius. Ein Beitrag zum Adam Smith-Problem, Berlin.
List, F. 1841: Das nationale System der politischen Oekonomie, Stuttgart und Tübingen.
Mill, J.St. 1844: Essays on Some Unsettled Questions of Political Economy, London.
Mizuta, H./Sugiyama, C. (Hrsg.) 1993: Adam Smith: International Perspectives, New York.
Müller, A. 1936: Die Elemente der Staatskunst, Berlin.
Oncken, A. 1877: Adam Smith und Immanuel Kant. Der Einklang und das Wechselverhältnis ihrer Lehren über Sitten, Staat und Wirthschaft, Leipzig.
Oncken, A. 1898: Das Adam Smith-Problem, in: Zeitschrift für Sozialwissenschaft, Bd. I.
Pocock, J.G.A. 1975: The Machiavellian Moment. Florentine Political Thought and the Atlantic Republican Tradition, Princeton.
Rothschild, E. 1992: Adam Smith and Conservative Economics, in: Economic History Review XLV, 74–96.
Rotteck, C./Welcker, C. 1834f.: Staatslexikon oder Encyklopädie der Staatswissenschaften, Altona.
Scheler, M. 1923: Wesen und Formen der Sympathie, Bonn.
Schnabel, F. 1948: Deutsche Geschichte im neunzehnten Jahrhundert, 2 Bände, Freiburg.
Shell, S.M. 1980: The Rights of Reason, Toronto.
Skarzynski, W.v. 1878: Adam Smith als Moralphilosoph und Schöpfer der Nationalökonomie, Berlin.
Treue, W. 1951: Adam Smith in Deutschland. Zum Problem des „Politischen Professors“ zwischen 1776 und 1810, in: Conze, W. (Hrsg.): Deutschland und Europa. Festschrift für Hans Rothfels, Düsseldorf, 101–133.
Tully, J. (Hrg.): Meaning and Context: Quentin Skinner and his Critics, Cambridge.
Vaihinger, H. 1911: Die Philosophie des Als Ob, Leipzig (zit. nach der 2. Aufl. von 1913).
Waszek, N. 1985: Bibliography of the Scottish Enlightenment in Germany, in: Studies on Voltaire and the eighteenth century No. 230, 283–303.
– 1988: The Scottish Enlightenment and Hegel's Account of „Civil Society“, Dordrecht.
– 1993: Adam Smith in Germany, 1776–1832, in: Mizuta, H./Sugiyama, C. (Hrsg.): 163–180.

Personenregister

Sachregister

Reihe „Denker“ bei C. H. Beck – eine Auswahl
Herausgegeben von Otfried Höffe

Urs Marti
Michel Foucault
2., überarbeitete Auflage. 1999. 190 Seiten mit 5 Abbildungen. Paperback
Beck'sche Reihe Band 513

Jens Kulenkampff
David Hume
1989. 183 Seiten mit 5 Abbildungen. Paperback
Beck'sche Reihe Band 517

Otfried Höffe
Immanuel Kant
5., überarbeitete Auflage. 2000. 334 Seiten mit 8 Abbildungen. Paperback
Beck'sche reihe Band 506

Detlef Horster
Niklas Luhmann
1997. 221 Seiten mit 12 Abbildungen. Paperback
Beck'sche Reihe Band 538

Volker Gerhardt
Friedrich Nietzsche
3. Auflage. 1999. 236 Seiten mit 9 Abbildungen. Paperback

Günter Figal
Sokrates
2., überarbeitete Auflage. 1998. 144 Seiten mit 6 Abbildungen. Paperback
Beck'sche Reihe Band 530

Verlag C. H. Beck München